Da schau her

GERHARD POLT
HANNS CHRISTIAN MÜLLER

Da schau her

Alle alltäglichen Geschichten
Mit Zeichnungen von
Reiner Zimnik
und vielen
Fotos

HAFFMANS VERLAG ZÜRICH

Einrichtung und Redaktion
von Gerd Haffmans
Gestaltung und Produktion
von Urs Jakob
Transkription und Administration
von Monica Iseli
Kritik und Korrekturen
von Fritz Senn und Pedro Zimmermann
Umschlagfoto von Paul Sessner
Weitere Nachweise im
Wissenschaftlichen Anhang

1.–20. Tausend, September 1984

Zweite, durchgesehene und
hie und da verbesserte Auflage
21.–30. Tausend, Oktober 1984

Gesamtherstellung: Zobrist & Hof AG, Liestal
ISBN 3 251 00050 0

Apropos, ham Sie Thomas Hobbes gelesen? –
Emmanuel Kant? – Thomas von Aquin? – Nicht?
An Erasmus von Robespierre? Oder einen Simmel?
Sie, des sind Bücher, da kann ich nur sagen:
schaun S' amal nei …

Inhaltsverzeichnis

Einleitung

Im Grunde is ja das Mittelmaß, und des sagt d'Anni auch: das Mittelmaß ist das Maß aller Dinge.

Öha – Aha

Aha, so ist es also, haha, jaja, oder besser gesagt: Öha. Nicht wahr, weil wenn ich, weil, es is ja doch, im Grunde is es ja gar nicht so erstaunlich. Zum Beispiel ich gehe auf der Straße und dann überrumple ich ein Kind, also, ich stolpere über ein Kind, das Kind fällt hin, und dann sag ich ja auch nicht »Aha«, sondern dann sag ich »Öha«! Weil, es is ja ganz logisch. Weil das Kind, sozusagen, ah, das was passiert is, darüber wundere ich mich, im »Öha« liegt also doch mehr das Erstaunen, die Verwunderung darüber, was jetzt passiert ist, während, wenn ich sage »Aha, ah, so ist das«, dann meine ich ja doch wahrscheinlich mehr sozusagen eine Art von »Heureka«, eine tiefe Erkenntnis, die hereinblitzt. Nicht, das »Öha« ist mehr ein körperliches Erstaunen, also ein schwerfällig ... ich sage »Öha« und dann ist es schon passiert, nicht, wobei der Weg, bis ich's erkannt habe, also der Weg, die Distanz vom »Öha« zum »Aha« kann beträchtlich sein, verstehen Sie, es kann also doch seine Zeit andauern, bis man wirklich von einem tiefen, bedauerlichen oder von einem bedauernswerten »Öha« zu »Aha« kommt. »Öha« – »Ahaa«, ja das sind natürlich schon zwei Paar Stiefel, ich meine, es gibt sicherlich Leute, die sagen dann und wann: »Aha, ah, so ist das!« Ja, aber wenn sie sagen: »Ahaa, so ist das!«, hätten sie besser doch gesagt: »Öha. Da schau her«, oder vielmehr, »da schau einer an, öhaha«. Verstehen Sie, wenn einer sagt: »Aha«, dann heißt das, jetzt weiß er das auch, während jemand, der sagt: »Öha«, nicht wahr, der gibt damit kund, daß er vorher überhaupt keine Ahnung gehabt hat, und das entspricht wahrscheinlich viel mehr der Wahrhaftigkeit.

Im Angesicht der Geschichte Friedenspolitik und Öffentlicher Dienst

D'Anni hat gsagt: Das kann nicht sein, daß heut Revolution ist, das ist Konfirmation, sagt d'Anni.

Pförtnerloge

Heinz Heubl sitzt in seiner Pförtnerloge. Ein Auto passiert, Heubl grüßt, macht eine wärmende Handbewegung, schaut nach dem Wetter.

HEUBL Es soll no kälter werdn. I hab ja koa Heizung herin, obwohl ichs scho lang beantragt hab. Aber es dauert noch, hats gheißn. Frühestens nächsten Sommer solls soweit sein. Wissen Sie, der Mensch is ja klimaabhängig. Des hams seinerzeit 1943 auch gemerkt. Winter 42/43 Rußland. Die deutschen Truppen waren ja scho kurz vor Moskau, wie dieser Kälteeinbruch kam. *Demonstriert mit Streichholzschachtel und Zündhölzern die strategische Lage.* Der Aufmarschplan war ja perfekt. Da die deutsche Linie, Moskau in etwa hier, aber der Russe war ja viel wärmer gekleidet und in punkto Winter macht ihm natürlich keiner was vor. Jetz schaun S' her: Die deutsche Flanke etwa hier. Der Russe versucht eine Zangenbewegung, und um dieser Zange zu entgehen, san die Deutschen natürlich wieder zurück, gel, obwohls saukalt war. Scho no kälter wie da herin. Während der berühmte Korse, schaun Sie, ich darf verdeutlichen: Des is also Moskau. Da is der Franzose nei, und dann wars genauso kalt. Der Franzose is ja kleidungsmäßig auch sehr leichtsinnig. Dann hams des Moskau anzünd, aber so a Stadt brennt aa net ewig, und wie dann des Feuer ausgangen is, ham se sich natürlich wieder zurückgezogen, weil, in Frankreich is ja bedeutend wärmer.

In Griechenland ham sie natürlich sehr viele Schlachten geschlagen, weils ja bei dene gar keinen Winter in unserem Sinne jetz gibt. Selbst wenns im Winter an Krieg gführt ham, war des natürlich viel einfacher, weils net so kalt war. Schaun Sie, dieses Marathon. *Beginnt, Streichholzschachtelformation aufzubauen.* De Perser san aufmarschiert, etwa so, es warn natürlich viel mehrer. Und de Griechen de san aufn Berg nauf, und dann sans in dieser neuen Formation, des hat Phalanx gheißen, sans neibrochn, de Perser san ausanand gspritzt, na ham ses seitlich aufgrollt. – Sie, des hat fei schlecht ausgschaut für de Perser. Obwohl, der Läufer von de Griechen, der wo den Sieg verkündet hat, der is ja dann aa gstorbn, an am Herzinfarkt. Wahrscheinlich, weils so heiß war. In Griechenland kanns manchmal bluatig heiß sein. Grad im Sommer.

Wissen Sie, der Dreißigjährige Krieg, da wurde dreißig Jahre lang durchgekämpft, Sommer wie Winter. Des liegt meiner Meinung

[NOCH HEUBL] nach nur daran, daß keiner nachgebn hat. Und es hat ja auch keiner nachgeben können, weil, hätte er nachgegeben, hätte er den Krieg verloren. Aber, wissen Sie, dieser ganze Dreißigjährige Krieg war militärstrategisch betrachtet eine einzige Schlamperei. Da hat sich oft koa Mensch mehr auskennt, wer grad gwonnen hat, oder verlorn. Auch finanziell wars miserabel organisiert. Da sind ständig Gelder ausgeblieben. Sie müssen wissen, Soldat des kimmt von Sold, net, also Geld. Am Schluß ham dann viele Truppenteile nur noch gegen Vorauskasse gekämpft, also, bar, weil an Scheck hat eahna damals koana angnommen.

Ein Mann geht vorbei. Ah, Grüß Sie Gott, Herr Süß. – Sie, des war fei der Kammersänger Reiner Süß. Der war im Krieg bei der Panzerabwehr. A Wunder, daß ers überlebt hat; zur Zeit singt er grad an Wotan. Ich hab mir vorigen Herbst a Autogramm von ihm gebn lassn, des hab i jetzt grad die Tag für 40 Mark verkauft. Jetzt schaug i, daß ich wieder oans kriag, oder vielleicht krieg i sogar zwoa. Des wärn dann 80 Mark.

Streicht ein Mettwurstbrot. Schaun Sie, was im Laufe der Geschichte Fehler gemacht wurden. Diese Ardennenoffensive war jetz z. B. scho wieder im Herbst. Jetz schaun S' her, stelln S' Eahna vor, des wäre Westeuropa; – *legt das Wurstbrot zurecht* – und das da die Gegend von Malmedy – *zeichnet M auf dem Streichwurstbelag.* Der Alliierte möchte ja reinkommen. Jetz san de ganzen Panzerverbände im Nordwesten massiert wordn, also hier – *zeichnet* – ungefähr. Warn ja nur noch taktische Restbestände. Schaun Sie, da war der Frontverlauf – *zeichnet* – etwa zwei Tage is in nordwestlicher Richtung ein gewisser Druck verbreitet worden – *zeichnet* – aber dann is der Ami bös worn und hat mit seiner Luftwaffe alles beharkt. *Zerstochert das Wurstbrot.* Erst gabs eine einfache Frontbegradigung – *streicht alten Frontverlauf glatt, zieht neue Linie* –, aber dann schwappte das überlegene alliierte Potential durch. *Streicht das Mettwurstbrot wieder glatt.* Aus, Sense. Der Russe auf der anderen Seite, und das war dann praktisch die Teilung Deutschlands: *Schneidet das Brot in der Mitte durch.*

Schaun Sie, ein anderes Kapitel, Rom. Da wurden ständig Schlachten geschlagen. Der einzige, der wo keine Auseinandersetzung angestrebt hat, des war dieser Kaiser Augustus. Weil, der hat ganz genau gwußt, feldherrnmäßig is er eine Niete. Weil, sonst hams ja große Kriegsherrn hervorgebracht. Noch ein Sonderfall war natürlich die berühmte Schlappe von Cannae, des hat dieser Paullus versiebt. Also net der General von Stalingrad, den schreibt ma mit einem l, sondern der Konsul. So a Römer halt. Bis gschaut ham, warens überflügelt. Dann hams alle in'n Sumpf neimüssn, weil da der Elefant net neikimmt. Der Elefant, des war praktisch der Panzer der Antike. Aber der Hannibal hat dann de Vorteile von seim Sieg net genutzt, weil er is dann ins Winterlager gangen. Sie müssen wissen, diese Neger, de mögen den Winter net, obwohl er in Italien sehr mild is. Drum hams gwartet bis zum nächsten Frühjahr, und des war dann praktisch zu spät. Am Caesar waar des net passiert, weil, der gilt ja als der Erfinder des Blitzkrieges.

Was sagn jetz Sie nachad zum Wunder von Kunersdorf? Auch »Le miracle de Brandenbourg« genannt. Hier zwanzigfache Übermacht, Preußen am Boden, die Infantrie total erledigt, Kavallerie: a paar müde Häuter, sonst nur noch Kadaver, Artillerie keine Spur mehr. – Da der Russe, da der Österreicher, man hat den Preußen praktisch fest im Griff, und keiner greift zu. Nebel war aa koana. Jetz frag ich Sie, warum. Des Kunersdorf, wenn nausgangen waar, wias hätt nausgehen müssen, wer weiß, wies dann heut ausschaun dad in der Bundesrepublik.

Es gibt natürlich eine Menge Schlachten, wos geländemäßig und von der militärischen Potenz her scho von vornherein abzusehn war, wies nausgeht. De hätten gar net erst kämpfen brauchen. Ich bin ja eh gegen an Krieg, mich interessiern nur die Schlachten. Scharmützel interessiern mich höchstens am Rande, und auch so Massaker san vom militärischen Standpunkt her uninteressant. Aber leider gibts grad von vielen berühmten Schlachten keine exakten Aufmarschpläne, zum Beispiel de katalaunischen Felder, hochinteressant, aber da weiß ma praktisch nur, wies nausgangen is. Also zu Ungunsten der Hunnen.

Wer nicht wagt, gewinnt nicht. I woaß net, wer des amal gsagt hat, aber des gilt fei oft bei so Schlachten. Schaun Sie, eine Handvoll Spanier hat praktisch ganz Südamerika aufgrollt. Die Schlacht bei Cuzko, oder so. *Leert Streichholzschachtel.* Da hats gewimmelt voller Inkatruppen, und dieser Fernandez Cortez, a schneidiger Mensch, der is da nei mit a paar Musketen, wie durch an Butterberg. Also, nach europäischem Strategieverständnis ham diese

[NOCH HEUBEL] Inkas total versagt. Wahrscheinlich hams halt zu wenig Erfahrung ghabt beim Kriegführn. Einfach neihaun ohne ein Konzept, des hilft doch nix. Die Quittung hams dann auch prompt bekommen.

Schaun S' her, ich hab mir die Mühe gemacht, und hab diese ganzen Schlachten amal zusammengstellt alphabetisch und nach Jahreszeiten, und da läßt sich eindeutig beweisen, daß die meisten Winterschlachten verloren worden sind, während im Sommer hams fast immer gwonnen. Jetz schaun S' her – *zieht Schlachtpläne aus seiner Aktentasche* – Die Schlacht von Ampfing, global gesehen eher unbedeutend, aber hochinteressant, Schlacht von Aktium, so a Seeschlacht, Akroinon, da ham de Byzantiner gwonnen, auch Sommer, Bautzen, Bosporus, da ham mir glei vier Schlachten, Cannae, Cotrone, da ham jetz de Araber gwonnen, Dünkirchen, E – erster Weltkrieg, des is natürlich a Haufn Zeug, dann F – Fehrbellin, Friedberg, Teutoburger Wald, öha, wie kimmt denn der ins F nei, der ghört doch untert T. *Sortiert Teutoburger Wald in T ein.* A Ordnung muß sein, weil, sonst kennt ma sich nimmer aus. Aber wissen S', eine Schlacht im klassischen Sinne, des gibts ja heutzutag gar nimmer, heut gibts ja nur noch mehr so Massaker in der ganzen Welt, und de sammel ich net. *Schließt die Mappe.*

Vom Kriege

Gaststube. Wirt Buzifal erzählt seinem Gast.

BUZIFAL Ja, wie is jetz des, kriagn wir jetzt noch ein Bier?
Zur Theke Ein Bier! Net, das läßt sich doch nicht bestreiten, daß im Krieg Fehler gemacht wurden, net. Das kann mir keiner sagen, daß da keine Fehler gemacht wurden. Beim Nachschub isses scho losgangen, da waren ja diese ganzen Nachschub, eh, -verstopfungen, net. Waren Sie West- oder Ostfront?

GAST Ich war an der Westfront.

BUZIFAL Haha, an der Westfront, ja mein Gott, na, haha, ja da haben Sie überhaupt nichts erlebt, da können Sie eigentlich ja gar nicht mitreden, net. Jetzt passen Sie mal auf, jetzt schauen Sie her. Ich war hier, jetzt passen Sie auf, der Dnjepr da, ich hier, und der Russe in etwa da, net. Jetzt hat man sich natürlich gefragt, wie hinüber, net. Kriegen Sie ein Schweinsbraten?

GAST Ja, geben Sie mir bitte einen Schweinebraten!

BUZIFAL *Zur Theke* Ein Schwein! *Zum Gast* Der Russe drängt und drängt, netwahr, also die Stalinorgeln haben ja nur so gepfiffen, netwahr. Da ist gestorben worden, rings um einem herum. Kriegen Sie noch einen Kartoffelsalat?

GAST Ja, geben Sie mir noch einen Kartoffelsalat.
Zur Theke Ein Kartoffel extra für den Herrn.

BUZIFAL *Zum Gast* Nein, es war ja grauenhaft, man macht sich ja gar keine Vorstellungen wie da die Menschen praktisch in den Gräben gelegen sind und eingegangen sind. Kriegen Sie ei Nachspeiserl?

GAST Ja, wo ist denn bitte die Herrentoilette?

BUZIFAL Ja, eh, Eisparfait hätten wir da oder ein Topfenstrudel, grad die Türe links. Ein Kamerad von mir, net, wir liegen im Schützengraben, wir schafkopfen, wir karteln quasi, auf einmal, uit! ein Pfeiffer, hat es ihm auf einmal den Kopf runtergerissen. Der sitzt ohne Kopf da, net. Ja, schade um den Mann, er hat ein ausgezeichnetes Blatt ghabt, er hätt das Spiel glatt gewonnen.

Die Bunkerführung

Ferdinand Weitel steht vor seinem fast fertigen Einfamilienhaus und erklärt.

WEITEL Also wenns heuer noch zum Atomkrieg kommen sollte, dann bin ich gefeit. Weil, in drei Wochen is er fertig, mei Bunker. Ich mein, eigentlich hätt er ja scho im Mai oder Anfang Juni fertig sein sollen, aber des hat sich dann doch a bißl hinzogn wega dene Zuschüsse und wega de Extras. Der Bunker is auf 17 Jahre konzipiert für vier Erwachsene und zwei Kinder, des heißt, die Kinder san ja dann am Schluß aa scho erwachsen. Weil normalerweise planens es ja nur auf 8–12 Jahre. Und mir ham des dann auch optimal kombiniert, Sicherheit und doch a bißl an Komfort. Schaugn Se sichs an! *Winkt und geht voran in die Kellerräume.* Mir ham a Sauna drin, Gesellschaftsspiele, Brettspiele, so Mikado, Monopoli, is ja klar, weil in dieser langen Phase der Enthaltsamkeit, da muaß ma ja was für die Psyche tun, sonst werst ja trübsinnig. Dann ham ma so Musikkassetten, stereo, an Heino hamma, d'Vicky Leandros, für festliche Stunden, an Weihnachten sagn mer amal, an Mozart oder an Beethoven, für die Kinder dann an Frank Zappa. Ganz wichtig die Lebensmittel. Mir ham vier Parzellen randvoll gestaffelt mit Grundnahrungsmitteln, Mehl, Trockenei, Milchpulver, gel, in meiner Familie sans alles leidenschaftliche Mehlspeisenesser, und ich mein, wichtig ist auch dieses Wasserumwälzgerät. Aber ein echter Kostenfaktor ist dieser Luftfilter. Der is 100% seuchensicher, ich mein, des muß er auch sein, weil sonst kann ich ja gleich draußn bleiben. *Zeigt auf einen Umgebungsplan von München.* Der Bunker is in Taufkirchen, also genau 18,3 km von meinem Arbeitsplatz entfernt. Und, ich hab auch an Schleichweg, muß ma ja auch. Weil wenn der Ernstfall kimmt, irgendeine Panik, und na zerstrahlts es alle. Da kimmt zerscht amal diese Druckwelle, die haut se alle amal umanand, weil d'Leut san ja so unvernünftig, und den Rest zerstrahlt ja dann der Pilz selber. Also, ich bin ein regelmäßiger Bayern-3-Hörer. Bevor da überhaupt a Sirene pfeift, bin ich schon drunten. Des heißt ich und meine Familie. Und zwar ausschließlich, es sei denn es is jemand ganz stark blutsverwandt. Also, wenn da irgend a Bsuch kamad, na müaßt ma sich grad verabschieden, gel. Wenn jetzt der Atomkrieg an am Wochenend stattfinden sollte, dann entfalladen natürlich diese Anfahrtswege, na gangad i glei abi in'n Bunker. Wie gsagt, mir allein, weil, sie müssen nämlich bedenken, allein eine einzige Person, die haut uns ja gleich 3–4 Jahre zrück, proviantmäßig, und na samma am Schluß alle mitanand hin. *Zeigt eine Statistik.* Nach diesen expertenstrategischen Sicherheitsüberlegungen platzt die Bombe im Münchener Norden, genauer zwischen München-Nord und München-Mitte. Der Vernichtungskoeffizient hängt jetzt natürlich von der Großwetterlage ab. Ich mein, bei Föhn, da machads mir weniger aus, weil daß s' nach Tirol eine neischmeißen, des halt ich für unwahrscheinlich, des waar ja direkt nausgschmißn. Nein, die Bombe kommt zwischen dem Raum Garching bis Ismaning zur Zündung, und zwar in einer Höhe von 800 bis 1200 Meter Höhe, weil das is ja der optimale Vernichtungsradius einer Wasserstoffbombe heute. Bei einer Steuerfunktionsstörung, kann sein, daß s' nach Ottobrunn oder Landshut treffen, weil die wolln ja den Raum Ingolstadt aa no mitnehmen. Wenns ins Erdinger Moos neitreffen, na müaßns glei no oane nachschickn. As einzige, wos sag ma mal schlecht ausschaugat, is, wenn die Bombe direkt, also direkt über Taufkirchen detoniert. Aber, des halt ich für sehr unwahrscheinlich, des is äußerst unwahrscheinlich. Also, davon geh ich net aus. Davon kann ich gar nicht ausgehn.

Katastrophenalarm

Eine Alarmsirene pfeift. Im Treppenhaus eines Schulgebäudes biegt eine Klasse um die Ecke ab, Antje Perwallner, die Lehrerin, voran.

FRAU PERWALLNER Hier über den Hauptaufgang ist der kürzeste Weg, Kleinschmidt, das ist hier kein Volksfest, sondern Atomalarm, also bitte ...
Herr Peter Schwertling, der Hausmeister, kommt der Schulklasse entgegen.

HERR SCHWERTLING Wo wolln S' denn hin, Frau Perwallner?

FRAU PERWALLNER Gut daß ich Sie hier treffe, Herr Schwertling, haben Sie alles aufgesperrt?

HERR SCHWERTLING Wasn, wieso?

FRAU PERWALLNER Ja, ist der Keller offen? Atomalarm!

HERR SCHWERTLING Ja, genau, Atomalarm, grad hab i zugsperrt.

FRAU PERWALLNER Was? Sie haben den Keller zugesperrt, wie kommen wir denn in den Keller?

HERR SCHWERTLING Ja garnet, die Woch überhaupts net, strenge Anweisung vom Natusius, solang gweißelt wird, bleibt der Keller zua.

FRAU PERWALLNER So geht das nicht, das ist ja der Sinn der Übung.
An die Schüler Bitte Ruhe, das haben wir gleich geklärt!
Wieder zu Schwertling Wenn wir nicht in den Keller können, brauchen wir ja gar keinen Atomalarm.

HERR SCHWERTLING Ja, damit hab ich nix zum dua, strengste Anweisung vom Natusius.

FRAU PERWALLNER Aber Herr Schwertling, in drei Minuten könnten im Ernstfall die Raketen da sein, das is doch der Sinn des ganzen Alarms.

HERR SCHWERTLING Des konn scho sei, aber i kriag dann hinterher vom Natusius wieder oans aufn Deckel. In Keller kommt mia koana nei.
Ja, i muaß die Brezn herrichten, d'Pause geht glei o. Macha Sies wia S' wolln. *Geht.*

FRAU PERWALLNER *schnauft, dann laut an die Schüler* Also alle mal herhörn: Wir begeben uns jetzt nicht in den Keller, sondern wir verlassen das Schulgebäude, gehen diszipliniert in den Schulhof, und warten dort auf weitere Instruktionen ...

EIN SCHÜLER Was bei dem Regen? So a Sauwetter ...

FRAU PERWALLNER Ja, im Ernstfall könnt ihr euch das Wetter auch nicht aussuchen. Also los!
Frau Perwallner geht alleine voran, die Schüler folgen nur zögernd.

EIN SCHÜLER Sie, Frau Perwallner, was wäre jetzt gewesen, wenn des ein richtiger Atomalarm gewesen wäre?

FRAU PERWALLNER Das ist eine gute Frage, Huber. In diesem Fall hätte Herr Schwertling den Keller aufgesperrt haben müssen, laut Schulordnung hätte ich ihn dazu zwingen können.

Das Gespenst des Pazifismus

Vitus Maria Deutelmoser entnimmt seiner Mappe einen Apfel, beißt hinein und räsoniert.

DEUTELMOSER Jetzt werd ich doch A 13, im Staatsdienst, gel. Da is überraschend eine Stelle freiworden, weil, es hat sich herausgestellt, daß der ander a Pazifist gwesen waar. Der hat sich öffentlich dazu bekannt, ohne das geringste ah, Schamgefühl, sagn mir mal. Ja, des hat doch keinen Sinn, daß ma so jemand hinläßt; A 13, diese Position, und dann a so a Einstellung, des geht doch net, da is doch der Pazifismus fehl am Platz. Weil simmer uns doch amal ganz ehrlich: Unsere Friedenssituation, des is doch eindeutig nur das Verdienst vom Militär. – Im Osten genauso. I will da gar nichts beschönigen. *Da* werd der Pazifist sogar – huit, Sie verstehen, de wissen genau, warumsn eisperrn, i muaß sagn, da kimmt er bei uns no direkt guat weg. Jetzt stelln Sie sich amal vor, mir hätten in der gesamten Welt lauter so Pazifisten, und nacherd kimmt der Ernstfall: Dann stehen sich Ost und West einander praktisch wehrlos gegenüber und dann bumsts, dann hammern Krieg. Denn diese Pazifisten habn ja noch nie an Krieg verhindert. Oder können Sie mir irgend einen Krieg nennen, den wo die verhindert hätten? – Eben. Und im Krieg selber sans praktisch so gut wie ein Ausfall, direkt eine Schwächung, und

[NOCH DEUTELMOSER] hinterher schlau daherreden, net, des kann ajeder. I moan, was so einer privat macht, des is dem seine Privatsache, gut, Schwamm drüber. Aber im öffentlichen Dienst waar er annähernd ein Schädling, und des haben die im Verwaltungsgericht ihm auch prompt anerkannt. – Er soll ja gsagt habn, Ost und West waar net desselbe, aber er hat überhaupt nix Eindeutigs gegan Osten direkt gsagt, und des is doch eine gefährliche Tendenz, wenn ma so einen dann hi laßt. Bitte, ich mein, als Entschuldigung hat er angführt, daß sei Vater a Pfarrer war oder so, aber wenn die Kirche schon solche Gedanken aussprengt, na muaß ich ihm darauf verweisen, daß mir hier leben, *hier*, net in Wolkenkuckucksheim – Sie sehng ja, wer den Posten kriagt hat. Also i muaß schon sagn, mit diesem Pazifismus kimmt er net weit, jedenfalls nicht zum Staat.

Im Staatsdienst

Vitus Maria Deutelmoser sucht in seiner Aktenmappe.

DEUTELMOSER Herrgott Zakrament, wo is denn das Dessert? Allwei vergißts mein Nachspeiserl. Wenn ich meinen Dienst so tätigen würde, wie meine Frau den Haushalt, wie die den Haushalt schmeißt, dann würde der Steuerzahler spitzen. Aber gottseidank haben wir ein Pflichtgefühl. *Für sich* Ah, da hat ses versteckt. *Beißt in einen Apfel, kaut* Ah, was wir leisten, geht auf keine Kuhhaut, weil, wenn mir net dawärn, müaßadn de ganzen Ausländer hier ohne eine Genehmigung, müaßadn die hier frei herumlaufen, net, einfach a so, und das wäre doch eine Schlamperei, die wo seinesgleichen sucht! Wenn man bedenkt, wie viele Ausländer es gibt. Genau genommen sinds ja alles Ausländer, nur der Deutsche nicht, und sogar da gibt es Grenzfälle. Ja, Sie werns jetzt nicht für möglich halten, aber es gibt immer noch Ausländer, die wo, die wo kein fließendes Deutsch reden. Ja, ich, mir hams doch auch lernen müssen, und spreche ich heute noch ein fließendes Deutsch. Der deutsche Besinnungsaufsatz is schließlich weltberühmt. Weil, ein gutes Deutsch, des wo einer heut, des is so, wie wenn ma, verstehn Sie, des is so, wie wenn ma amal sagat, net, des is quasi eine Rückendeckung für das ganze Leben. Und vor allem Grammatik, net. Da muß man Wert drauflegen, weil, da, darin liegt die deutsche Präzision, net, und dann weiß auch der Ausländer sofort, woher der Wind pfeift. Net. – Man spricht ja auch nur von einem deutschen Geist, net, von einem ausländischen Geist hat man ja noch nie was gehört. Weil, wenn der Deutsche amal den Geldhahn zudreht, net, is das Ausland erledigt. Net. Aber dann kamadn ja noch mehr Ausländer, drum zahln mir ja, daß der Ausländer im Ausland bleibt. Net. Um das aber finanzieren zu können, müssen mir natürlich – ah – noch mehr ah Ausländer hereinnehmen, und darin liegt das Problem. – Sie sehn also, welch eine Verantwortung wir hier haben, net, da herin und drum bin ich auch ein Spezialist von der Ausländerabteilung, net, des war schon immer mein Wunschtraum, net und ein Jugendtraum aa. – Sie müaßn Eahna vorstelln, unser Amt, des war ja schon da, da hats überhaupt noch gar keinen Ausländer nicht gegeben. Net. *Türklopfen, ein schneller Apfelbiß, dann leise* Hoppla, jetzt moan i, kimmt oana. *Laut* Herein!

Der zuständige Mann

Lothar Fürst sitzt in seiner Pförtnerloge. Frau Wehrmann betritt den Amtsvorraum.

HERR FÜRST Zu wem wollen Sie?

FRAU WEHRMANN Jja, i brauch a Bestätigung vom Wasserwirtschaftsamt. I war schon amal da, des is so a Klärgruam, ich hab da gsprochen mit einem Herrn Schätzle oder so ähnlich.

HERR FÜRST Der Herr Schätzle ist zu Tisch.

FRAU WEHRMANN Ja, aber mir is gsagt worn bis 12 Uhr is Parteienverkehr.

HERR FÜRST Ja, schon möglich, aber ab 11 Uhr haben wir Mittagstisch.

FRAU WEHRMANN Aber, is da sonst kein Zuständiger da?

HERR FÜRST Mei, gnä Frau, mir ham hier gleitende Arbeitszeit. Schaun S' mich an, ich war schon beim Essen, da ham S' a Glück ghabt, sonst waar netamal ich da, wie gsagt, ab 11 Uhr is hier Mittagstisch. Und zwar bis 14 Uhr.

FRAU WEHRMANN Ja, aber, ich komme jedesmal extra von Aschheim rein in die Stadt, ich hab ja vorher angrufen, man hat mir gsagt, bis 12 Uhr Parteienverkehr.

HERR FÜRST Im Prinzip ja, bis 12 Uhr Parteienverkehr, aber ab 11 Uhr is Mittag.

FRAU WEHRMANN Ja aber ich komm doch nicht extra, ja, des is doch, es is, ja aber, des geht doch garnet, es muß doch hier irgendjemand zuständig sein.

HERR FÜRST Ja, zuständig san viele hier, aber de san jetz net da.

FRAU WEHRMANN Sie, des is fei allerhand, entschuldigen S', da muß doch jemand zuständig sein.

HERR FÜRST Gut, wenn S' moana ... *Wählt eine Nummer.*

Herr Krüger, ein Beamter, geht vorbei.

HERR FÜRST Mahlzeit, Herr Krüger.

HERR KRÜGER Mahlzeit. Was gibts n heut?

HERR FÜRST Sauerbraten.

HERR KRÜGER Ahja. *Ab.*

HERR FÜRST Da, der Herr Krüger, der wär auch für Sie zuständig gwesen.

FRAU WEHRMANN Aber warum ham S' an dann bitte nicht aufghalten?

HERR FÜRST Sie ham doch grad gseng, daß er zum Essen geht. *Ins Telefon* Jaa, grüß Gott Herr Deutelmoser, Fürst vom Empfang am Apparat, Sie, Herr Deutelmoser, da is eine Dame wegen irgendsoaner Wwwawa ...

FRAU WEHRMANN Wegen Wasserwirtschaftsamt, Klärgrube.

HERR FÜRST Wega, äh, irgendso a Wasserwirtschaftssache, gell, des is am Schätzle oder am Krüger, jaja, jaaja haha, jaja Sie ham da nix ... *Zu Frau Wehrmann* Er hat damit nix zum dua, aber Sie können ja selber ... *Ins Telefon.* Moment ... *Überreicht Frau Wehrmann den Hörer.*

FRAU WEHRMANN Ja, guten Tag, Wehrmann, ich war bereits zwei Mal hier, äh und wollte äh, einen Herrn Schätzle sprechen. Jedesmal war Ihr Herr Schätzle im Urlaub, das andere Mal in Kur, heute is er beim Essen, und nachmittags is er nicht zu sprechen. Ja, aber ich komm ja jedesmal extra von Aschheim hier rein in die Stadt, ich weiß also nicht, wie oft ich hier noch wegen so einer Bagatalle äh hier äh nachfragen soll. – Äh, das ist mir ganz egal, jaja, nein nein, ich geh erst wieder, wenn ich den zuständigen Herrn gesprochen habe. Das ist mir ganz egal! *Knallt den Hörer ein.*

Ein Subjekt betritt den Raum und bleibt stehen.

SUBJEKT Guten Tag ...

HERR FÜRST Gell, i hobs Eahna glei gsagt.

FRAU WEHRMANN Das is mir jetz egal. Ich bleibe hier so lange, bis ich hier überhaupt jemand erwische, der hier zuständig ist.

HERR FÜRST Da können S' lang warten. Der Herr Schätzle is beim Essen, und der Herr Krüger is grad zu Tisch, des ham S' selber gsehn, und der Herr Deutelmoser is net zuständig.

FRAU WEHRMANN Ja, dann warte ich eben, bis dieser Herr Krüger zurückkommt.

HERR FÜRST Des werd Eahna aber heit nimmer vui helfa, weil wenn er zruck is, is kein Parteienverkehr mehr. Da müssen S' halt morgen zwischen 8 Uhr 30 und 12 Uhr wieder vorbei schaun. Da is Parteienverkehr.

FRAU WEHRMANN Ja aber jetz is es doch noch garnet 12 Uhr!!

HERR FÜRST Ja schon, aber mir ham gleitende Mittagszeit. *Zum Subjekt* Was wolln Sie?

FRAU WEHRMANN Das ist, das ist, also sowas, also das ist, das ist, also wirklich, also ich weiß nicht ...

HERR FÜRST Wiederschaun, gnä Frau. *Zum Subjekt* Also, was wolln Sie?

SUBJEKT Ja, ich hätte gern ...

HERR FÜRST Genga S' amal her.

SUBJEKT Ich hätte gern ein Antragsformular wegen einer Dachstuhlerneuerung.

HERR FÜRST Genga S' amal her, können S' lesen?

SUBJEKT Ja, wieso?

HERR FÜRST Gut, dann schaun S' amal. *Deutet auf eine Uhr, die Uhr schnappt von 1 Minute vor 12 auf Punkt 12 Uhr.* Da schaun S' her, und des stimmt, kennan S' vergleichen. *Zeigt seine Digitalarmbanduhr, Subjekt schaut auf seine Uhr.* Also, wiederschaun.

Unser Mann in Bonn

Frau Wiesböck, Garderobenfrau, sinniert.

FRAU WIESBÖCK Mei Sie, oana war jetz da, kürzlich, der hat mir ja guat gfalln, so a Parlamentarier, wie hat er jetz gheißn, warten S', er is ganz berühmt wordn, wegan am Eid, den er gschworn hat, naa halt, Eid is übertrieben, des war ja nur a Meineid, gel, Sie kennen ihn sicher, as Haar so gepflegt nach hintn, glattes dunkles Haar, so a Hornbrille, Schreiner hat er gheißn, naa, Schreiner aa net, aber es war was mit Holzverarbeitung. Mir fallt jetz eigentlich nur sein Künstlername ein, Old Schwurhand. Ja, as Gericht hat ihm extra bestätigt, daß er sich Old Schwurhand nennen darf, Meineidbruder derf er net sagn, aber Old Schwurhand klingt ja auch viel weltmännischer, wo er doch jetz Minister is ... Pfeife raucht er gern, na hab ich zu ihm gsagt, bittschön, Herr Schwurhand, da herin darf nicht geraucht werdn, und des hat er durchaus eingsehn, also a sehr netter Herr wars, a blütenweißes Hemd hat er anghabt, gel, also ganz sauber war er, gschwitzt hat er überhaupts net, aber sie san jetz immer so gehässig zu ihm, wo er doch öffentlich gsagt hat: »Politik ist ein schmutziges Geschäft«, und daran hält er sich ja auch. Er hat mir dann sein Leid geklagt, er hat gsagt, schaun S', Frau Wiesböck, des is jetz scho so lang her, daß ich absent war, und es wird immer wieder hochgezupft. Wissen S', und er hat des net verdient, weil er war ja amtlich beglaubigt unzurechnungsfähig, er hat ja immerhin as große Bundesverdienstkreuz kriegt, aber i glaub, des war net für den Eid, des war für a andere Sache. Und wissen S', ich bin so froh, daß er jetz wieder in der Verfassung war, daß er auf die Verfassung schwörn hat können ... naja, mir hat er jedenfalls gsagt, Frau Wiesböck, sagt er, wenn ich jetz Minister werd, dann schwör ich Ihnen ... und i sag Eahna, auf den Schwur können Sie sich verlassn.

Welt der Wirtschaft

D'Anni sagt also, mehr oder weniger, sagt sie,
also a Kraftwerk ohne Atom is ja eigentlich gar kein
Kernkraftwerk, net.

Das Interview

Am Eingang des Flughafen-Ankunftgebäudes spielt eine uniformierte Blaskapelle die letzten Takte eines Marsches. Fünf Männer mit Sonnenbrillen und arabischer Kluft hören sich das Konzert an, daneben Empfangsdelegierte in europäischen Straßenanzügen. Ein Tonmann überprüft sein Mikrofon. Ein Simultandolmetscher und eine Reporterin in Wartestellung. Die Musik ist zu Ende. Dünner Applaus.

REPORTERIN Meine sehr verehrten Damen und Herren, wir haben hier zu Gast bei uns Herrn Muhammed Aljussuf Ali Ben Bakr Abu Aljussuf Ben Schalim, der sich zur Zeit in Deutschland aufhält, und nun zugleich die Frage: Herr Muhammed Ali Ben Bakr Ben Schalim, Sie sind in die Bundesrepublik Deutschland gekommen, um nicht nur private, sondern auch andere Interessen zu vertreten.

DOLMETSCHER *beginnt ab »Frage« simultan* Mister Abu Bakr, do you have any other interests, more private investit, I mean money, in the Bundesrepublik Germany or what do you think about it.

Mohammed Aljussuf Ali Ben Bakr Abu Aljussuf Ben Schalim legt in bestem Arabisch los, wobei er sich allmählich steigert.

DOLMETSCHER So – aha – ah so, ja, er meint, also in dem Sinn, er sagt, im Grunde genommen – haha, ja – es ist doch so – weil andererseits – ja, genau – ah geh, na, so – ja was is des, er sagt, augenblicklich bei dieser Sachlage, also Öl. Ja, genau, Öl.

REPORTERIN *beginnt ab »in dem Sinn« simultan* Herr Bakr meint – er spricht die internationalen Beziehungen an, hinsichtlich im Grunde genommen überregionaler Phänomene – wobei andererseits, durchaus Fragen offenstehen, die expressis verbis augenblicklich bei dieser Sachlage der Erläuterung bedürfen, durchaus oder besser gesagt, Öl. Mit anderen Worten Öl. Hoffen wir also auf eine fruchtbare Erweiterung der Beziehungen zwischen Ihrem und unserem Lande, Herr Bakr, wir bedanken uns für das Gespräch und geben zurück ins Studio.

DOLMETSCHER Thank you, Mister Bakr, for that interesting speech.

BAKR Nein nein, du haben falsch iebersetz, gesagt will sagen in Europa gehn die Lichter aus.

Die Blaskapelle setzt erneut ein.

Moslem-Man-Power

Hof einer Speditionsfirma. Heinz Brei, Unternehmer, steht am Büroeingang.

HERR BREI Und dann schicken S' noch amal a Mahnung an die Firma Fabian. Die solln jetz endlich zahln. Sonst kemman mir mitm Rechtsanwalt. Ja, also, kommen S' amal mit, ich zeig Ihnen alles. Also, ich hab meine Firma in den letzten Jahren vollkommen umstrukturieren müssen. Des war also wegen des allgemeinen Kostendrucks, also war des nicht mehr anders möglich, und auch aus humanitären Gründen, weil, welcher anständige Deutsche macht Eahna des heute noch ... Ich beschäftige derzeit insgesamt 27 Personen, wovon allerdings eben wie gesagt außer mir nur noch vier Deutschstämmige personell zu Buche schlagen, gel, drei Fahrer und eine Sekretärin. Der Rest, des war bisher vorwiegend Personal aus der Türkei, vor allem aus der östlichen Türkei, so Anatolien und so, aber zur Zeit ist unser Betrieb dabei, auf Arbeitskräfte aus Fernost umzurüsten.

Zwei Türken beladen einen Lastwagen.

Da, des is der Herr Kemal und der Herr Öztürk, des san noch zwei Osmanen, aber de ham heut hier ihren letzten Arbeitstag. Ich habe also das Arbeitsverhältnis auflösen müssen, weil, ich bemerkte einigen Tätigkeiten gegenüber eine gewisse Reserviertheit, da sans also unverschämt wordn, und dann hams auch noch gewerkschaftlich geliebäugelt, und sowas kann ich mir als mittelständischer Betrieb nicht leisten. Wenn da jeder daherkamad, na kanntn mir zammpackn.

Ein Pakistani taucht aus einem Gulli auf.

No Abdul, wie weit sammir? Sind die Batzn weg? Ja, gut ausräumen alles. Da, wenn ich vorstelln darf, des is unser Herr Abdul, einer meiner neuen Mitarbeiter aus Fernost. Der Herr Abdul is aus Belutschistan, er wartet grade auf sein Asyl. *Er zieht Tablette aus der Hosentasche.* Da, Abdul, für dich. Schön einnehmen. Im Munde zergehn lassn, lutschen. – I verabreich eahna oiwei a Vitamin C, dann is a Kalzium drin, auch so Mineralstoffe und Spurenelemente, und Antibiotika, des is a ausgewogene Dosierung, da ham S' dann ois, was sie brauchen. Weil, sie sind keine großen Esser, aber in unserer Branche, also in ara Spedition, da müssen S' doch oft ganz schön hinlangen, grad beim Schleppen. Jetz zeig ich Ihnen amal die Unterkünfte. Freilich, wir sind hier kein Luxushotel. *Deutet auf Lastwagen-Garage.* Aber die Herren sind ja einiges gewöhnt, daheim hams ja auch nix anders. Gel, also, wie man mit dem Nötigsten zurechtkommt, des wissen die eh, und es is ja auch nur a Zwischenlösung. Weil, die meisten von dene san ja nur 14 Tag bis drei Wochen da, also, bis eahna Asylverfahren entschieden is, und, im Vertrauen unter uns gsagt, in dene zwei Wochen müssen se sich dann ja praktisch auch rentiert haben, Sie verstehn. Also, da, da sind dann alle 23 Herren einquartiert. Die sparen sich dadurch den Weg zum Arbeitsplatz, sie sind unter sich, also direkt fast wie daheim.

Zwei Pakistanis schleppen ein Schrankwandteil vorbei.

Obacht! Aufpassen! Das sind Möbel! Vorsicht! – Des kennen die net, Möbel ... Sie, mei Transportversicherung dad fei für Transportschäden nicht aufkommen, wenn die wüßten, daß ich nur noch Pakistani beschäftige. Da sieht ma halt, daß es doch immer noch Ressentiments, also Vorurteile gibt in unserer Bevölkerung, überhaupt, man wird heute mit enormen Problemen belastet, wenn man sich dieser Leute annimmt. Also man muß findig sein, weil, offiziell geht da heutzutage nicht mehr viel, de Behörden blockiern fast ois, obwohl die Nachfrage nach Beschäftigung gerade in diesen Kreisen außerordentlich groß ist. Also die Behörden san da stur. Ma muß es auf der anderen Seite auch amal so sehn: Deutschland spart sich dadurch eine Menge Sozialballast. Der Krankenstand is bei meinem Betrieb inzwischen auch praktisch bei Null, auf Sauberkeit wird bei uns sehr geachtet, scho wega der Seuchengefahr, und wenn wirklich amal einer krank wird, ich hab meine Bezugsquellen, ich hab da keinerlei Probleme, daß ich die betreffende Person austausch, aber des is sehr selten, weil diese jungen Leute, die wollen eben noch arbeiten. Mir ham auch gewisse Vorsichtsmaßnahmen getroffen, also die Fremdenpolizei, die is bei uns noch nie fündig geworden, es is halt alles eine Frage der Organisation. Jetz passen S' amal auf.

Er bläst in Trillerpfeife, sämtliche Pakistanis verschwinden in diversen Löchern.

Sehn Sas, die san unheimlich gut trainiert, sich zu verstecken, die wissen genau, es geht um ihren Arbeitsplatz.

Er pfeift dreimal, die Pakistanis tauchen wieder auf.

Weitermachen, gel! – Schön weitermachen.

Ein Lastwagen kommt auf den Hof gefahren.

FAHRER Servus Heinz, i hob wieder oa. Brauchst was?

BREI Ja, oan kannt i no braucha. – Sie müssen entschuldigen, ich hab jetz zu tun –

FAHRER *klopft an große Werkzeugkiste.* Hallo Sportsfreunde, mir san da.

Zwei Pakistanis schälen sich aus der Kiste.

BREI Naa, oana glangt ma daweil. Den andern bringst am Ismeier Winfried, der suacht verzweifelt oa, weil, dem hams grad sei ganze Belegschaft ausgwiesn. *Deutet.* Da, den rechtn nimm i. – Ah, is er scho desinfiziert?

FAHRER Naa, i hobn grad frisch neikriagt, aber de san guat beinand …

BREI Na gehts erst amal obi in Keller zum Desinfiziern, und dann weist eahm ei.

Der Fahrer zieht einen Pakistani aus der Kiste, drückt den anderen wieder in die Kiste, Deckel zu, nimmt den einen und geht mit ihm in Richtung Keller.

Achmed muß nach Hause

Achmed muß nach Hause,
Ausweisungsstempel is da.
Achmed muß nach Hause,
Rausschmiß aus Firma is nah.

Achmed muß nach Hause,
muß zuruck nach Anatolia.
Achmed muß nach Hause,
hat nix Gluck in Alemania.

Alles Formular gebracht,
Auto, Arbeit - fort über Nacht,
nur gutt Freund, Achmed gedacht,
Ausländersalterfräulein hat gelacht.

gesprochen
»Weil ich sagen zu Seff,
Mensen geben immer nur Fußdritt.
Ich sagen, Seff, das ist
keine sosiale Klimaa!«

Achmed muß nach Hause,
kommen mit Seff nix mehr klar.
Achmed muß nach Hause,
Arbeit für Achmed is rar.

Achmed überhaupt nix slecht,
Ausländer nur Arbeit mecht,
Achmed sei nur arme Knecht,
Ausländersalterfräulein nix gerecht.

Achmed muß nach Hause,
Ausweisungsstempel is da.
Achmed muß nach Hause,
muß bald raus aus Alemania ...

gesprochen
»Seff sagen, er sei Mitleid,
also so ohne Steuerkarte un so,
swarz ich son darf weiterarbeit,
weil Seff sozial ...«

MEISINGER

Warten auf Dillinger

Eine Kleinbaustelle mit einem abgesicherten Bauloch. Sepp Stößl steht da, seufzt, trinkt, schaut auf die Uhr.

SEPP Oh mei, der is oiwei no net da. Oiwei desselbe mit dem Dillinger. – I sag S' Eahna glei, wies is, wenn da Dillinger net kimmt, dann geht hier garnix mehr. Wei, i hätt ja im Grunde scho heut früh um achte in St. Öd sei miaßn, aba bevor da Dillinger net da war, hat des ja überhaupts koan Sinn. Wahrscheinlich hat der Dillinger net kemma kenna, weil, um zehne, wo er in Griesbeckerszell hätt sei solln, da war er ja aa net. Mei, da Dillinger, der hat halt aa vui um de Ohrwaschl. Aber, da schaugn S' her, es geht nix voran da, wei da Dillinger no net da war. I hätt ja nachad heut no dringend nach Ecknach nübermüaßn, aber i kon ja da net weg, wei sonst kimmt da Dillinger, und i bin net da, nachad geht wieda nix. Wei, ohne mi waar da Dillinger ja aufgschmissn, wei, er – *deutet auf Kanalloch* – kennt si ja net aus.

DRAGAN *schaut aus dem Kanalloch* Aah, Seff?!

SEPP I hob koa Zeit jetza, i muaß aufn Dillinger wartn. I wart jetz scho über drei Stundn ununterbrochn, nachad war Mittag, na hab i gmoant, daß er vielleicht zum Mittagessn kimmt, is er aber aa net kemman.

DRAGAN Ah, Seff, du schauen!

SEPP Ja, Dragan, was isn, ja sehr gut, jetz schaufelst nachad da den Dreck da no mehra auf d Seitn, weil, wenn Dillinger kommen, na muaß da de Muffn und des da ois frei sein. Schaufeln.

DRAGAN Gutt. *Taucht weg.*

SEPP Eigentlich is ja ganz guat, daß der Dillinger no net da war, wei bis jetz hätt er eh no nix macha könna, wei de Muffn no net gscheid frei war. Na hätt da Dillinger aa bloß wartn müssn, und bei dene Stundenlöhne heit, Sie, des geht dann fei ganz schön ins Geld. Aba er, der Dragan tuat si halt a weng hart, wei sei Kollege, da Miroslav heut net da is. – Ja, mei, wart ma halt wieder …

Sepp wartet, trinkt Bier, ab und zu fliegt eine Schaufel Dreck vorbei.

SEPP Wenn S' mich um meine Meinung fragn, also, i glaab, der kimmt heit nimmer. Wei in Töging hätt er ja aa vorbeischaugn solln, beim Obermayr, da hab i aber angrufn, und da is er überhaupts net gwesn, und drum denk i mir, daß, wenn er überhaupts no kimmt, zerscht beim Obermayr vorbeischaut und na schafft ers ja vor Feierabend nia mehr. Na müaß mas wieder zuaschaufeln, wei, morgen is scho Freitag. – Moment, i sags eahm. Ah, du, Dragan! He, Dragan! Dillinger wahrscheinlich heute nix mehr kommen.

[NOCH SEPP] Also eine halbe Stunde du noch aufschaufeln, und wenn Dillinger dann no net da sein, dann du wieder zuschaufeln, aber wahrscheinlich Dillinger heute nicht mehr kommen, oder, was moanst du? – Sie, der Dragan moant aa, des werd heut nix mehr. – Ja, i glaab, des hat jetz koan Sinn mehr, wei, daß da Dillinger heut no kimmt, des is äußerst unwahrscheinlich. I glaab, i sags eahm glei, wei, mir müaß ma ja heit no fertig wern. Ah, du, Dragan! He, Halt, Stop!! Nix mehr freischaufeln! Du jetz besser raufkommen und wieder zuschaufeln! Weil morgen ja schon Freitag!

DRAGAN *steigt mit Schaufel aus dem Kanalloch* Gutt. *Beginnt wieder, einzuschaufeln.*

SEPP Jetz laß i eahm derweil wieder zuaschaufeln, wei, wenn da Dillinger wirklich noch auftauchen sollte, na kon ers ja oiwei no wieda freischaufeln. Mei, mit dem Dillinger, glaubn S' mas, des is oiwei desselbe ...

Das Kalkül

Kioskbesitzer Karlheinz Pfeiffer kalkuliert.

PFEIFFER Ja, es ist doch eine Zumutung, des ist ja des ganze Schlamassel, net, dann kommt er daher und sagt zu mir, wo ich zu ihm gsagt hab, Herr Wild, sag ich, des müssen Sie doch zugeben, net, weil, Sie sind ja schließlich Großbäcker, und, sag ich, Sie können ja die Investitionen betätigen, aber unsereiner muß ja schließlich schaun, wo ich bleib, net, wo wo das Ganze sich doch in eine Unrentablität hineingesteigert hat, quasi ... des hat es ja damals auch schon geheißen mit dem neuen Sturmgewehr, net, na habn die Leute alle gsagt, ja wenns zum Tragen kommt, net, dann, netwahr. Dann! Net, aber nur dann, da hats geheißen, hin, net, und was is nachher gewesen? Und wer soll denn des Ganze heutzutage, wos nix mehr ghabt haben, wo unsereiner mit den Verpflichtungen, net, des ist doch ein Schwindel, des ist unlauter, wo der Staat nur drückt und drückt und hinterher heißts dann mit der Dankbarkeit, daß man sich erkundigen soll, indem der Ausländer i – i – i will ja gar nimmer reden ... weil, sind wir uns ehrlich, wer muß es ausbaden, wer soll es dann verkraften? Ich will Ihnen was sagen, ich sag überhaupts nichts mehr, weil: die sollen so weitermachen.

Dieser Rüsslinger

NACHBAR I Kennen Sie diesen, diesen, wie heißt er denn, äh, Rüsslinger, glaub ich, Rüsslinger, Botho oder Bertram? Der ist doch, äh, Kunstmaler oder sowas Ähnliches, oder vielleicht musiziert er auch, ich weiß nicht genau, aber der soll ja sagenhaft gut sein.

NACHBAR II Rüsslinger?

NACHBAR I Der Rüsslinger, ja, ein, also, ja, ich versteh das auch nicht, also, oder lebt der überhaupt noch?

NACHBAR II Ich kenn ihn nicht.

NACHBAR I Sie kennen ihn gar net. Also, jetzt bin ich überfragt, also aber der ist doch der, der hat doch diese neue Bewegung doch da neigsetzt, äh, aufm, net Theatersektor, naa, jetzt sagen Sie's mir, oder is er a Wissenschaftler ...

NACHBAR II Kino?

NACHBAR I Nanaa, Kino isser ned. – Ah, neein! Das is die neue Bäckerei da vorn bei der Leopoldstraße, jetzt hammers.

NACHBAR II Ahja Bäckerei Rüsslinger. Genau.

Im Kaufhauslift

Ein Kaufhauslift von innen. Menschen drängen zur offenen Lifttür herein. Ein zerknitterter Liftportier steht am Liftbedienungspult.

Erdgeschoß

KUNDE I In den ersten, bittschön …

LIFTMANN Eins, zwei, vier, noch jemand, haben wir alles, gut.

KUNDE II Fünf.

LIFTMANN … und die Fünf dazu.

KUNDIN Elektrische Schreibmaschinen?

LIFTMANN Elektro, Schreibwaren 3. Stock. – Aufwärts!

FRAU Sagen Sie, wo gibt es bitte …

LIFTMANN Meine Dame, ich rufe alles aus. Sonst kommen wir morgen früh noch nicht, hätten Sie unten die Auskunft holen müssen. – Vorsicht!

Die Lifttür schließt, der Lift fährt los.

1. Stock

LIFTMANN Erster bitte, Herren-Damen-Kinderbekleidung-Ledermoden-Reisebüro-Sportartikel-Pixi-Fotostand …

KUNDE III Sakkos bitte?

LIFTMANN Herren-Damen-Kinderbekleidung hab ich doch schon!

Kunde III steigt aus, Kunde I betritt mit neuem Herrenmantel, einer großen Kaufhaustüte und einem Paar Ski wieder den Lift. Die Tür geht zu.

KUNDE I Zwoaten, bittschön.

FRAU Wo gibt es bitte …

LIFTMANN Eins nach dem anderen.

Der Lift fährt.

2. Stock

LIFTMANN Ja, zweiter bitte, Radio-Fernsehn-Schreibwaren-Bücher-Kunst-Geschenkecorner-Schallplatten-Spielwaren-Restaurant-allesfürsKind-MisterMinitService …

FRAU Wo gibts denn bitte …

LIFTMANN Ich rufe alles aus, warten Sies ab.

Kunde I betritt den Lift mit drei Tragetaschen, Skiern, Farbfernseher und einem großen Spielzeugbären.

KUNDE I Obacht. Ah – nauf!

LIFTMANN Vorsicht bitte an der Tür.

Lifttüre zu, der Lift setzt sich in Bewegung.

3. Stock

LIFTMANN So, dritter, bitte, Haushalt-Werkzeug-Waschmittel-Bastelbedarf-Raucherboutique ...

FRAU Wo gibt es denn bitte ...

LIFTMANN Uhren-Schmuck-Tischwäsche-Drogen-Glas-Porzellan ...

Kunde I betritt sehr voll beladen – bisherige Einkäufe plus Homeworker, Karton mit Geschirr – den Lift, der ziemlich voll ist.

KUNDE I Obacht, bittschöhn, ah, Verzeihung ...

KUNDIN Passen Sie doch auf!

KUNDE I Tschuidign S'.

LIFTMANN So, Vorsicht bitte an der Tür!

Ein eiliger dicker Mann quetscht sich noch gerade in den Lift, wie die Tür zugeht, mit deutlichem Klirren zerbricht das Porzellan des Kunden I.

4. Stock

LIFTMANN Vier bitte, Gardinen -Teppiche - Lampen - Bilder - Silber -Terrasse - Zoo-Betten-Campingparadies ...

FRAU Wo gibts denn bitte ...

LIFTMANN Gleich sind wir oben.

FRAU ... Wahrsagekugeln?

LIFTMANN Vergangenheit oder Gegenwart?

FRAU Nein, Zukunft.

LIFTMANN Zukunft führen wir nicht. Vielleicht bei Sparstatt.

FRAU Vielen Dank.

Die Frau steigt aus. Kunde I betritt den Lift, mit der Ausrüstung vom 3. Stock und einer Campingliege. Er ist jetzt der einzige Liftbenutzer, aber er füllt den Liftraum mit seinen Waren voll aus.

KUNDE I Obacht, ah, Augenblick ...

LIFTMANN Warten Sie, ich helf Ihnen.

Er hilft. Die Tür geht zu.

5. Stock

LIFTMANN Fünfter. Lebensmittel-Spirituosen-Kundendienst-Kreditabteilung ...

KUNDE I Sie, wo gehts denn da zur Kreditabteilung?

LIFTMANN Wolln S' n' Langzeiter oder nen schnellen Kleinkredit?

KUNDE I I mächad schnell an großen Kredit.

LIFTMANN Hier lang, neben dem Himbeergeist links ab.

KUNDE I Dankschön.

Der Kunde nimmt sein sämtliches Gepäck und marschiert in Richtung Kreditabteilung.

5. Stock, Fahrt abwärts

LIFTMANN So, bitte einsteigen.

Kunde I kommt ohne Waren in den Lift, eine halbvolle Flasche Himbeergeist in der Hand.

LIFTMANN Na, hats geklappt?

KUNDE I Frag net so blöd, abi!

Der Lift fährt los.

Kindermodenschau

Veranstaltungsraum eines Hotels. Dr. Tschiep spielt auf der Hammondorgel Weihnachtslieder. Gut gekleidete Kinder sitzen neben ihren noch besser gekleideten Muttis. Im Nebenraum stehen Uschi Blaß und ein St. Nikolaus vom Künstlerschnelldienst.

FRAU BLASS Ja, aber Sie hätten doch da her genausogut mit der Trambahn herfahrn können, und an Bus gibts aa no, da brauchen Sie doch koa Taxi nehman. Des war net vereinbart ...

NIKOLAUS Ja, schon, aber Frau Blaß, des waar unheimlich knapp wordn. I war ja bis jetz no auf am Senioren-Nachmittag, de oidn Leit, wissn S', des ziagt si oiwei.

FRAU BLASS Redn S' net, der Achtefuffzger fahrt alle zehn Minutn, da hättn S' ...

NIKOLAUS Ja, aber ...

FRAU BLASS Des is mir gleich, as Taxi zahl i net, des war mit Ihrer Agentur net vereinbart. Also, jetz passen S' auf: Hier ham Sie die Kundenerwähnungswünsche von de Prominentenkinder, die namentlich erwähnt werdn solln, lesen S' gschwind durch, daß koan Fehler neibringen. Also, Sie kemman nach am fünften Kind, des is der Boris im Discofieber, des is der da, gel, Boris, und dann nehman Sie gleich des sechste Kind mit über die Rampe ...

NIKOLAUS I hab da stehn: Natascha als Gänseliesl ...

FRAU BLASS Ja, genau, mit der Natascha kommen Sie, und dann is Bescherung. Also, zerscht die Prominentenkinder und vor allem de von der wichtigen Kundschaft, de sitzn alle an Tisch eins bis drei, de restlichen Packerln verteiln S' dann nach gusto, soweit no oa da san ...

NIKOLAUS *hat Kundenerwähnungswünsche durchgelesen* Ja, Sie, da steht »Stinkfaul und pariert daheim überhaupt net«, des is doch a bißl hart für so a Kind, soll i des wirklich a so sagn?

FRAU BLASS Sie tragn vor, was aufm Zettl steht, verstandn. Mischen S' Eahna da net ei. Des is ois mit der Kundschaft aso abgesprochen. Und vergessen S' net: »Von draußt vom Walde komm ich her, da braucht ma was gscheids zum Oziagn, mir machen Kindermode« ...

NIKOLAUS Jaja, ich woaß scho, auch an Kleiderwunschzettel ansprechen. Kimmt ois, Frau Blaß. Wia hoaßn glei de Stiefeln wieda?

FRAU BLASS Juwenta.

NIKOLAUS Ah ja, und der Vernon-Pelzumhang. Puh, hoaß is da herin. *Legt Umhang ab.*

FRAU BLASS Aber ja net zu früh! Mit der Natascha als Gänseliesl kommen Sie.

NIKOLAUS Is gebongt, Chefin.

Ein Kind im Pelzmantel weint.

FRAU BLASS Ja, Nicole, mein Kleines, wer wird denn da weinen, jetzt, wo dein schöner großer Auftritt kommt. Andere Kinder wären froh, wenn sie so einen schönen Mantel vorführen dürften. Nicole-Schätzchen, das wird schon ... Frau Sieber?! Frau Sieber, Sie schicken die Kinder auf Stichwort über die Rampe. Des muß klappen, gel. Jaja mein Schätzchen, is ja schon gut, is ja halb so schlimm, schau, Nicole, die Mütze darfst du hinterher behalten. So, ich muß jetzt, Frau Sieber, Achtung ... *Geht auf die Bühne*

NIKOLAUS Geh weiter Kindl, denk dir doch nix. Da, hast an Lebkuchn.

Im Saal.

FRAU BLASS *tritt lächelnd auf, Hammondorgeltusch, Applaus.* So, liebe Kinder, liebe Eltern, jetz is es wieder so weit, das Fest der Freude rückt näher, und wie jedes Jahr um diese fröhliche Zeit der Erwartung haben wir von Uschis Kinderbasar uns wieder was ausgedacht, was euch, liebe Kinder, vielleicht Freude macht zum Anziehn, Überziehn, zum Umhängen oder zum Kuscheln, und natürlich für euch, liebe Eltern, ein paar zünftige Anregungen für den Wunschzettel oder den Gabentisch eurer Bambinis.

Ich hab davor noch in den Wald gespitzt, und den St. Nikolaus getroffen und der hat euerer Uschi fest versprochen, daß er nachher bei unserm kleinen modischen Adventsnachmittag vorbeischaut. Er hat gesagt, er hätt ein paar Überraschungen für unsere Basarkinder. Da sind wir ja alle gespannt, was der St. Nikolaus da für uns, oder besser für euch, liebe Kinder, bereit hat. *Applaus.* So, und jetzt, auf Los gehts los! Herr Dr. Tschiep, bitte Musik! *Musikeinsatz, Applaus.* Und als erstes sehen wir nun unsere Nicole mit dem Modell »Eisbär« von Clochard, mit der dazu passenden Exklusivmütze »Uppsala« in rustikaler Baumwolle. – Ja, wo bleibt sie denn, unsre Nicole? *Dezent* Frau Sieber! – Ja, wo ist denn unsere Nicole? *Geht*

[NOCH FRAU BLASS] *ab, kommt mit verrotzter Nicole wieder und schleift sie über den Laufsteg.* Ja, haha, unsere Nicole ist heut ein wenig verschnupft, sie hat halt unsern Mantel Modell Eisbär zu spät angezogen, gel, Nicole, ja brav, haha, ja einen kleinen Applaus hat sie doch verdient, unsere Nicole. Danke Frau Sieber … *Nicole ab.* Unser kleines Eisbärle von Clochard kostet komplett mit Rustikalmütze 438 Mark exklusiv bei Uschis Basar. So, als nächstes, ah da is er ja schon, unser Dimitri, ganz professionell macht er das, wie ein echter Dressman. *Applaus.* Dimitri als kleiner Lord, mit farblich abgestimmter Pausebrottasche für den kleinen Hunger zwischendurch. Statt dem Tweedjackett kann man auch mal nur den Original-Norwegerpulli Modell Sven komplettieren, das sieht dann oft besonders süß aus, hier, unser Dimitri … *Dimitri zieht das Jackett aus, man sieht den Norwegerpulli, Applaus.* Der kleine Lord, ein besonders lässiges Modell exklusiv für Uschis Basar von der Firma Clochard. *Dimitri ab.* Ja, und jetzt einen Sonderapplaus, süß sehn sie aus, sind sie nicht herzig, wie ein kleines Brautpaar, der Uli und die Ingeborg im aktuellen Winterfreizeitdress Pinguin eins und Pinguin zwei, lieferbar in den aktuellen Modefarben Rouge, Gelb, Azur, Beige, Champagner und Flaschengrün, hei, da macht das Schlittschuhlaufen Spaß. Pinguin zwei mit modischem Cape, Pinguin eins mit dem zünftigen Südwester, und für den kleinen Wunschzettel, da, Uli, zeig mal schön, die Allwetterstiefel von Caligula. Ja, schön macht er das, der Uli. *Sonderapplaus.* Ein Sonderapplaus für den Uli. *Applaus.* Vielen Dank, auch, liebe Ingeborg. *Applaus.* Für die chique Nachmittags-Schokoladenparty oder für ne tolle Kinderfete jetzt was ganz Verrücktes, unser Boris im Disco-Fieber! Frau Sieber! *Licht-Wechsel, Discomusik.* Ja, das geht in die Beine. Toll, dieser Boris. Diese Safranlederhose, da fahren die kleinen Girls reihenweise drauf ab. Einen Sonderapplaus für den Boris. Discohose, Kappe, Jacke und Perlenkette, Stepschuhe und Disco-Jojo exclusiv bei Uschis Kinderbasar Kreation Uschi Blaß 624 Mark. Ja, toll, dieser Boris! *Boris ab, Applaus.* Obacht. Ohlala, jaa, jetzt, liebe Kinder hab ich glaub ich ein Glöckchen gehört, da bin ich aber gespannt, wer jetzt da hereinschneit. Ja, das ist unsere Natascha als Gänseliesl, und jaa, ich habs doch gewußt, da ist er, der heilige St. Nikolaus, Applaus für den St. Nikolaus!! *Applaus. Nikolaus geht mit Natascha auf und ab.* Ja, St. Nikolaus, wo kommst du denn her? *Schubst Gänseliesl von der Rampe.*

NIKOLAUS Von draußt vom Walde komm ich her, ääh …

FRAU BLASS *leise* Schuhe …

NIKOLAUS I woaß scho … ah, ich kann euch sagen, es weihnachtet sehr. Ich komme gerade von der Juwenta-Schuhfabrik, von denen habe ich auch meine schönen Juwenta-Allwetterschuhe, ohne die der

St. Nikolaus schon längst einen Schnupfen hätte, und ich habe hier auch was Feines mitgebracht, für alle braven Basar-Kinder. Ihr wart doch immer brav, oder?

KINDER Jaa!!

FRAU BLASS Bei Uschis Basar sind nur brave Kinder, Herr Nikolaus.

NIKOLAUS Ah ja, natürlich. Habt ihr euch auch alle was Feines zu Weihnachten gewünscht?

KINDER Jaa!!

NIKOLAUS Was Feines zum Anziehn?!

KINDER Jaaa!!!

NIKOLAUS Ja, das freut den Nikolaus. Ja, dann wollen wir doch mal in mein goldenes Buch schauen, was da so alles drinsteht. – Ist die kleine Carmen Hasenböck, ist die da? *Ein zaghaftes Ja antwortet.* Oh oh oh, ja was muß ich denn da lesen? Sie ist faul, macht keine Hausaufgaben und widerspricht ständig ihrer Mutter. *Kindergelächter.* In der Schule kommt sie auch nur …

FRAU HASENBÖCK Also, das ist doch wohl der Gipfel an Unverschämtheit. So eine Frechheit …

FRAU BLASS Aber Frau Konsul, das war doch …

FRAU HASENBÖCK Carmen! Olaf! kommt, wir gehen!

FRAU BLASS Frau Konsul, darf ich das Mißverständnis auf–

FRAU HASENBÖCK So eine Geschmacklosigkeit ist mir in meinem Leben noch nie untergekommen … *Zieht ihre beiden Kinder an.*

FRAU BLASS Aber, Frau Konsul, den Nikolauszettel hat mir doch Ihr Mann persönlich …

FRAU HASENBÖCK Mein Mann, dieses Rindvieh, was weiß denn der; wo unsre Carmen so ein Sensibelchen ist. Carmen, Olaf, los, wir gehn.

FRAU BLASS *zum Nikolaus* Sie Vollidiot, das wird ein gerichtliches Nachspiel haben!

NIKOLAUS Ja, aber ...

FRAU BLASS Sie Rindvieh, diese Frau kann mich fertigmachen mit ihren Connections. Sie entschuldigen sich sofort auf der Stelle! Bei Frau Konsul und beim Kind. Sonst zeig ich Sie an wegen Geschäftsschädigung, Sie Depp! *Geht in Richtung Frau Hasenböck, die bereits aufgestanden ist.*

NIKOLAUS Ah, gnä Frau, ah, Kind, ah, du, der Nikolaus, der hat was übersehn, sowas passiert auch amal am Nikolaus, ah, gnä Frau, bittschön entschuldigen S' ...

FRAU HASENBÖCK Ja, aber, Sie sehn doch selbst, das Kind ist doch so sensibel.

NIKOLAUS Ja, äh, nein, bittschön, äh, wie soll ich, äh ... *Frau Hasenböck setzt sich wieder.*

FRAU BLASS *ruft dem Nikolaus zu* Musik, Ihr Lied, und Bescherung!

NIKOLAUS Ja, aber die anderen Zettel ...

FRAU BLASS Ihr Lied, los machen Sie endlich. Liebe Kinder, ihr müßt wissen, der Niklaus hat auch ein Lied dabei ...

NIKOLAUS Ja, also, ihr habts gehört, liebe Kinder, ah, also, der Nikolaus hat euch da ein Lied mitgebracht, für alle Basarkinder, des is zum Mitsingen, paßts schön auf, ich sings euch derweil amal vor, und die, dies dann schon können, die dürfen gleich mitsingen und dann singen mir alle des Lied mitanander, gel ...

FRAU BLASS Und der Sankt Nikolaus verteilt dabei die Gaben! Gel, Herr Nikolaus?!

NIKOLAUS Ja, genau, dann schaun mir nach, was in dem Sack da drin is. Also, jetz tuts alle schön mitsingen. *Singt:*

Am Himmel blinkt ein heller Stern,
Der frohe Tag ist nicht mehr fern,
Das Weihnachtsfest wird wunderbar
Mit Kindermoden aus Uschis Basar.

So, und jetzt singen mir alle schön mit …

Berufe und Karrieren

D'Anni hat auch gsagt, also sie sagt durchaus, daß der Dr. Kessler ein guter Geschäftsmann ist. So als Arzt, sagt sie, ist er eher mittelmäßig.

Vaters Doppelleben

Fritz Stumpf sitzt am Frühstückstisch und ißt ein Marmeladebrot. Gleichzeitig telefoniert er, den Telefonhörer hat er an der Schulter eingeklemmt.

FRITZ Selbstverständlich, Herr Dr. Berzelmeier, ich schau auf alle Fälle vorbei. – Natürlich. Am gewohnten Platz. Selbstverständlich. Wie vorgestern. – Also gut – ja – Wiedersehen, gut ja Wiederschaun.
Er hängt ein und trinkt den letzten Schluck Kaffee, schon halb im Aufstehn.

FRITZ Lydia, mei Mappn!
Er steht auf, geht in den Flur, zieht im Gehen sein Sakko an, nimmt den Mantel von der Garderobe. Tochter Lydia bringt dem Bappi einen Diplomatenkoffer.

LYDIA Da, Bappi.
Elfriede Stumpf, geborene Lemp, die Gattin, kommt mit einem Wurstbrot aus der Küche. Das Wurstbrot ist in Frischhaltepapier eingepackt.

ELFRIEDE Hättst scho wieder dei Wurschtbrot vergessn, alter Schlamper.
Sie verstaut resolut das Wurstbrot in dem Diplomatenkoffer. Sohn Heinz kommt dazu.

HEINZ Bappi, kost mi heit ind Schui fahrn?

FRITZ Tut mir leid, Heinzi, heut muaßt mitm Bus fahrn, i hab jetzt glei an wichtign Termin. Vielleicht morgen wieder.
Heinz geht mißmutig in die Küche und entschädigt sich mit Kinderschokolade. Oma Liselotte Lemp, Fritzens Schwiegermutter gesellt sich dazu.

OMA LEMP Zieh an Schal an Fritz, s hat gheißn, es soll kalt werdn. Net, daß dich wieder verkältst. Des kannst du dir in deim Beruf net leisten.

FRITZ I paß scho auf, Omi.
Oma Lemp drängt Fritz den Schal auf, Karlheinz Lemp, der Opa, kommt im Morgenmantel aus dem Bad.

OPA LEMP Fritz, kannst du mir heute nach der Arbeit noch ne Stunde mit anpacken. Der Speicher muß endlich fertig tapeziert werden.

FRITZ Ich weiß fei noch net, obs mir nausgeht. Jetzt schaun mir halt amal.

LYDIA Aber Bappi, du hast mir doch versprochen, daßd heut Abend mit mir Spitz-paß-auf spielst.

FRITZ Mir kommen scho no zum Spieln, Schatzerl.

OMA LEMP Fritz, der Waschmaschinenanschluß im Keller, der ghört zerscht gmacht. Des tröpfelt andauernd. A so eine Wasserverschwendung.

FRITZ Des kriagn mir schon. Oans nachm andern.

ELFRIEDE Aber der Onkel Albert kimmt doch heut Abend, und d Tante Hilde kimmt vielleicht aa, hats gesagt.

FRITZ Ja mei, i bin aa bloß a Mensch, ma tuat was ma ko.

ELFRIEDE Heut kommst aber net so spät heim, weil der Dr. Schnapper ruft wieder an. Jetzt hat er dich gestern scho net derwischt, weilsd immer so spät heimkommst.

FRITZ I ko mirs aa net raussuachn, Gschäft is Gschäft. Des kriagn mir scho. *Geht zum Eingang.* Also dann, bis heut Abend, Servus.

OPA LEMP Tschüß Fritz, also, ich rechne mit dir.

FRITZ Is scho recht.

Lydia gibt dem Bappi einen Abschiedskuß. Heinz springt an ihm hoch.

HEINZ Aber morgen nimmst mich dann mit.

FRITZ Selbstverständlich, wenns geht.

ELFRIEDE Da, dei Mappen. *Leise* Und komm halt heut amal net so spät.

FRITZ Schorecht. I schaug halt.

ELFRIEDE *leise weiter* I woaß doch net, was i mit der Hilde redn soll. Is doch dei Schwester.

FRITZ I woaß scho. Also nachad *Blick auf die Uhr* i muaß jetzt weiter.

OMA LEMP Und fahr schön vorsichtig, Fritz.

FRITZ *im Gehen* Du kennst mi doch.

Fritz geht zu seinem gegenüber geparkten BMW. Die ganze Familie steht in der Tür. Die Kinder winken. Elfriede wirft Fritz eine Kußhand zu. Opa, das Gesicht inzwischen voll Rasierschaum, grüßt nochmal im Hauseingang. Fritz besteigt sein Auto, das Winken steigert sich. Fritz winkt etwas krampfhaft zurück und fährt los. Er schaltet das Radio ein, sucht Musik, fährt dabei um zwei Straßenecken, hält vor einer Apartment-Häuserzeile, steigt aus, geht an die Müllanlage, wirft das eingepackte Wurstbrot in die Tonne, holt aus einem Versteck bei der Tonne einen Schlüsselbund, sperrt die Tiefgarage auf, fährt in die Tiefgarage, stellt seinen Wagen ab, geht über den inneren Eingang ins Apartmenthaus, sieht sich um, geht im Treppenhaus in den 1. Stock, sieht einen Zettel an der Tür:

»Lieber Fritz, machs gut, ich lös dich dann um ½5 ab. Gruß, Toni.«

Fritz entfernt den Zettel, sperrt die Tür auf, legt den Diplomatenkoffer ab, zieht Mantel, Schal und Sakko aus, lockert seine Krawatte, öffnet den obersten Kragenknopf, schaut auf die Uhr und seufzt.

Fritz öffnet eine Zimmertür zur Hälfte, zieht seine Hose aus, öffnet die Tür ganz, man sieht ein großes ungemachtes Bett. Fritz stellt einen Radiowecker auf halb fünf, läßt das Rouleau runter, steigt ins Bett und zieht sich die Decke über die Ohren.

Vertretertraining

Herr Rösner, Herr Gropper, Trainer Heßler sowie weitere Trainingsaspiranten sitzen vor einem Video-Monitor. Im Hintergrund ist eine Trainings-Eingangstür mit Glocke und Namensschild aufgebaut. Im Monitor sieht man Herrn Gropper, wie er auf die Trainingstür zugeht und klingelt.

HESSLER Ja, sehr gut, Blick auf die Uhr, Frisur, Anzug richten, klingeln – uund – geradestehn, sehr gut Herr Gropper, richtiger Abstand zum Spion, keine private Geste mehr. – Und Hundegebell, halber Schritt zurück, nicht zu hastig, aber entschlossen. ... ja, richtig ... Kunde öffnet, Mappe in der rechten Hand, Visitenkarte parat, einwandfrei, Vergewisserungsblick nach dem Hund, Mappe umgreifen, zum Handschlaggruß, ohne Scheu, aber unaufdringlich Vorstellung und somit wäre der Erstkontakt hergestellt. Sehr gut, Herr Gropper, praktisch fehlerfrei ... *Band aus.*

GROPPER Visitnkartn hab i a weng schlampad ghaltn, aber des hat ma glaub i net so gsehn.

HESSLER Neinnein, wirklich, sehr gekonnt, als nächster Schritt käme nun das Einführungsgespräch in der Wohnung, mit den sogenannten »W«-Fragen: Warum, wann, wie, was undsoweiter, aber das kommt später, ich schlage vor, neues Erstkontakttraining. Herr Rösner an der Tür, und Herr Gropper macht jetzt den Kunden.

RÖSNER Mit oder ohne Hund?

HESSLER Lassen Sie sich doch überraschen, vor Ort wissen Sie ja auch nicht, ob mit oder ohne Hund. *Devotes Gelächter.* Also, bitte auf Position.

Gropper geht hinter die Trainingstür, Rösner nimmt die Mappe und geht los.

HESSLER Halt, Herr Rösner, erst auf mein Zeichen. Band läuft. Bitte ...

Rösner geht auf die Trainingstür zu und klingelt.

HESSLER Nein! Halt! Stop! Um gotteswillen. Mehr Entschlußkraft im Gang, und alle privaten Gesten vorweg erledigen!

RÖSNER Aber ...

HESSLER Sie gehn doch nicht auf die Toilette, sondern zum Kunden! *Devotes Gruppengelächter.*

RÖSNER Aber ich ...

HESSLER Kein Aber, zurück das Ganze, nochmal von vorn. Und bitte!

Rösner geht auf die Tür zu und klingelt.

HESSLER Halt, nein, stop!

RÖSNER Wieso?

HESSLER Mappe!

RÖSNER Ja?

HESSLER Sie haben die Mappe in der falschen Hand.

RÖSNER Ääh?

GROPPER Mappe muß in der rechten Hand sei.

HESSLER Wenn der Kunde die Tür öffnet, müssen Sie die Mappe noch in der rechten Hand halten. Dann erst greifen Sie um, um dem Kunden spontan die rechte Hand geben können. Das suggeriert spontane Herzlichkeit.

GROPPER Im Spion hab i'n fei aa net gsehn.

HESSLER Das obendrein, Moment. *Geht zum Spion und dirigiert von da aus Rösner.* Etwas mehr nach links, halt, und einen halben Schritt zurück, zuviel, so. Das ist die Position. Merke: 43% aller Kunden öffnen nur nach Spionkontrollblick die Tür. Also zurück, das Ganze nochmal!

Rösner geht auf die Tür zu, klingelt.

HESSLER Und Spionposition, ja. *Drückt Tonband, fröhliches Hundegebell. Rösner weicht zwei Schritte zurück. Heßler schaltet das Tonband aus.* Nein! Halt, Stop! Nicht so hastig, Herr Rösner, der Russe is noch net im Land. *Devotes Gelächter.* Überhaupts, warum weichen Sie denn zurück?

RÖSNER Ja, Hundegebell ...

HESSLER Das is doch hier kein scharfer Schäferhund, sondern a freundlicher Dackl. Da weicht ma doch net zurück, da sagt man »Ja wo isser denn« oder sowas ähnliches, dann geht die Tür von selber auf. Ich habs heut doch schon ein paarmal gesagt, also merken wir uns, meine Herren: Über die Tierliebe zum Entree.

GROPPER Sie, Herr Heßler, er hat fei aa d Fiaß no net abgstreift!

HESSLER Jaja, is scho recht, des auch noch, ham S' des ghört, Herr Dings, ah Herr Rösner, Schuh abstreifen für die Hausfrau, vor allem bei Sichtkontakt! Also, glei nomal. Zurück ...

Rösner geht auf die Tür zu, klingelt, streift Füße ab, richtiger Spionabstand ... ein Schritt zurück, dreht sich um.

RÖSNER Wo ist der Hund?

HESSLER Welcher Hund?

RÖSNER Ja, jetzt käme doch der Hund ...

HESSLER Ja, Herr Rösner, das müssen Sie doch bitte dem Hund überlassen, ob er da is oder net ... *Devotes Gelächter.* Ich zum Beispiel hab a Schildkrötn daheim. *Wieder Gelächter.* Da können S' lang warten bis bei mir daheim was bellt. *Nochmal Gelächter.* Also, auf ein neues, Anmarsch und so weiter klappt ja schon einigermaßen, tun S' gleich anläutn, Herr Rösner. Bei wem klingeln S' denn überhaupt?

RÖSNER Weiß nicht ...

HESSLER Ja, des is doch des mindeste, da schaut ma doch nach, am End landn S' bei Eahna selber dahoam und gspannen S' gar net. *Brüllendes Gelächter.*

RÖSNER *schaut* Ahja ...

HESSLER Ja, genau, da sehn Ses und jetz klingeln S'.

Rösner läutet zaghaft.

GROPPER Des Klingeln hätt i jetzt fei net ghört. I hätt ja fernsehn können, oder a Bad nehmen.

HESSLER Oder a Damenbesuch is grad in Aktion. *Devotes Gelächter.* Ham S' as ghört, Herr Rösner, bestimmt anläuten. Also, bitte ...

RÖSNER So? *Läutet kräftig.*

HESSLER Jessas, naa, nein! Sie san doch net von der Feuerwehr. *Gelächter.* Schaun Sie, wir läuten an bestimmt, aber nicht aufdringlich. *Geht zur Klingel.* Schaun S' her, so. *Läutet.*

Rösner geht auf die Tür zu, läutet, Heßler fährt Hundegebell ab, diesmal aggressiver Schäferhund.

RÖSNER Ja wo is er denn ...

HESSLER *Band aus.* Halt, Stop! Sie san wohl lebensmüde! *Gelächter.* Des is doch a scharfe deutsche Dogge. Hörn Sie des net? Mann, die wenn Sie anfällt, na sand Sie Hackfleisch! *Gelächter.* Bei so am Hund in jedem Fall zurückweichen, Mappe in Hab-Acht-Stellung und die Kommandos des Herrchen hinter der Tür abwarten, also, bis der halt »Pfui, Platz« sagt oder sowas.

GROPPER Er muß wartn, bis ich Pfui sag!

HESSLER Jaja, scho recht Herr Gropper, des hab i ja scho grad gsagt, aber wenn die Tür aufgeht, muß er sich scho die eventuellen Liebkosungen vom Haustier gefallen lassen, denn wie gesagt, über die Tierliebe zum Entree.

RÖSNER Ja, aber was ist, wenn der Hund beißt?

HESSLER Ja, mei, des is Ihr Berufsrisiko. *Devotes Gelächter.*

Rösner läutet, Gropper öffnet.

HESSLER Und Mappe umgreifen, jaa, Handreichen und Begrüßungsformel ...

Gropper reicht die linke Hand, Rösner greift daneben.

RÖSNER Ja, aber so?

GROPPER Mei, vielleicht bin i a Linkshänder ...

HESSLER Geh, reden S' koan Unsinn, mir trainiern hier den Normalfall. Erschwerende Sonderfälle mach ma übermorgen, also, geben S' gefälligst die rechte Hand, Herr Gropper. Also, zurück und nochmal.

Rösner läutet, Gropper öffnet.

HESSLER Umgreifen, ja, Händedruck mittelkräftig, herzlich uund ungefähr jetz die Mappe abstelln. A ganz a wichtige Station, damit Se sich etabliern. Naa, halt, net hinter Eahna. Wenn Sie ein Schritt zurückweichen müssen, gesetzt den Fall, der Hund kimmt doch noch, na stolpern S'. Sie wolln doch a Invalidität verkaufn und net in Anspruch nehmen. *Gelächter.*

Gropper öffnet, Händedruck, Hundegebell, Rösner ein Schritt zurück in Hab-Acht-Stellung.

GROPPER Pfui!! Platz!!

RÖSNER Ja wo is er denn?

HESSLER Halt! Stop!

RÖSNER Wieso, was war denn jetzt schon wieder verkehrt?

HESSLER Im Prinzip garnix, aber mir machen jetz dreißig Minuten Mittag, und nach dem Mittagessen machen wir weiter mit dem zweiten Teil unseres heutigen Trainingsprogramms: Vom Entree zum Verkaufsabschluß. Mahlzeit, meine Herren …

Alle antworten »Mahlzeit« und stehen auf.

Beim Titelhändler

Mike Lentitsch sitzt im feudalen Büro der »Renaissance-Kontor GmbH & Co KG«. Ihm gegenüber sitzen Zenta und Alois Bauch, Kundschaft. Im Hintergrund sinnlost Herr v. Segnitz, eine Art Hausmöbel, herum. Der Herzog von Anzing-Meinungen steht erbost vor Lentitsch.

ANZING-MEINUNGEN In der großen Pause, ich stehe am Buffet, neben mir Baron Finck, kommt dieser Kretin auf mich zu, schüttelt mir die Hand und sagt: Grüß dich, Pappi, oder so ähnlich. Ich dachte zuerst, ein schlechter Scherz, da sagt er, er hat diese Enterbungsvertragsklausel schon unterschrieben, aber er wäre jetzt mein Sohn. Die Peinlichkeit dieser Situation brauche ich Ihnen wohl nicht näher zu schildern. Also, Herr Dr. Lentitsch, ich muß darauf bestehen, daß in Zukunft ein für allemal vertraglich gewährleistet ist, daß diese primitiven Parvenus, die meinen Namen käuflich erwerben, daß die mir wenigstens von der Pelle bleiben.

LENTITSCH Also, Exzellenz, ich steh vor einem Rätsel, wie sowas passieren kann. Die Diskretionsklausel müssens alle unterschreibn. A jeder. Andererseits, bitte Exzellenz, sowas kimmt halt amal vor. Der Mann, wie ers notarisch ghabt hat, daß er Herzog is, der is fast in d Luft ganga vor Freud, und unter uns gsagt, Exzellenz, die 700000 Mark, die der Mann bar auf den Tisch blättert hat, die ham Eahna doch aa wieder a bißl frisch gmacht, oder?

ANZING-MEINUNGEN Naja, schon, aber ich will diese Kretinos nicht mehr vor der Nase haben.

LEINTITSCH Sie, i hab scho wieder an Anwärter, Exzellenz, der hat a Porenbetonwerk in Anzing, der is ganz hoaß auf den Nama Anzing-Meinungen.

ANZING-MEINUNGEN Diesmal aber bitte mehr Diskretion, sonst war das Ihre letzte Adoptionsvermittlung, ich habe bereits Angebote von Konsul Wyler.

LENTITSCH Der nimmt aber 30%, Exzellenz.

ANZING-MEINUNGEN *wieder freundlicher* Naja, Sie kennen meine Ansichten: Kretin bleibt Kretin, also, guten Tag. – Gnä Frau …

ZENTA BAUCH Wiederschaugn, Exzellenz.

ALOIS BAUCH Ja, Wiederschaugn, Herr ah …

LENTITSCH Exzellenz, Sie hören dann von mir …

ZENTA BAUCH Sie, wer war jetz des genau, wenn ma fragn darf?

LENTITSCH Des war seine Exzellenz, der Herzog von Anzing-Meinungen, aus direkter Linie …

ZENTA BAUSCH Ah geh, a echter Herzog?

LENTITSCH Ein Nebenzweig der Mount-Buttons – Coburg, Sie verstehn …

ZENTA BAUCH Ah so, Coburg ...

LENTITSCH Ja, Frau Bauch, ah, Herr Bauch, jetz wieder zu Ihnen, Frau Bauch, ah, was ham Sie sich denn so ungefähr vorgstellt?

ZENTA BAUCH Mei, i hab scho mit unserm Steuerberater gred, und der hat gmeint, a neue Filiale eröffnen bei der derzeitigen Konjunktur wär Wahnsinn, andererseits brauchen mir a Verlustzuweisung, und na bin ich auf die Idee kommen, zum Fünfzigsten, daß i am Alisi, also meim Mann ...

LENTITSCH Die Fleischerei-Ladenkette Bauch?

ALOIS BAUCH Ja, des samma mir ...

ZENTA BAUCH Ja, genau, und drum hab i mir denkt, daß mir fürn Alisi zum Jubiläumsgeburtstag, mein Mann wird fünfzig, an passenden Nama raussuachn, mit am Titel natürlich.

LENTITSCH Dachten gnä Frau an an akademischen Grad? Dr. h. c. oder sowas?

ALOIS BAUCH Mei, warum net ...

ZENTA BAUCH Naa, scho was Adeligs. Also unser Steuerberater hat auch gmeint, finanziell is es zwar a gewisse Belastung, aber gesellschaftlich hauts an Alisi doch gewaltig nach vorn, und unser ganze Familie dann auch, der Titel geht doch auf mi aa über?

LENTITSCH Selbstverständlich, Frau Bauch. Auch wega dem Finanziellen, is des garnet so gsagt, weil, wenn ma amal deutsch redn wolln, der Name, so a Name, der läßt sich auch durchaus in pekuniärer Hinsicht ... *Er reibt Daumen und Zeigefinger.* Sie verstehn.

ALOIS BAUCH Aber Metzgerei Bauch is a eingeführter Name ...

ZENTA BAUCH Geh, sei stad. Ja, des is noch der andere Aspekt bei der Sache: Weil, unser Sohn ...

ALOIS BAUCH der Bertram ...

ZENTA BAUCH unser Sohn Bertram möcht an Autozubehörhandel aufmacha ...

ALOIS BAUCH mit Selbstbedienung ...

ZENTA BAUCH Und da kanntn mir dann doch gleich den Namen auch schon ...

LENTITSCH Selbstverständlich, Frau Bauch. Ah, Herr v. Segnitz, geh, san S' so nett, bringen S' uns doch amal den Ordner mit de Dankschreibn und de aktuelle Namenstransfer-Liste.

V. SEGNITZ Namen-Kategorie A oder B?

LENTITSCH Bringen S' doch amal beide. *Herr v. Segnitz ab.* Da, des is unser Herr v. Segnitz, der stünde auch zur Disposition. Allerdings a einfacher Freiherr, Bagatell-Adel quasi, 53 000 Mark, unser preiswertestes Angebot. Der Herr v. Segnitz steht net amal in der Liste ...

ALOIS BAUCH v. Segnitz-Autozubehör, ja, guat, warum net.

ZENTA BAUCH A geh, naa, scho was Gscheids, a Graf, oder, ah, was hättn der Herzog da vorhin kost?

LENTITSCH Ja, gnä Frau, da werds a bißl happig. Der Anzing-Meinungen is wie gsagt verwandt mit Mount-Button und sei Stammbaum geht abi bis

1430, Türkenkriege, a imposante Person, Sie ham ihn ja grad selber erleben dürfn ...

ZENTA BAUCH Ja, der waar scho was, aber, was dad jetz der kostn, nennen S' mir doch amal an Preis.

LENTITSCH *schreibt eine Zahl, und reicht den Zettel.*

ZENTA BAUCH 700000 Mark!

ALOIS BAUCH Des is koa Drecklackn ...

ZENTA BAUCH Ah geh. Ja, 700000 ...

LENTITSCH Neinnein, das bekommt der Herzog. Vermittlungsgebühren, Notar, Mehrwertsteuer undsoweiter gehen extra. Für Sie käme der Herzog dann im Endeffekt auf rund 1 Million brutto. Des is allerdings auch eines unserer Spitzenangebote ...

ZENTA BAUCH Ja, des is scho viel, ah, was ham S' jetz da noch so an Namen ...

V. SEGNITZ *erscheint mit 3 Aktenordnern.* So, bitte. Ah, Herr Dr. Lentitsch, i hab de Woch no koane Essensmarken krieagt.

LENTITSCH Achso, ja, heut is ja Montag, tschuldigen S' Herr v. Segnitz. Da – guten Appetit. *Gibt v. Segnitz die Essensmarken.* Gehngan S' ruhig derweil zum Essen, Herr v. Segnitz, gel, Mahlzeit ...

V. SEGNITZ Mahlzeit.

ZENTA BAUCH Mahlzeit.

ALOIS BAUCH An guatn ... *Segnitz ab.* Der waar doch garnet so schlecht ...

ZENTA BAUCH Ah geh, Freiherr, a von, a einfacher von, von gibts wie Sand am Meer. Nanaa, Herr Doktor, scho was Gscheids, also Baron mindestens, oder Graf oder so. Bis 350000 Mark, hat unser Steuerberater gsagt.

LENTITSCH Ja, des is a schwierige Preisklasse, weil, mir ham welche da so bis 200000, halt so Barone und so, während die Grafen meistens erst bei 400000 angehn. Es gibt a paar Ausnahmen, i derfs amal zeign: Da, zum Beispiel hier, der Marquis du Bois, 300000 Mark.

ALOIS BAUCH Düboa-Autozubehör, ja der waars doch ...

ZENTA BAUCH Ah geh, naa, koan Ausländer.

LENTITSCH Gnä Frau, Adel is international.

ZENTA BAUCH Naa, scho was Verständlicheres.

LENTITSCH *blättert.* Ja, dann kommt eigentlich in dieser Preiskategorie für Sie nur noch ... da, hier, Graf Tellheim, 360000 Mark oder hier, Bodo von Wetterstein, auch a Graf, Wetterstein, der waar 40000 billiger.

ALOIS BAUCH Ja, der is guat, den nehm ma. Wetterstein-Autozubehör, des is guat.

ZENTA BAUCH Ageh, ah, Herr Doktor, ja, was isn nachad der Unterschied, daß der so vui billiger is?

LENTITSCH Die Wettersteins sand mehr a böhmischer Adel, Sie verstehn ...

ZENTA BAUCH Ahso, ja, na nehm ma lieber den Tellheim.

LENTITSCH Is a guter Name, a sehr guter Name. Alteingeführter Adel, da können se sich überall damit sehn lassn. Also, Frau Bauch, i tat

[NOCH LENTITSCH] sagn, Adoption, Enterbung und Diskretionsklausel setzen mir derweil auf, und dann gehngan mir zum Notar. Herr Bauch, ich gratuliere.

ALOIS BAUCH Ja mei, dankschön ...

LENTITSCH Achja, a kleine Anzahlung, wenn Sie übrigens noch ...

ZENTA BAUCH Alisi, zahln ...

ALOIS BAUCH *zieht Brieftasche.* Glanga 40000 derweil?

LENTITSCH Selbstverständlich.

ALOIS BAUCH *beim Geldblättern.* So. Ja, Graf-Tellheim-Autozubehör, aa net schlecht.

Ein Amateur

Roland Stump nach seiner Festnahme.

STUMP Selbstverständlich hätt ich Milbertshofen auch nehmen könnan, technisch is des doch gar koa Problem. Net. I hobs euch doch bewiesen! I hab halt Milbertshofen nicht gnommen, weil da a Tante von mir wohnt. Net. Aber, ich hab ja auch genau und ausdrücklich gsagt, Pasing! Ich hab gsagt, ich spreng Pasing ind Luft, wenn ich die zwei Millionen net präzise bis zum 7.5. krieg, und es habts nicht bezahlt. Gel. Und ich hab auch nur Pasing gesprengt, ich hab also, es is nichts anderes is mitgegangen. Laim und as Westkreuz und all des, da is garnichts vorgekommen. Net. Weil, i beherrsch ja des. I bin ja koa Amateur. – Und ich besteh drauf, daß i nauskomm nach Straubing, ich möchte nicht nach Stadelheim ins Gfängnis, sondern nach Straubing, 100 km weg von München, weil, wenn mei Spezi, der wo jetzt dran arbeitet, an der Bombe, ich sags euch gleich, mein Spezi ist nicht dieser, ah, dieser Spezialist. Der arbeitet seit drei Monaten erst dran an dieser Bombe, der kann des halt no net a so, des Dosieren. Net. Wenn der heut sagt, ah, Haidhausen, oder er sprengt Schwabing, oder irgendsowas, der kann des nicht genau abgrenzen. Der kanns halt no net. Des is garnet a böse Absicht von dem, aber, ich mein, a gewisse Überdosis bei dem, etwas Unvorhergesehenes, net, na zreißts ganz München. Jetzt zahlts!! I sags euch glei, zahlts ihm! Des hat doch koan Sinn net, ihr seids ja wahnsinnig.

Die Ordnungskraft

SCHWANTALER Ja, was man in diesem Beruf braucht, das ist, äh, Menschenkenntnis, eh, praktische Psychologie und ein Auge für das Individuum, für Subjekte, für das Individuelle. Sie müssen sich vorstellen, mein Vater war ein Mann der ersten Stunde, mein Vater hat in der Weimarer Republik gearbeitet, unter Röhm, äh, Saalaufsicht, wurde auch lückenlos dann im Saalschutz beschäftigt, es war ein sauberes Arbeiten, und wenn mein Vater nicht in diese Massenturbulenzen reingekommen wäre, eh, und dadurch invalidisiert wurde, würde er auch heute noch mit Freude diesen Beruf ausfüllen. Sie müssen wissen, ich selber hab ja auch die physische und psychische Konstitution mitgebracht, habe mit Begeisterung diesen Beruf, das Handwerkliche und soweiter von meinem Vater gelernt von der Pike auf, net.

Ich bin jetzt seit, äh, 17 Jahren da heraußen auf dem Oktoberfest tätig, und was ich, glaub ich, von mir behaupten kann, das ist, ich besitze eben das Auge, verstehen Sie, für gewisse soziologische Gruppierungen, man muß sofort merken, wer stört, net, man muß Fehlverhalten von Personen erkennen, netwahr, also Leute, die zu laut prosten, singen, Jugendliche, die so einen Hang zum Krakeelen haben, net, sofort, äh, die Präsenz ist gefordert, net wahr, an Ort und Stelle zu sein und sofort hinauszukatapultieren, netwahr. Ich will Ihnen einen Fall erzählen: Ein Kollege, er kommt aus einer Massenschlägerei heraus gerade, er war etwas blutverschmiert, er war etwas lädiert, äh, er sagt, warum, wo schaust du denn immer hin? Ich sage, ich schaue da hinüber, links an diesem Tisch, mitten unter einem Gewühl von Leuten, wo es nur so gewogt hat, nichtwahr, vor Begeisterung, da saß ein Mann, Sie, der hat keinen Mucks

gemacht, keinen Pfiff, gar nichts, also nichts, netwahr, der hat seine Umgebung förmlich ignoriert, netwahr, ganz still war der Mann, net, netemal was getrunken, ich glaube nur ein Mineralwasser, net. Da sag ich zu meinem Kollegen, sag ich, ich gebe dem Mann noch fünf Minuten, ge, fünf Minuten kriegt der Mann, net, aber dann hab ich ihn. Und ich hab ihm noch fünf Minuten gegeben, und dann hab ich ihn aber auch in flagranti erwischt, netwahr. Bis er geschaut hat, war er schon draußen. Ich hab ihn am Genick gepackt und rausbefördert, netwahr. Mein Chef, mein Chef ist dann auch auf mich zu und hat gesagt: Schwantaler – großartig. Sie haben eine Menschenkenntnis, also das ist großartig, weil das hätte kein Mensch da herin gemerkt, daß der Mann gestört hat.

Der neue Schnitt

FRISEUR So, der nächste bitte. Bitte Platz nehmen. Grüß Gott, Herr Prechtl.
PRECHTL Grüß Gott.
FRISEUR Was kriegn mer denn?
PRECHTL Ja an Fassongschnitt.
FRISEUR Einmal Fassong wie immer, ge?
PRECHTL Ja.
FRISEUR So, wenn S' Platz nehmen, bitte so, fangmer an. *Schnipp schnipp schnipp. Schnipp schnipp.* Habn Sie an Scheitel links ghabt?
PRECHTL Naa, rechts.
FRISEUR Ah so, rechts, jawohl. *Schnippe schnippe schnipp. Schnipp schnippe schnipp.*
PRECHTL Au, na san Sie narrisch wordn?
FRISEUR Hä ha, ja, hähä. *Schnipp schnipp schnippschnipp. Schnipp.*
PRECHTL Ja he, ja he, ja he, he, was machn Sie denn da?
FRISEUR Ja mei.
PRECHTL Ja Sie, i schau ja aus wie ein Verbrecher.
FRISEUR Ja, ja mei. *Schnippe schnipp schnipp schnipp. Schnippepepe.*
PRECHTL Ja san Sie deppert, ich schau ja aus wie ein Köter.
FRISEUR Jaja, itz, da ... *Schnippschnippschippippepippe, schnippschnipp-schnipp.*
PRECHTL Ja, Sie, Sie sind ja, das is ja unerhört, was Sie machen, ich schau ja aus wie ein Arsch mit Ohren.
FRISEUR Ja mei. *Schnippe schnipp. Schnippeschnippe schnipp.* So, darüber soll ich vielleicht ein bissel ...
PRECHTL Schneiden S' mer fei ja koa Dreieck net nei, Sie ...
FRISEUR Naa, ich schneid erst mal ... darüber no e bissel, und jetzt passen S' auf ... *Schnippe schnipp schnipp schnipp.* Das hat ma heut so.
PRECHTL Ah so, ja, lassen Sie mal schaun im Spiegel. Ja, sehr gut, ja, net schlecht, sehr ordentlich, ja, jetzt kann ich mich wieder reinmischen in d Zivilisation.
FRISEUR Ja, hähä, genau. A bissel Parfüm?
PRECHTL Ja, tun Sie eins drauf.
FRISEUR Also dann ... *Sprüht. Herr Prechtl hustet und prustet.* Is es so recht?
PRECHTL Danke.

Frau Brezner

Ein kleines Werkstattbüro. Frau Meisinger und Herr Fröhlich sitzen an zwei Schreibtischen. Meisinger tippt Schreibmaschine, Fröhlich bedient gerade einen Kunden.

KUNDE Aber der Wagen für Dr. Zimmermann sollte doch schon gestern spätestens fertig werden. Das lasse ich mir nicht bieten.

FRÖHLICH Da, nehmen S' Eahnane Autoschlüssel, und da, da ham S' de Papiere, und na schaugn S', daß S' weiterkommen. Bei uns geht alles der Reihe nach, gel, des müssen S' Eahna merkn. Gel. da gehts naus.
Ein Telefon klingelt.

KUNDE So eine Unverschämtheit. *Geht, knallt die Tür zu.*

FRÖHLICH Ham Sie dahoam Vorhäng vor der Tür?! Unverschämtheit. – Ah, Fräun Meisinger, gehngan Sie hin. *Deutet auf Telefon, beugt sich über einen Ordner mit Rechnungen.* Herrgottna, der Tag geht scho guat o ...

MEISINGER *hebt ab.* Mittermeier und Fröhlich, Grüß Gott. Ah, Grüß Sie Gott, Herr Zapf, ja Herr Zapf – der gelbe Audi, Herr Zapf? – Moment, ich frag mal, Herr Zapf. *Fröhlich winkt energisch ab.* Hallo, Herr Zapf, grad eben erfahr ich, noch nicht ganz, Herr Zapf, wenn S' vielleicht morgen nochmal anrufen, Herr Zapf. Sicher, Herr Zapf, mir tun unser Bestes, Herr Zapf, gut – ja – Herr Zapf. Wiederschaun, Herr Zapf. *Hängt ein.* Der Herr Zapf wars.

FRÖHLICH *winkt ab* Ach Fräulein Meisinger, machen S' mir doch bittschön a Tass Kaffee. Herrgott is des wieder ein Tag.
Meisinger geht, das Telefon läutet, Fröhlich hebt ab.
Mittermeier und Fröhlich. Ja, die Frau Brezner. – Ja, selbstverständlich, Frau Brezner. – Natürlich, Frau Brezner. Genau, Frau Brezner, also von unserer Seite ist alles getan, Frau Brezner. Ja, ich weiß, Frau Brezner, Ihre Reifen, Sie benötigen sie. Jawohl, Frau Brezner, also unsererseits, wir haben alles Menschenmögliche unternommen, Frau Brezner. Ja, es könnte vielleicht, ein kleiner Unsicherheitsfaktor – ja, Frau Brezner, wenn Sie vielleicht morgen nochmal – jawohl, Frau Brezner, wir haben alles veranlaßt. Gut, bis morgen, Frau Brezner, Sie rufen an, Frau Brezner. Ja, zu 99% sicher, gut, also. Wiederhörn, Frau Brezner.
Meisinger kommt mit dem Kaffee.
Sie, Fräun Meisinger, da hat grad eine Frau Brezner angerufen, wegan eahnane Roafn, was isn da los?

MEISINGER Aber Chef, die Reifen ham S' no garnet bstellt.

FRÖHLICH Was, de san no garnet bstellt? Ja, na bstelln Ses aber glei morgn!

MEISINGER Aber Chef, morgen, da fahr ich doch in Urlaub.

FRÖHLICH Was, in Urlaub? Aber na bstelln Ses glei nach am Urlaub!

Im Wirtshaus

Ein dünn besuchtes Wirtshaus. Früher Nachmittag. Evelyn, die Bedienung, steht hinter der Theke und raucht. Ede, ein angetrunkener Gast, kommt von der Toilette und setzt sich.

EDE Evelyn, bring ma noch a Zwetschgenwasser.

EVELYN *serviert das Zwetschgenwasser.* Aber nachad is a Ruah, gel.

EDE *kippt das Zwetschgenwasser zügig in sich hinein.* Scho recht. – Aaah. – So, und jetzt bringst ma no a Hoibe.

EVELYN Geh, du host doch scho gnua, jetzt gehst hoam.

EDE Daheim dean mir speibm.

EVELYN Ja, hoffentlich net da herin. Da herin wennst speibst, des kost dich an Fuchzger.

EDE Assassah, bring ma no a Hoibe!

EVELYN Naa, Ede, host gnua, jetzt mach ma Bilanz.

EDE Eine Halbe!

EVELYN *nimmt Edes Bierdeckel und rechnet.* Also, des warn jetzt ... du host jetzt ghabt elf Halbe, naa Halt, zwölf Halbe, de letzte hob i ja gar net aufgschriebn.

EDE Scho möglich. Assasssass ...

EVELYN Na hamm mir ghabt, des warn zehn Jägermeister, zehn Jäger, de vier Pils hat der Berti scho zahlt, na hast no ghabt vier Obstler, viermal Obst.

GAST Fräulein –

EVELYN I kimm scho, glei, Moment! Also, viermal Obst und ein Zwetschgenwasser.

EDE *wacht auf.* Was?! I?! A Zwetschgenwasser?! So ein Schmarrn. Ich trinke nie ein Zwetschgenwasser!

EVELYN Geh, i hob dirs doch grad bracht und du hast es gsoffn aa.

EDE Ich trinke nie ein Zwetschgenwasser, des kon i beweisen ...

EVELYN Und wia kamad des nachad auf dein Deckel?

EDE ... weil, ich trink ein Bier, gel, Pils auch, Jägermeister jederzeit, Obstler sowieso, aber ein Zwetschgenwasser, des kimmt bei mir nicht in Frage.

EVELYN Geh, i bin doch net blöd, und außerdem, der Herr, der wo jetzt am Klo is, der hats aa gsehn …

EDE Der ko des garnet gsehn ham, weil i gar kein Zwetschgenwasser nia net trink. Jetzt paß auf, i hab ghabt: Heit in der Fruah, beim Schnapperwirt, des warn siebm …

EVELYN Des interessiert doch net, mich interessiert ja nur, was du bei mir da herin ghabt hast.

EDE Jaso, also: I bin eini komma da war der Kramer-Bert, war scho da: *Deutet auf Berts Stuhl und wirft ihn um. Versucht, den Stuhl wieder aufzurichten, verliert dabei das Gleichgewicht.*

EVELYN Ede!!

EDE Gib a Ruah! *Setzt sich wieder.* Da hab ich die Pils ghabt.

EVELYN Geh, de san doch scho zahlt.

EDE De san scho zahlt. Genau. Klar. Und jetzt paß obacht …

EVELYN Geh sei stad, i habs doch aufm Deckl.

EDE … des warn, aah, elf Halbe.

EVELYN Und des, wo i grad bracht hab?

EDE Jetzt hast du wieder recht. Zweife warns, zwölf.

EVELYN Siehgst as.

EDE De Jägermeister san sowieso klar, des woaßt du eh bessa …

EVELYN 10 Jägermeister.

EDE Ja 10 Jägermeister da herin, weil, beim Schnapper, da hab ich ja auch scho …

EVELYN Des ghört jetzt net da her.

EDE Guat, Schwamm drüber, na ham mir no de Obstler.

EVELYN Ja, viere warn des.

EDE Ja, viere, oiso, na waarn mia doch beinand.

EVELYN Naa, weil da fehlt no des Zwetschgenwasser!

EDE Des war kein Zwetschgenwasser, des war ein Himbeergeist!

EVELYN Ah geh, des is doch desselbe.

EDE Naa, des is nicht dasselbe un des kon i beweisen! Weil, ich trink ja auch kein Sekt. Net, daß i'n net vertrag, aber i mogn net. Und genauso is des mit dem Zwetschgenwasser.

EVELYN Na zahlst halt an Himbeergeist, der kost desselbe, des is doch mir wurscht.

EDE Aber mir net, weil i net zahl, was i net bstellt hob, und dei Zwetschgenwasser, des konnst dir an Huat naufschreibm.

EVELYN *gütig* Dann hast halt an Himbeergeist ghabt.

EDE Ja eben! Eben!! Aber koa Zwetschgenwasser. Drum zahl i ja den Himbeergeist, aber net alle zwoa!

EVELYN Wieso zwoa?

EDE A Himbeergeist und a Zwetschgenwasser, des is doch zwoarerloa, zweierlei! A Zwetschgenwasser is doch a ganz anderes Getränk, du Rindviech.

GAST Hallo, Fräulein ...

EVELYN Glei, Moment. Also Ede, na ham mier alles mitanand 59 Mark und 60.

EDE *zieht Geldbörse und hält sie Evelyn hin.* Scho möglich.

Evelyn nimmt Edes Geldbeutel, holt sich das Geld heraus und legt das restliche Wechselgeld auf den Tisch. Ede wankt zum Klo.

EDE A Zwetschgenwasser und a Himbeergeist, des is ja grundsätzlich ganz was anders. Scho vo Haus aus. *Dreht sich nochmal um.* Stell mir no a Halbe hin, zum Obischwoabm. *Ab ins Klo.*

Der Gast, korrekt gekleidet mit Fliege, ruft nach der Bedienung.

GAST Fräulein, Fräulein ...

EVELYN I kimm scho. *Geht zum Gast an den Tisch.*

GAST Fräulein, ah, was können Sie mir heute empfehlen? Haben Sie irgendetwas Spezielles oder soll ich à la carte bleiben?

EVELYN Mei, a Ding hätt ma da, a Currywurscht, oder, Leberkäs Hawai, oder – nehmen S' an Rinderbraten indisch. Der is sehr gut. Mit viel Curry. Wird gern verlangt.

GAST Soo, mhm, ahaa, jaa, nein, dann bringen Sie mir doch lieber ein paar Wienerle mit Senf.

EVELYN Tuat ma leid, de san aus.

GAST Ja so, hm, was nehm ich denn dann?

EVELYN Nehmen S' den Leberkäs Hawai, da können S' koan Fehler machen.

GAST Soo, wenn Sie meinen, na gut.

EVELYN Also, einmal Hawai.

GAST Und ne Selter.

Ede kommt vom Klo und rumort an seinem Tisch.

EDE Hergottna, wo is denn mei Autoschlüssel!

EVELYN *ruft in die Küche* Einmal Hawai!

EDE Sackramentzefix, ja wo is er denn?! *Schmeißt leeres Bierglas um.*

EVELYN Eedee!

EDE Mein Schlüssel! I hob n vorhin no ghabt, i bin ja vom Schnapperwirt direkt da hergfahrn.

EVELYN Da, steck dei Geld ei. *Verstaut ihm das Wechselgeld und sucht die Autoschlüssel.*

EDE I muaß ja heit no weitermachn.

EVELYN *klopft Ede ab, holt die Autoschlüssel aus seiner Jackentasche.* Da is er doch. Du hostn ja in da Taschn ghabt.

EDE Gel, i hobs glei gwußt. *Schaut auf die Uhr.* Ja, i muaß jetz weitermachn. Höchste Zeit, is. ja scho gleich halba zwoa. Servus. *Wankt hinaus.*

EVELYN Also, Wiederschaun Ede, und fahr fei schön vorsichtig.

EDE Selbstverständlich. *Ab.*

GAST Sagen Sie mal, Fräulein, lassen Sie den Herrn da in diesem Zustand noch einfach so Auto fahren?

EVELYN Wieso? Der kon des. Der is doch Kraftfahrer von Beruf. Der fahrt an Schulbus.

Berufsbayern

Ein modernes Büro, auf der Türe ein Firmenschild: »Inter Bavaria GmbH & Co. KG.« Daneben ein Poster mit bayrischer Landschaft und der Aufschrift: »Grüß Gott, auf geht's – Bayern grüßt Berlin«. Am Schreibtisch thront in einem modernen, aber trotzdem bequemen Sessel die Chefin. Ein Bayernlehrling sitzt seitlich am Schreibtisch in Tracht, mit Diktiergeräthörer im Ohr und schreibt Zahlen und Listen. Am Garderobenständer hängt ein Gamsbart und ein Hakelstecken. Herr Kratochwil steht wie ein begossener Pudel vor dem Schreibtisch.

CHEFIN Urisch sollen Se sein, dat steht so in Ihrem Vertrach, ne, dat is, wat wir wollen, als Urvieh sollen Se auftreten.

KRATOCHWIL Chefin, i packs ja nimma. Beim Watschendanz hod mia da Herr Pampel scho zum drittenmoi mei Krone nausghaut. Da geht a ganzer Wochenverdienst drauf.

CHEFIN Dat hätten Se sisch man vorher überlejen müssen, Herr Kratochwil, sehn Se mal in Ihre Vertrach, ne, dat is alles ausjemacht, ham Se selbst unterschrieben. Übrijens, bei jedem Auftritt haben Se zwei Maß Bier zu trinken, nit nur dran nippen!

KRATOCHWIL Scheefin, i derfs ja nimma, mei Leber ...

CHEFIN Und Sie wollen'n Urvieh machen, dat is ja jämmerlisch, dat nimmt uns doch dat Publikum nit ab, dat Sie en Urvieh sind.

KRATOCHWIL Chefin, i ...

CHEFIN Sehen Se sisch de Herr Pampel an, der macht dat rischtisch, der schluckt dat fröhlisch runter. Dat sehen Se dem auch nach der fünften Vorstellung noch nit an, dat der zehn Maß Bier jetrunken hat.

KRATOCHWIL ... und fünf Obatzte gessen hot, i kon an scho nimma seng, na muaßs is scho schpeibm.

CHEFIN Wat Se privat essen, dat jeht misch nix an, aber Sie sind hier im Angaschemang als Urbayer anjestellt, und da wird naturjetreu jejessen auf der Bühne.

KRATOCHWIL Schefin, aba jeds moi Leberkas, und dann no an Schweinshaxen, fünf mal am Tag, Schefin, i packs nimma.

CHEFIN Frohsinn sollen Se verbreiten, dafür zahlt de Kundschaft. Stehen Se nit so miesepetrisch herum. Beim Plattln, wat denken Se sisch eijentlisch dabei, so unmännlisch rumzuhüppen?

KRATOCHWIL Schefin, des Geplattle, i ko nimma, i war beim Orthopäden, der hat gsagt, i hob an Bandscheibenschaden, Schefin, es geht nimma, ko i net an Förster spuin – wenigstens a Zeitlang.

CHEFIN Kommt nit in Frage, Herr Mehlhase spielt den Förster.

KRATOCHWIL Scheefin, i hob no acht Tag Urlaub, do kunnt i nach Mallorca fahren, zum Auskuriern – gangad des jetz? I ko ja nimma!

CHEFIN Jetzt in de Bayrischen Woche! Wie stellen Se sisch dat vor?

KRATOCHWIL Chefin, ko i wenigstens a paar Tag mitm Radi und mim Kas aussetzn, weil mir is allweil so schlecht!

CHEFIN Herr Kratochwil, wennet nit jeht, dann müssen wir uns leider trennen. Herrn Rösel kann isch, so wie er is, morjen schon auf de Bühne schicken.

Ein Liliputaner kommt zur Tür herein, in Tracht mit einer langen Feder am Hut, legt eine Tasche auf den Schreibtisch.

LILIPUTANER That's the money from yesterday. Good bye, Servus. *Verschwindet wieder.*

KRATOCHWIL Ciao Billy.

CHEFIN Also jut, Herr Kratochwil, man is kein Unmensch, lassen Se de Keese un de Rettisch weg, dafür machen Se dann … *überlegt* Wieviele Duliöh ham Se im Vertrag?

LEHRLING Fünfzehn Duliöh und neun Auf gehts.

CHEFIN Jut. Verdoppeln wir de Duliöh, dann können Se sisch de Rettisch und de Käs schenken.

KRATOCHWIL Wenns sei muaß …

CHEFIN Aber de Schweinshaxe wird jefälligst ganz aufjejessen, samt de Knödel. Ne Urvieh, dat nit aufißt, dat jibt et nit.

KRATOCHWIL I hob ja so a Gastritis, Schefin, was huift ma da Kamillentee in da Pause, wenn i hernoch wieda a Haxn freßn muaß.

CHEFIN Dat interessiert misch nit. Urisch sollen Se wirken. Machen Se dat Duliöh mehr herzerfrischend, dat muß von innen heraus, so rischtisch, zeigen Se mal Ihre Urschrei.

KRATOCHWIL Jetzad glei?

CHEFIN Dat Publikum hat sisch neulisch beschwert, dat muß isch sehen, woran dat liescht, also, machen Se mal!

KRATOCHWIL UijäUjäUijäh …

CHEFIN Dat soll ne Urschrei sein!? Mehr volle Pulle. Machen Se!

KRATOCHWIL Järiduliöduliäh!

CHEFIN Naja, n bißchen kümmerlisch is dat immer noch.

KRATOCHWIL Chefin, i kos nimma. I habs mit de Stimmbandln.

CHEFIN Ausreden! Sie sind ne Drückeberjer, Herr Kratochwil, also, isch weiß nit, Ihr Kollege Pampel, dat is ne janz andere Form von Mitarbeiter, der hat de rischtije Einstellung zum Beruf. Der vermittelt dat Oberbayrische so rischtisch herzhaft, so escht und naturjetreu, frohsinnisch, eben alpin, ne.

KRATOCHWIL Ja mei …

Herr Pampel erscheint in Lederhose und Jeansjacke hängt seinen Trachtenhut samt blonder Frisur an den Garderobenständer.

PAMPEL *sächsisch* Nu, Chefin, ich gomm glaich wiedar, nich wohr, ich hob

[NOCH PAMPEL] son poor Klainichkaiten zu erlädigan, nich wohr, viellaicht eß ich nochn Hamburger, nä, zum Auftritt bin ich dann rechtzaidig wiedr do, nich wohr, also dann, bis spädr.

CHEFIN Is jut, Herr Pampel.

PAMPEL Öh, Chäffin, das Zimmralbhorn hob ich bestellt.

CHEFIN Fabelhaft. Dat klappt ja alles präschtisch, Herr Pampel, machen Set jut.

PAMPEL Servus.

KRATOCHWIL Ciao.

Herr Pampel verschwindet eilig.

CHEFIN Sehn Se, Ihr Kolleje, dat nenn isch vorbildlisch.

KRATOCHWIL I bin ja scho vui länga in dem Beruf. Sie wern sehng, oan zwoa Joahr, na hats n aa dawischt. Des dabackt koana.

CHEFIN Is jut, Sie können jehn. Machen Se jute Laune und merken Se sisch dat: Dat Publikum wünscht n fröhlisches Urvieh.

KRATOCHWIL I woaß scho, Schefin, jetzt schaung ma halt amal …

CHEFIN Kopp hoch, Herr Kratochwil, dat wird schon.

Kratochwil verkrümelt sich.

CHEFIN *zum Lehrling* Dekadenter Kerl. Dat is doch ne Ruine vonnem Mensch, der jehört ins Hospital … Machen Sie mal en Urschrei, Herr Rösel.

Der Lehrling nickt devot und setzt zum Urschrei an.

Der Freitagabend-Zug

Ein dünn besetzter Silberling der Deutschen Bundesbahn. Georg Blascheck lehnt, vom Alkohol angegriffen, in einer Ecke, daneben sitzen Helmut Grissinger und Hubert Flachl. Der Zug fährt an.

HELMUT Sag amol Berti, jetzt san ma grad z Darching. Der Schorsch hätt doch grad aussteign miassn.

HUBERT Der werd doch selber wissen, wo er naus muaß. Der soll aussteign wo er mog.

HELMUT Du Schorsch, he, Schorschi ... *Schüttelt ihn.*

GEORG *grunzt.*

HELMUT Schorschi, was is n ...

GEORG *grunzt.*

HELMUT Hee, Darching ...

GEORG Jaja, scho recht.

HELMUT Muaßt du net in Darching außi?

HUBERT Geh, laß eahm doch sei Ruah.

HELMUT Ja aber er, er, er is doch allweil in Darching ausgstign.

HUBERT Ko scho sei, heit fahrt er halt a Stückerl weiter.

HELMUT Ja, aber i fahr jetzad scho seit zwölf Jahr mit m Schorsch hoam, und er is allweil in Darching ausgstign. – Hee, Schorsch, hallo Schorsch!

GEORG Jaja, äh ...

HELMUT Mir san ma grad z Darching gwen, nächster Halt Miesbach ...

GEORG Jaja, scho recht.

HUBERT I moan, der Schorsch macht heut eine große Reise ...

HELMUT Was is n Schorsch, fährst zum Gardasee oder ans Meer? *Zu Hubert* Bis wo fahrtn der Zug?

HUBERT Bei Kiefersfelden geht er über d Grenz ...

HELMUT Na hat er ja no Zeit. – Gell Schorsch, na hast no Zeit?

Gesprächspause. Der Zug fährt langsamer, hält an. Hubert zieht eine Bierdose aus der Mappe.

HUBERT Was is, brauchst aa no oane ...

HELMUT *sieht zum Abteil hinaus.* Ja mei, des werd knapp, ah ja, duas her.

HUBERT Oane geht allweil no ... *Öffnet die Bierdose.*

Marlies Kubierschki, ein Wammerl, betritt das Abteil und setzt sich.

HUBERT Gutn abend, gnä Frau, gehts wieder hoam?

HELMUT Do schaugn S' her, da hätt ma an charmanten Reisebegleiter. – Schorsch, reiß di zam, da is eine Dame!

GEORG *grunzt.*

HELMUT Ja, er versteht was von Frauen.

Das Wammerl schlägt die »Aktuelle« auf, nimmt Zigarette, Helmut gibt fast galant Feuer.

WAMMERL Danke.

HUBERT Der Schorsch macht heute eine Weltreise. Hahahaha ...

HELMUT Wohin fahrst n, zum Gardasee oder glei ans Meer? Hahahaha ...

GEORG *grunzt.*

HUBERT Er ist no a bisserl unentschieden, er woaß no net genau. Prost. – Meng S' aa a Bier?

WAMMERL Naa, ah ...

HELMUT Aber Berti, fallst mi fragst, da Schorsch hätt in Darching naus miassn. Spätestens.

HUBERT A Schmarrn, wart amol, wart amol ...
Greift Schorsch ins Sakko, zieht ein Pornoheft heraus. Hahahaha, so eine Sau, schaug amol.

HELMUT Wia, zoag her ... *Schaut, lacht* Do schaugn S' her, i hobs Eahna ja gsagt, da Schorsch versteht was von Frauen.

WAMMERL A geh, hörn S' auf.

HUBERT *kramt weiter, findet Brieftasche mit Ausweis, liest* Da steht nix wo er wohnt. *Findet Foto.* Hee, Schorsch, is des dei Onkel, schaug amol, der schaugt aus wia ein Vampir.

HELMUT I dad sogn, eher wia ein Sexualverbrecher, oder, wos dadn Sie sagn, Fräulein?
Das Wammerl reagiert nicht.

HUBERT Beim Bund war er ... und was ham man do? Ui, do schaug her, des is ... aha, do, aha mhm, do des is sei Kündigungsschreiben ... Kreitmeier & Fröhlich braucht eahm nimmer. Der Schorsch is unrentabel worn.

HELMUT Do kon er natürlich leicht in Urlaub fahrn, hahahaha. – Rentierst di nimmer, Schorsch. – Wos is Fräulein, san Sie ungekündigt?

WAMMERL Geh.

HELMUT Schorschi, denk da nix, die ganze Welt ist ein Roulett. Oder Fräulein?

HUBERT Was is, rauch ma oane? *Nimmt Georgs Zigaretten.*

HELMUT Rauch ma oane. *Gibt Hubert Feuer.*

HUBERT Meng S' aa oane Fräulein, der Schorsch is ein Gentleman, immer großzügig. *Das Wammerl raucht bereits demonstrativ.*

HUBERT *Helmut hat Feuer gegeben.* Danke

HELMUT Lebt der überhaupts no? *Hält Schorsch ein Streichholz hin, Schorsch schnaubt das Feuer aus.* – Vielleicht mog er a Bier.

HUBERT He Schorsch, Gerstensaft, der bringt Kraft ... *Trinkt selbst tiefen Schluck, schüttet Schorsch den Bierrest über den Kopf.*

GEORG Aihjajajaja ...

HELMUT Do, beim Bier, do werd er munter, do werd er wach.
Das Wammerl lacht versteckt.

HELMUT Der Schorsch is nämli vo Darching. – Noch an Schluck Schorschi? *Schüttet größere Ladung Bier über Schorschs Kopf.*

GEORG Ah Scheiße zefix, ähjessasas …

HELMUT Segn Ses Fräulein, so schaugts aus.

HUBERT Wo fahrn an Sie hin?

WAMMERL Des geht eich doch an Dreck o …

HUBERT No, weil der Schorsch mog gern a charmante Begleitung.

WAMMERL Auf a so a Begleitung kon i verzichten.

HELMUT Sogn S' des net, der Schorsch is vo Darching.

WAMMERL Des kon scho sei. *Malt sich die Lippen nach.*

HUBERT Dern Ses her, dern Ses her …

HELMUT Dern Ses her, dern S' n her, im Ausland braucht er a gscheits Make-up …

HUBERT Sonst lassns eahm net über d Grenzn.

Das Wammerl malt Schorsch einen Strich auf die Backe und die Nase, alle lachen brüllend.

HELMUT Dern Ses her, dern Ses her.

Er schreibt auf die Rückseite des Kündigungsschreibens »Bitte nicht stören«.

HUBERT *appliziert die Kündigung an Schorschs Sakko.* Den wenn koaner weckt, na fahrt er durch bis Sizilien.

HELMUT Er is a guater Beifahrer, der Schorsch.

Der Zug wird langsamer.

HELMUT *steht auf.* Herrgott, jetz wos gmiatlich werd, miaßn mia aussteign.

HUBERT Also Schorsch, machs guat.

HELMUT A guate Reise noch. Und pass fei guat auf dei Gepäck auf.

Schiebt den Porno in Schorschs Sakko zurück. – Fräulein, Sie schaugn noch a bisserl auf eahm, er is a guater Kerl.

HUBERT Der Schorsch versteht an Spaß.

HELMUT Gell Schorsch, ein guter Kamarad.

HUBERT *steht auf.* Wissen S', mia fahrn scho seit zwölf Jahr im selben Zug.

HELMUT Ja, jetz werd a nimmer viu mitfahrn, aber er war ein guter Kamarad ...

HUBERT Mia kennen uns aus, gell, der Schorsch woaß, was los is, gell Schorschi.

HELMUT Mein Gott na, a so hab i scho lang nimmer glacht. A so eine Gaudi. – Also nachad, naja wiederschaugn.

WAMMERL Wiederschaugn.

HUBERT Jessas, der Schorsch hat jetz garkoane Schilling dabei. – Also wiederschaugn.

WAMMERL Wiederschaugn.

HUBERT Und dern S' n fei net verführn, weil der Schorsch hat a Familie.

HELMUT Aber in Darching. Hahahaha. – Also Schorsch, a schöns Wochenend noch. – Ihnen auch, Fräulein.

WAMMERL *reagiert nicht, liest wieder die »Aktuelle«.*

HUBERT Und viele Grüße an Südtirol.

HELMUT Oder Kärnten. Mein Gott naa, so eine Gaudi.

HUBERT An der Adria braucht er fei a Badhosn ...

Die beiden verlassen den Zug. Das Wammerl steht auf, setzt sich an einen anderen Platz, der Zug fährt weiter. Helmut und Hubert streben dem Vorort-Bahnhofsausgang zu, glänzend gelaunt.

Wann i nimmer meng dad

Wann i nimmer meng dad,
wann i nimmer meng dad,
wann i nimmer meng dad,
gangad i hoam.

Oamoi mog i nimmer
und hör auf für immer
oamoi mog i nimmer
und geh in Pension.

Doch i tua no weida,
weil, des is vui gscheida,
denn dahoam is mir
genauaso fad.

Aba wann i ofang,
waar ma scho de Zeit zlang,
und bevor i higlang,
laß is liaba bleibm.

Wann i nimma meng dad,
wann i nimma meng dad,
wann i nimma meng dad,
gangad i hoam ...

Bauen, Wohnen und Umwelt

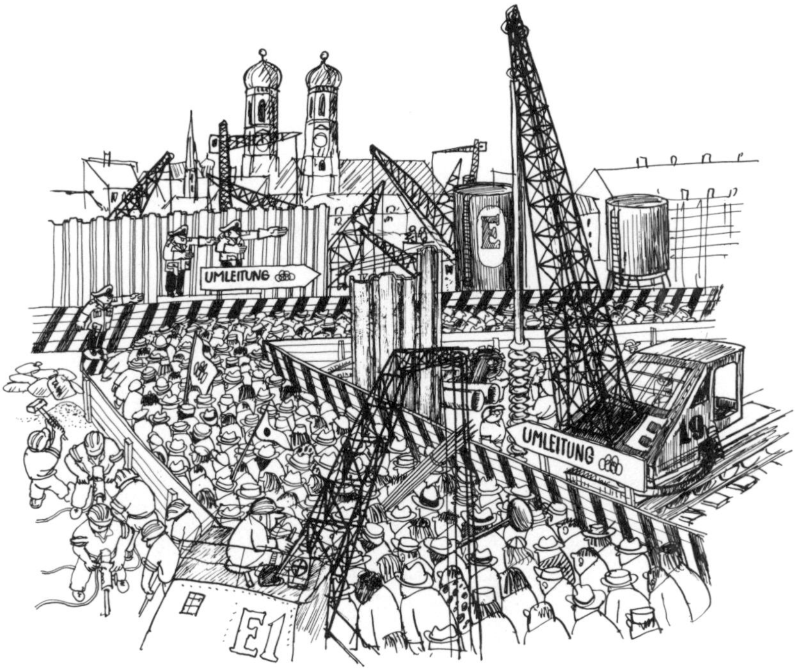

D'Anni hat gsagt, also sie sagt auch, des Moderne sagt sie, des is ja heute mehr oder weniger direkt symptomatisch.

Die Okkupanten

Herr Reitmoser und Frau Güstrop entsteigen einem 500 SE. Sie nähern sich einem Gehöft.

FRAU GÜSTROP Der Mann ist quasi in Rente. Es reicht vorn und hinten nicht, nebenbei verdient er sich noch n paar Mark mit so Holzschnitzereien und son Zeug. Drum hab ich auch zum Herrn Ranftl gesagt, das ist der Bürgermeister ...

HERR REITMOSER Is er Bürgermeister?

FRAU GÜSTROP Nee, nee, er heißt auch Ranftl. Die heißen hier alle Ranftl oder Breitenberger. Bei den Verwandschaftsverhältnissen hier blickt ja kein Aas durch. Also ich sage: Der Mann muß hier raus. Das isn Sozialfall, das, das, das geht doch nicht ...

HERR REITMOSER Jedenfalls net auf Ihre Kosten, Frau Güstrop ...

FRAU GÜSTROP Ja eben, eben, der Mann sitzt ja sonst praktisch auf der Straße, das ist doch kein Zustand, nicht wahr ...

HERR REITMOSER Ja aber ich muß schon sagen, sonst ham S' es fei sehr schön derwischt, es hat was Unberührtes.

FRAU GÜSTROP Ja eben, das is es. Ich bin ja auch sehr glücklich, daß Dr. Frank dieses Idyll für mich aufgetan hat. Schaun Sie, hier wohnt der Breitenberger, da bekomme ich meine Milch direkt von der Kuh, und Eier jede Menge ...

HERR REITMOSER Ja, richtige Landeier quasi ...

FRAU GÜSTROP Kucken Sie sich mal an: Das is hier alles noch so richtig intakt. Herrlich einfache Leute, keine Spur von Überfremdung, wo findet man das heute noch ...

HERR REITMOSER Da müssen S' fei im Bayerischen Wald heut scho weit suacha. Weil wenn die Autobahn amol fertig is, dann hams mehr Zahnärzte wie Bauern da. I moan, da wos schee is da drunten ...

FRAU GÜSTROP So Herr Reitmoser, da wären wir. Was sagen Sie nun?

HERR REITMOSER Ja, ja, kein schlechter Griff, Frau Güstrop. Aufn ersten Blick jedenfalls. Schau mir amal, was mir noch an Bausubstanz vorfinden ... *Prüft Fundament.* Schwamm scheint keiner drin zu sein ...

FRAU GÜSTROP Nee, nee, das is alles trocken. Darauf hab ich schon geachtet.

HERR REITMOSER Des is scho die halbe Miete. Dad i sogn: geh mer mal nei. Ham S' an Schlüssel dabei?

FRAU GÜSTROP Nee, is offen. Sie wissen ja, dieser ...

HERR REITMOSER Ah ja ...

FRAU GÜSTROP Sagen Sie mal, Herr Reitmoser, was isn das hier! *Deutet auf KMB.* Hat das mit Maul und Klauenseuche zu tun? Das habe ich hier schon überall gesehen ...

HERR REITMOSER Naa, des hoaßt Kaspar, Melchior, Balthasar ...

FRAU GÜSTROP Is das irgend ne Firma ...

HERR REITMOSER Na, des san die heiligen drei Könige.

FRAU GÜSTROP Ach so, ja. Also, kommen Sie ... *Beide gehen ins Haus.* Also hier dachte ich das Gästezimmer. Wissen Sie, von den Kontakten mit der hiesigen Bevölkerung kann ich ja nicht leben. Ich brauche ja ab und zu mal jemanden, mit dem man sich unterhalten kann.

HERR REITMOSER Ja, Natur an und für sich okee, aber ohne Kontakte verkümmert der Mensch. Sie san ja sonst praktisch aufgeschmissen.

FRAU GÜSTROP Nö, nö, ich versauere hier nich, keine Sorge, hier dacht ich mehr für gute Bekannte, und aus der Scheune mach ich dann später ja noch ne Einliegerwohnung.

HERR REITMOSER Ja, da ham S' recht, und steuerlich stehn S' ja dann auch ganz anders da. Ham S' noch irgendwelche Sonderwünsche für da herin? Weils was von am offenen Kamin gesagt ham ...

FRAU GÜSTROP Nöö, hier Kachelofen. Ja, und hier dachte ich an ne Art Kreativitätsraum, daß ich mal male, oder modelliere oder irgend so was, hab ich mir gedacht, der Raum hier hat nämlich ne unheimliche Atmosphäre. Finden Se nich? Sie müssen sich nur dieses Gerümpel hier mal wegdenken, aber ich brauche hier Licht.

HERR REITMOSER Mach ma a Fenster zusätzlich rein. Von der Statik her dads gehn und vielleicht a paar Studiolampen.

FRAU GÜSTROP Ja, so irgendwie.

Die beiden gehen in die Küche. In der Küche sitzt Ranftl und schnitzt.

HERR RANFTL Grüß Gott!

FRAU GÜSTROP Guten Tag, Herr Ranftl. Herr Reitmoser, das ist Herr Ranftl, von dem ich Ihnen schon erzählt habe. Das ist Herr Reitmoser, mein Architekt.

HERR RANFTL 'ß Gott.

HERR REITMOSER Angenehm.

FRAU GÜSTROP Behalten Sie Platz, Herr Ranftl. Wir kucken uns grade mal um: Also, hier dachte ich den offenen Kamin.

HERR REITMOSER Ja, schön, aber da moan i werds schwierig ... *Klopft an die Wand* ... wei so wia des Haus ausschaugt, ham die wahrscheinlich Stützbalken in den Kamin nei gmauert, und da sagt die Feuerpolizei sofort nein ...

HERR RANFTL Naa, des miaßat scho geh. Wei wia mei Vater seinerzeit an Speicher umbaut hot, da ham mir seinerzeit ...

HERR REITMOSER Ja, ja, das kenn ma scho. Naa, da miaß ma was macha, weil, die ham damois noch koa Feuerpolizei ghabt, weil, des Haus schätz ich so approximativ auf zweihundert Jahr leicht ...

FRAU GÜSTROP Nöö, das reicht nicht. – Herr Ranftl, äh, äh wie lange sitzt Ihre Familie schon hier auf diesem Hof?

HERR RANFTL Ja, mir san urkundlich as erste Mal erwähnt 1602. Der Name Ranftl is praktisch ...

HERR REITMOSER Und was macht ma mit de Böden, gnä Frau?

FRAU GÜSTROP Tja, da hab ich, äh, was Tolles gesehen. Ich hab mir das auch schon zugelegt. In der Provence hab ich das in meinem Haus, das hat sich sehr bewährt. Das is so wie gebrannter Lehm irgendwie, ganz bäuerlich urig, aber n warmer Ton, und darüber n Perserteppich. Sieht fabelhaft aus.

HERR REITMOSER Ja, und zum Perser a Eichenparkett?

FRAU GÜSTROP Nöö, Täbris und Lehm, das ist die Mischung, n fabelhafter Kontrast.

HERR REITMOSER Wie Sie meinen.

FRAU GÜSTROP Tja, Herr Reitmoser, jetzt hab ich aber noch n ganz spezielles Problem, ich würde gerne diesen ländlichen Geruch in diesem Raum erhalten.

HERR REITMOSER Sie meinen die Aura da herin. Des wird natürlich äh, am Geruch können wir leider noch nichts konservieren, da machen S' halt des Fenster auf, da is doch glei a Bauernhof ...

FRAU GÜSTROP Nö, da zieht doch Dr. Frank ein. Mit Landwirtschaft hat der nichts am Hut.

HERR REITMOSER Ja aber a guate Luft ham S' hier auf alle Fälle. So, i dad sagn, des ham mir jetzt gsegn derweil, schaun mir uns doch mal oben um, wia ma des mit der Galerie machen ... *Geht, steht im Gang.*

FRAU GÜSTROP *leise* Herr Ranftl, also es tut mir leid, aber am Ersten ist nun endgültig ultimo.

HERR RANFTL Ja, aber ich hab ja noch garnix.

FRAU GÜSTROP Das ist Ihre Sache. Sie wissen seit drei Monaten Bescheid ...

HERR RANFTL Ja, aber ich muß doch auch irgendwo ...

FRAU GÜSTROP Glauben Sie mir, niemandem tut es so leid wie mir, aber es geht nicht anders. Ich habe hier zweitausend Mark Verbindlichkeiten pro Monat.

HERR RANFTL Ja, schon, aber ...

FRAU GÜSTROP Am Ersten nächsten Monat, da ist nichts mehr dran zu rütteln. Herr Reitmoser, wann fangen wir an?! Wann kommen die Handwerker?

HERR REITMOSER Am dritten san die Maurer bestellt. In vierzehn Dog gehts auf ...

FRAU GÜSTROP Sehn Sie, Sie hams gehört, also dann, schönen Tag noch.

Sie gehen, Herr Ranftl schaut.

Ein Sanierer

HEROLD I sag Eahna ganz ehrlich, der Mieter is wie ein Hausschwamm. Der, wenn amal drinsitzt, kriegstn nimmer raus. Also, i sags Eahna, was ich an Aufwand ghabt hab, bis i die Bagage draußd ghabt hab, finanziell und ideell, Sie, des vergütet mir koa Finanzamt. Steuern derf i scho zahln, gel, und was draus macha aus dera Bruchbude – wissen S', des is des, was uns Unternehmer heute müde macht. Alloa, wega der oidn Schäsn, de wo da drin war – wie ein Blutegel. De hat si direkt festgsaugt. Weil sie gsagt hat, i soll wartn, bis sie nausgstorbn is. Na sag i, ja Sie san guat, Frau, Sie wohnan jetz seit vierzig Jahr da herin bei am Mietpreis, wo i mr net amal a Essiggurkn kaffa ko, ja, da könnan Sie no lang lebn, aba i ko net davo lebn, vastehngas. I gunn Eahna ja a langs Lebn, aba net auf meine Kostn und net da herin. I hob dera Frau nachad fünf Braune unter d Nasn ghaltn, schau her, Oide, des is doch des, was du brauchst, hab i gsagt, na hat ses woana ogfangt, wei, so vui Geld hat ja de in ihrm Lebn no nia auf oam Haufn gsehng, na hab i mir denkt, guat, i bin zwar net der Weihnachtsmann, aber den Umzug ins Seniorenheim zahl i ihr aa no, ma is ja schließlich a Mensch irgendwie. Guat, na war de Oide draußt, na is erst losganga. Im ersten Stock a Familie mit vier Kinder. Sie, des is ja wie ein Tabu. Findn Sie für solchane Krattler amal a Ersatzwohnung. Praktisch aussichtslos. I hab dene gsagt, Leut, as Nymphenburger Schloß kon i euch natürlich net mietn, a ganze Jahresmiete hätt i dene erlassn, nix. I habs nachad an meine Anwälte übergebn, wei, mit gutm Zuspruch is nix ganga. Sie, wenn S' amal an guatn Anwalt brauchn, i hob oan, der find Eahna oiwei a Gesetzeslücke. Der is wia a Marder. Guat, also zufällig hat si nachad der Familienvater von dene umbracht, na sans a Fürsorgefall worn, un na is doch wenigstens a weng schneller ganga. Überall, wo was frei worn is, hob i a paar Türkn nachgschobn, des san guate Verwohner, hats ghoaßn, dabei ham de Hund dann heimlich as renoviern ogfangt. Na hab i de aa wieder naustoa müaßn, und in dem Stil waar des aso weiderganga, na hab i as Dach abdeckt, d Haustür ausghängt und im Stiagnhaus as Liacht abdraht. Da drin hats pfiffn wia in am Windkanal. Aber Sie wern lacha, nur so gehts. Nur so. Schaun Sie, i hab den Häuserblock gerbt, von meim Bappa, aber wie sagt so schön der Meister Goethe: Was du ererbt von deinen Vätern ... *Entdeckt einen Penner.* Ah, was tuatn der da? Ja, schaug, daß du weidakimmst, oda muaß i d Polizei rufn. Ja, hörst du schlecht, schleich di! *Penner verzieht sich.* Ja, sagn S' amal, de san ja schlimmer wie de Ratzn. Sie, wenn man so Leut siehgt, dann fragt ma sich doch wirklich: In was für am Staat lebn mir denn eigentlich ...

SAU

Großbrand

Die Häuserfront eines Wohnblockes. Man hört Martinshörner eines Löschzuges. Fenster gehen auf. Anton Bemmerl öffnet sein Wohnzimmerfenster. Innen Fernsehlicht und -ton.

ANTON Anni! – Anni!

ANNI Ja, was is des.

ANTON Es brennt.

ANNI Des werd bei dene Gastarbeiter sei, de da eizogn san.

ANTON So ein Leichtsinn. Weils oiwei mitm Tauchsieder kochn.

ANNI Da, schaug, de Flammen gehnga schon nauf bis zum Herrn Rösner. Ob der dahoam is?

ANTON Der is doch um de Zeit nie dahoam.

ANNI Vielleicht is er doch dahoam, na muaß man warnen.

ANTON Naja, er is ja wahrscheinlich doch net dahoam. A so ein Leichtsinn.

ANNI De Feuerwehr laßt si aa Zeit. Daß da garnix voran geht ...

ANTON De lassn des abbrenna, wega der Altstadtsanierung.

ANNI Vielleicht findens koan Wasseranschluß.

Man hört neue Martinshörner.

ANTON Da kimmt no a Löschzug.

ANNI Du, wer steht denn da?

ANTON Wo?

ANNI Da obn im Fenster. Des is doch die Frau Mitterwieser.

ANTON Ja, des is d Frau Mitterwieser. Ja, furchtbar, de alte Frau Mitterwieser. Is der Maxl net dahoam.

ANNI Naa, de san heuer nach Südtirol.

ANTON So, i hab gmoant, de san heuer in Kärnten.

ANNI Nanaa, Südtirol.

ANTON *blickt nach oben* Grüß Gott, Frau Sontheimer. Brennt ganz schee. *Deutet* D Frau Mitterwieser!

ANNI Wettn, die ham koa Sprungtuch dabei.

ANTON *laut nach oben* De ham wahrscheinlich koa Sprungtuch dabei, und der Maxl is in Südtirol!

ANNI De arme Frau Mitterwieser, daß die auf ihre alten Tag no hupfn muaß.

ANTON Naa, wettn, de hupft net. De verbrennt lieber, bevors hupft.

ANNI Da schaug hi. Der Rösner.

ANTON Is er doch daheim.

ANNI Obwohl der sonst um die Zeit nie daheim is.

ANTON A so ein Pech. Durchs Stiegenhaus kommt der nimmer.

ANNI Schaug dir doch amal diese Rauchentwicklung an. Daß des a so raucht. Was ham denn de für Möbel.

ANTON Des san de Teppichböden, de wo so rauchen. Also durchs Stiegenhaus kommt der nimmer.

ANNI De müaßn doch amal a Leiter hertoa, de alte Frau kann doch net abihupfn.

ANTON Ja, des is unzumutbar. De is doch scho guate siebzig Jahr, de halt so an Sprung nimmer aus, des san doch mindestens elf Meter.

ANNI Wenns langt. Elf Meter sans mindestens.

ANTON Da, de Gastarbeiter stehnga scho drunt.

ANNI Typisch. De ham si in Sicherheit bracht.

ANTON Mei, de ham nix zum Verliern.

ANNI Wie die den Schaden wiedergutmacha wolln, is mir auch schleierhaft.

ANTON Ja, bei dene werd net viel zum holen sei. Schaug, jetz löschens mit der Schaumkanone.

ANNI Mein Gott, de macha ja ois kaputt. Da, de Vorhänge, de könnas wegschmeißn.

ANTON Mei, vielleicht sans versichert.

ANNI Jetz hams de alt Mitterwieser in Sicherheit bracht.

ANTON Der Rösner is aa scho herunt. *Martinshörner und Blaulicht.* Da, jetz kamad as Rote Kreuz daher, wos alle in Sicherheit san.

ANNI Mei, der schaugt vielleicht aus in seim Morgenmantel. Wo de heut nacht schlafn?

ANTON Mei, irgend a Hotel oder a Nachtasyl.

ANNI Oder vielleicht bei Verwandte.

ANTON Jetz ham ses eh gschafft. Des bißl Rauch macht nix mehr.

ANNI Des war ja gar koa Großbrand. *Laut nach oben* War ja gar koa Großbrand.

ANTON *ebenfalls laut* Des, wenn a Großbrand gwesn waar, hätten ses nicht so leicht in Griff kriagt.

ANNI Na dads jetz no brenna. Naja, i schaug wieder a bißl. *Weg vom Fenster.*

ANTON Geh weiter Anni, mach a weng lauter, vielleicht bringen ses in de Nachrichten.

ANNI *erscheint nochmal.* Des glaub i net, wenn, na bringen de nur an Großbrand.

ANTON Naja, es kimmt drauf o, was s' sonst für Nachrichten ham ... *Schließt das Fenster.*

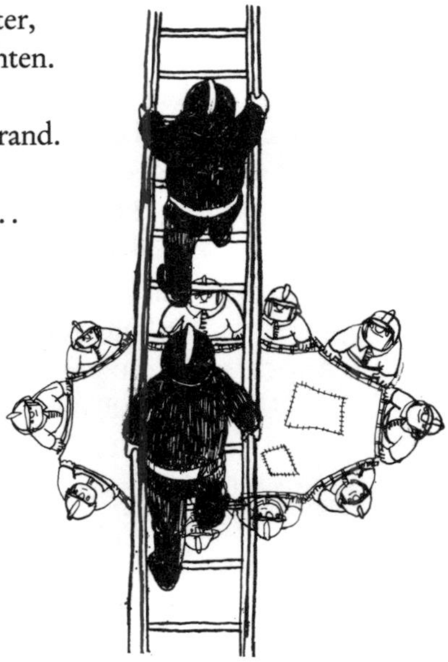

Der neue Mieter

Herr Vögele geht im Treppenhaus, Frau Humpel öffnet ihre Haustür einen Spalt.

FRAU HUMPEL Psst, Sie, Herr Vögele ...

HERR VÖGELE Ja?

FRAU HUMPEL Ham S' an Augenblick Zeit?

HERR VÖGELE Ja, wieso?

FRAU HUMPEL Sie ham S' aa scho ghört, oder?

HERR VÖGELE Ja, wasn?

FRAU HUMPEL *deutet nach oben* Dritter Stock ...

HERR VÖGELE Ahso, der neue Mieter, jaja, ein leidiges Kapitel.

FRAU HUMPEL Können S' sich scho gleich auf an Dauerknoblauchgeruch eistelln. Am End riecht ma selber danach.

HERR VÖGELE Ja, ich derf ja garnet, scho wegam Gschäft, i muaß ja ständig mit Leut umgehn.

FRAU HUMPEL Ja, da wern S' spitzn, da nehmen die keine Rücksicht, die essen nix anders.

HERR VÖGELE Ich hab ja an und für sich garnix gegan Knoblauch einzuwendn, aber permanent dann dieser Geruch da herin.

FRAU HUMPEL Aber Sie wern sehn, des kimmt auf uns zu. Und Kinder sollens habn.

HERR VÖGELE Ja, des hams ja alle, und net z wenig.

FRAU HUMPEL Da wern S' schaugn, da wern ma no was erleben, und de san doch vollkommen unerzogn, weil, die san doch alle so kindernarrisch.

HERR VÖGELE Dann ham mir zum Gstank noch den Radau. Und de san dann wahrscheinlich erst die Vorhut, wer woaß, was dann noch alles nachkimmt.

FRAU HUMPEL Ja, ma liests ja ständig mit dene Großfamilien, und keiner von dene kann dann ein Wort deutsch, und die grüßen auch garnet ...

HERR VÖGELE Und diese Musik, dieses Gedudel, rund um die Uhr, mir samma doch hier kein Basar.

FRAU HUMPEL Ja, Herr Vögele, wenn S' mich fragn, des dürfn mir garnet erst einreißn lassen, d Frau Kuschmelka hat auch schon gsagt: Wehret den Anfängen. Sie hat gsagt, nur noch energisch bei der Hausverwaltung protestiern, und zwar namentlich und schriftlich.

HERR VÖGELE Ja, jetzt muß was passiern, weil, sonst is passiert. Ah, Frau Humpl, da soll doch scho so a Unterschriftenaktion ingang sein, hab i ghört ...

FRAU HUMPEL Ja, genau, desweg hab ich Sie ja, des is doch der Grund, warum ich mit Ihnen, ah, Herr Vögele, ich habs grad da.

HERR VÖGELE Was?

FRAU HUMPEL Da, Brief und Liste ...

HERR VÖGELE Ah, da, Dankschön ... *Liest.*

FRAU HUMPEL Die Kusine von der Frau Kuschmelka is doch Sekretärin in ara Anwaltskanzlei, die hat den Brief aufgsetzt, die kennt sich da aus.

HERR VÖGELE Mhm ... und aus oben angeführten Gründen untragbar. Sehr gut, ja, sehr gut formuliert, jedenfalls deutlich. Ham S' was zum Schreibn da?

FRAU HUMPEL Da. – Familie Stuhlmann hat auch unterschrieben, nur der Herr Opitz ned.

HERR VÖGELE Warum unterschreibtn der net, der Feigling?

FRAU HUMPEL Naa, er sagt, des san bei ihm persönliche Gründe, er war doch im KZ.

HERR VÖGELE Ja, aber ma muß doch amal vergessen können. Des is doch hier ganz was anderes.

FRAU HUMPEL Ja, mei ...

HERR VÖGELE Des geht doch hier schließlich um unser, ah, ah, mir samma doch hier in Deutschland, es gibt doch aa Deutsche, die wo a Wohnung suchn, sollens doch erst amal an die Deutschen vermietn, statt an diese anatolischen Berg –

FRAU HUMPEL Pßt ...

Herr Ötztürk, gut gekleidet, geht an den beiden vorbei.

HERR ÖTZTÜRK Grußgott.

HUMPEL/VÖGELE *zögernd* Ja, Grüß Gott ...

Frau Humpel und Herr Vögele beobachten stumm Herrn Ötztürk, bis er, ein Stockwerk höher angelangt, eine Wohnung aufsperrt.

HERR VÖGELE *unterschreibt eilig* Ja, Sie, da müß ma uns aber sputen mit der Aktion, de san ja scho so guat wie herin. Der schaugt sich ja schon um da drobn. Ich hab gmeint, de kommen erst.

FRAU HUMPEL Ja, ich bin selber überrascht, aber Möbel hams no koane herin. Geben S' her, i schicks nachad glei weg per Einschreiben.

HERR VÖGELE Ja, höchste Eisenbahn ...

Herr Ötztürk kommt wieder zügig zurück.

HERR ÖTZTÜRK Ja, tsuldigung, wann ich unterbrechen, Ötztürk mein Name, ich habe diese Haus gekaufen, wohnen hier schon, und hoffen, schon, daß gutt Nachbarschaft haben.

FRAU HUMPEL Ah geh, Sie san des, Sie ham des Haus kauft, ja, des is aber nett. *Hält ihm die Hand hin* Humpel.

HERR VÖGELE Ja, ah, angenehm, Vögele ...

Die Hobby-Hausbauer

Familie Johannser kommt aus ihrem Haus. Frau Johannser trägt einen Säugling. Ein Kleinkind stapft nebenher. Man geht zum Neubau gegenüber.

ER Ja, ich darfs Ihnen mal gschwind zeigen, mir san vorigen Herbst erst praktisch fertig worn …

SIE Grad die Extras in der Küche – Dunstabzug und was mer halt so braucht, mei, d Handwerker, Sie wissen ja selber, wie sich sowas hinziehen kann …

ER Bis die mit der Wärmepumpn in Schwung kommen san, und dann, alles bestens isoliert, des braucht sei Zeit. Man muß ja auch die Angebote prüfen.

SIE Also, bis man die Angebote alle geprüft hat …

ER Es san ja soviel Angebote heutzutag.

SIE Bis ma des alles geprüft hat, werds scho wieder deirer.

ER Naja, mir ham allweil auf Festpreis-Basis verhandelt.

SIE Beim ersten Haus ham mer noch an Fehler gmacht und ohne Festpreise baut, gell da hats uns ganzschee neilassn, finanziell, woaßt as no …

ER Ja, aus Erfahrung werd ma klug, hahaha … Dann geh mer mal nei. *Sperrt auf.*

SIE Jetz geh grad zua.

ER Also, schaun S' her, da schaun S' her, gleich Toilette …

SIE Des is es Klo. Waschbecken.

ER Ja, Waschbecken, da, die Küche …

SIE Das ist die Küche. Mia ham gsagt Einbau, weil, wenn, scho was Gscheits.

ER Was anders kimmt garnet in Frage.

SIE Ja, sehn Sie, mir ham alles sauber abgedeckt, weil, wer weiß, wanns überhaupt mal in Benützung kimmt.

ER Die Kinder san ja noch praktisch, schaun S' her – *deutet* – und sei Bruada is im Kindergarten.

SIE Also des dauert sicher noch etliche Jahre, bis von die Kinder mal eins da … Und Mieter nehmen mir prinzipiell koane nei.

ER Scho vo Haus aus net, die verwohnen alles, dann woaß ma net wers is – da, es Wohnzimmer mit Bauernstube …

SIE Fernseher, Hifi-Kompaktanlage, alles da, also schon, Sie verstehn …

ER Ja, bei die heutigen Mieter, wer woaß, ob mers überhaupts wieder raus bringt, bei dene Gesetze, un mir wohnen gleich eh vis à vis, also mir können des ohne weitres selber warten.

SIE Ich wisch nur einmal im Monat, wisch ich einmal sauber durch, net, und der Fall hat sich, Staubsauger und so ist ja alles da, und dadurch, daß hier keiner wohnt, fällt ja auch kaum was an.

ER Ja Herrschaft, wia kimmt denn der Kratzer da her?

SIE Wo?

ER Da, da, hier, der war vorher no net da.

SIE Jessasna, wo der herkimmt … Jetz stelln S' Eahna erst amal vor, wenn da wer wohna dad.

ER Da, Schlafzimmer, ebenfalls rustikal.

SIE Daß's halt zur Bauernstube unten passt.

ER Da, so a Lampn kann er jederzeit auswechsln, wenns wirklich ist, daß er a andere will …

SIE Mir ham jetz die derweil halt amal rei doa, wegam Licht.

ER Geh mer amal ganz nauf, von oben könnt ma vielleicht an Rohbau …

SIE Naa, vom Balkon …

ER Ahja, vom Balkon … Oben kann er sichs später amal ausbaun, nach Bedarf, wie er will …

SIE Oder mir bauens eahm no aus, des sehn mer dann noch.

ER Es is ja auch irgendwie a Geldfrage …

SIE Also des Haus, des is für ihn gedacht, natürlich erst wenn er amal soweit is, daß mer saget, hahaha, net … *Deutet auf das Kleinkind.*

ER Sie ham beide a Doppelgarage, d Fraun san ja meistens a berufstätig. Seins is ja erst im Rohbau. *Deutet auf den Säugling.*

SIE Mia selber ham fei bloß a einfache Garage, aber es glangt eigentlich aa …

ER Und wenns wirklich is, na baun ma halt noch eine dazu. Jetzt schaun S' her, da, von da sieht ma des, da, des is der Rohbau. Unten kimmt wieder a Toilette, Küche praktisch, auch a Bauernstube, im Grunde wie hier auch.

SIE Drüben dern ma aa net vermieten.

ER Naa, Mieter auf garkoan Fall. Wer woaß, was des für Leit san. Ma wissad ja garnet, wer da rein kimmt.

SIE Und dann verwohnens alles. Und naus bringt mas glei zwoamol net.

ER Im Grunde san beide Häuser gleichwertig, er hat a paar Quadratmeter mehr Grund …

SIE Aber unwesentlich …

ER Während er dafür an offenen Kamin nei kriagt. Und sei Kellerhöhe is zehn cm mehr. Gut des is ein Vorteil, aber ich hoff, daß sich deswegs die Ehefrauen später amal nicht …

SIE Obwohl ma des mit die Ehefrauen nie so genau weiß. Die Häuser san ja eigentlich weit gnua ausanand, oder?

ER I pflanz eahna jetz scho a Fichtenhecken, bis die soweit san, san die Bahm so hoch, da brauchen sie sich garnimmer sehn.

SIE Er is ja der Bauherr – *deutet auf Kleinkind* – also aus steuerlichen Gründen …

ER Mir ham ja unsre Steuervorteile scho bei dem Haus – *deutet* – und bei unserm Haus aufbraucht, also da geht nix mehr, steuerlich, aber für eahm ham mir scho wieder an Bausparvertrag abgeschlossen, weil wissen Sie, schaun Sie, was is es Geld, Wertpapiere, mei … Aber so a Haus is nach menschlichem Ermessen wertbeständig, ganz egal, was ma damit macht.

SIE Und wenns fertig is, sieht ma, was ma hat. Da hintn, schaun S', da ham mir fei a no an Bauplatz. Da könnt ma vielleicht auch amal …

ER Ja, nicht so voreilig, alles zu seiner Zeit. Sie wissen ja: Gut Ding hat Weil … *Beide lachen.*

Ein Umweltschützer

Der Hausbesitzer Nepomuk Schwamm kommt mit einem Fuchsschwanz in der Hand auf den sauber ausbetonierten Hof seiner Mietskaserne. Auf dem durch Maschendraht getrennten Nachbargrundstück blühen Pflanzen und Bäume und Gräser.

HERR SCHWAMM San denn de Leit narrisch, des ghört doch bestraft, so eine Sauerei. Eine gigantische Form von Umweltverschmutzung. Na ja ... *Die Mieterin Centa Gruber kommt mit einer Gießkanne in den Hof getrippelt.*

FRÄULEIN GRUBER Grüß Gott, Herr Schwamm.

HERR SCHWAMM Ja, grüß Sie Gott ... *Fräulein Gruber geht an Herrn Schwamm vorbei auf eine Topfpflanze zu.*

HERR SCHWAMM Schaugn S' Eahna des amal an, Fräulein Gruber. De spinna doch.

FRÄULEIN GRUBER Ja, da habn S' recht, Herr Schwamm.

HERR SCHWAMM Jetzt hamma den Salat.

FRÄULEIN GRUBER Ja mei.

HERR SCHWAMM Da, ein Ahorn! Des werd ein echter Ahorn, ein Monstrum von einem Ahorn, des ko koa Mensch nimma aufhalten.

FRÄULEIN GRUBER Ja, schön hergwachsen is er letzts Jahr.

HERR SCHWAMM So kann mas auch nennen. Schaugn S' hin, wies da herumsprießt! Des Unkraut.

FRÄULEIN GRUBER Ja is scho a Plag. *Rupft die Gräslein aus.*

HERR SCHWAMM So a Baum is doch a Umweltverschmutzer ersten Ranges. Im Frühjahr, der Blütenstaub, was mir im letzten Jahr für Pollen ghabt habm, des geht auf koa Kuhhaut. Da, schaugn S', wia sich des einnistet. Des wuchert förmlich. Un nachad, der Ozon. Wer solls denn verkraften. Im Fernsehn ham ses bracht: A gewisse Dosis Ozon, und Sie san hinüber!

FRÄULEIN GRUBER Ja mei, is schon a schöner Anblick, so a Baum.

HERR SCHWAMM Wers mog. Aba im Sommer, diese Insekten. Scharen von Insekten, Ungeziefer, auf oamal hamma de Motten herin, lauter Schädlinge! Im Herbst, na laubt er, zentnerweise Laub, des fault nachad, und zersetzt alles – und was des kost! Schaugn S' her da, des is scho wieder a Grasnarbe, mir samma doch koa Naturschutzgebiet.

FRÄULEIN GRUBER Ja, da habn S' recht, also, Wiederschaugn, Herr Schwamm. *Fräulein Gruber geht zu ihrem Blumentopf und gießt. Schwamm monologisiert weiter.*

HERR SCHWAMM Ja wiederschaugn. Da redns allweil von Umweltschmutz, aba getan werd nix! Zefix, muaß i scho wieda ausbessern. *Bückt sich nach einer schadhaften Stelle im Beton.* Hob is doch letzts Jahr erst chemikalisch ausgmerzt. *Sieht Fräulein Gruber beim Gießen.* Ja,

[NOCH HERR SCHWAMM] Sie! Was macha Sie denn da?! Ja san Sie narrisch worn? San Sie deppat?!

FRÄULEIN GRUBER Aba Herr Schwamm, des sand doch meine Tomaten.

HERR SCHWAMM Soweit kimmts. In meinem eigenen Hof!

FRÄULEIN GRUBER Aba des san doch nur de ganz winzigen Zwergtomaten.

HERR SCHWAMM San Sie wahnsinnig. In fünf Jahr is des a Baum! Für was, glaubm Sie, ham mir des ausbetoniert? So ein Leichtsinn.

FRÄULEIN GRUBER Aber, Herr Schwamm, ich paß doch auf, da passiert nix, da kann doch garnix passieren!

HERR SCHWAMM Schaugn S' daß weiterkemman, des is doch ein Unfug. Im Hof hat so ein Umweltschädling nix zum Suchen.

FRÄULEIN GRUBER *nimmt ihre Gießkanne* Herr Schwamm, jetzt habn Sie doch ein Herz, schaugn S', her, so klein ... *Deutet.*

HERR SCHWAMM Ja, hearn Sie schlecht? Naus! Naus, aussi mit dem Zeug! Des is ein grober Unfug.

Fräulein Gruber nimmt mümmelnd ihre Pflanze mit und geht beleidigt aus dem Hof.

Koa Gspür für eine Gefahr. *Ruft Fräulein Gruber nach* Da hoam kennan S' es im Wohnzimmer pflanzen, des is Ihr Privatrisiko, aber gega sowas bin i net versichert!

Fräulein Gruber ist verschwunden.

Oh mei, de Leit, mit eahnara Fahrlässigkeit erzeugen direkt die Naturkatastrophe, dieser Umweltschmutz, da wern ma einschreiten müaßn.

Schwamm geht auf den Baum an seiner Hofgrenze zu, setzt die Säge an einen überhängenden Ast an.

Ja, es tuat ma leid, jetzt sagl dis weg. Da is die Grenze. *Er sägt den Ast ab.* De ghörn doch ozoagt, Saubande, Naturapostel, deppate – grüne Gefahr. Aba mir passn auf!

Ausgehvorbereitungen

Ein gutbürgerliches Schlafzimmer. Otto und Rosa Stoiber machen sich gerade ausgehfertig.

OTTO Herrschaftzeitn, Rosa, wo hast n wieder den Peacemaker hi toa?

ROSA Ja ich weiß doch net, du hast n ja zletzt anghabt. Nimm halt derweil die Walter.

OTTO De is zu schwer.

ROSA Naa, ich mein die Sechs-Schuß.

OTTO Ham mir da noch a Munition?

ROSA De is doch noch geladn, von wie mir in der Philharmonie warn.

OTTO Ah ja, na nimm i die derweil. *Summt eine Opernmelodie vor sich hin.* – Du Rosa, hilf mir gschwind, de Kugelwestn zuamacha.

ROSA Sofort, Moment. *Hilft.* Mein Gott, du werst aa oiwei dicker, da brauchst jetz bald a neue ...

OTTO Ich versteh des net, daß du immer noch ohne Kugelweste rumläufst.

ROSA Mei, für Frauen gibts da nix gscheits. A Weste über dem Kleid, wie schautn des aus.

OTTO Des is a falsche Eitelkeit. Bis mir daheim san, is es mindestens elf Uhr nachts, und mir ham 300 Meter zu Fuß, durch die Fußgängerzone, da geht koa Taxi und nichts ...

ROSA Daß de Ströbels auch immer so gefährliche Lokale aussuchen.

OTTO Mei, ma ißt halt gut. Aber du weißt ja, was um die Zeit für a Gsindl unterwegs is.

ROSA Ja, vor dene Diskotekn, da stehngas regelmäßig umanand, lauter so Jugendliche und Kriminelle ...

OTTO Da wenn ma net aufpaßt, is scho zu spät. *Prüft seinen Totschläger.*

ROSA D Frau Ströbel hat jetz an Karatekurs angfangen, weil sie sagt, diese Jugendlichen wern ja immer mehr, die nehmen ja dermaßen überhand, sie sagt, ma möcht nicht glaubn, wieviele Jugendliche daß es gibt.

OTTO Und de ganzn Ausländer und Arbeitslosn, da wennst net aufpaßt, is es schon zu spät.

ROSA Mein Gott, Otto, was mach ich jetzt? Schau, zu dem Kleid paßt nur die Perlentasche, und da paßt jetz de Gaspistole net nei. I hab schon an Deospray rausgnommen, aber es geht net!

OTTO Zieh halt a anders Kleid an, wo de Krokotaschn dazupaßt.

ROSA Naa, de Zeit ham mir nimmer, mir san eh scho knapp.

OTTO Dann nimmst an Tränengasspray mit, weil, unbewaffnet gehst du mir nicht aus dem Haus ...

Es läutet, Otto und Rosa zucken zusammen, schauen sich an.

ROSA Wer kann des sein?

OTTO Weiß net, schau mal ...

Gemeinsam schleichen sie zur Eingangstür, Rosa öffnet zwei Sicherheitsschlösser, hängt Sichtkette vor, Otto entsichert seinen Revolver und steht schußbereit da.

ROSA Hallo, wer da?

STIMME *ruft von draußen Unverständliches.*

ROSA *öffnet die Tür einen Spalt.* Hallo, wer ist da, bitte?

STIMME As Taxi für Stoiber!!

ROSA Ah ja, san S' scho da. Moment, mir kommen glei. *Tür wieder zu.* As Taxi is.

OTTO Der Stimme nach is der Fahrer a Deutscher. *Steckt Revolver in den Schulterhalfter.* So, Rosa, ham mir alles? Is der Safe zu?

ROSA Sowieso. Halt, mein Tränengas. – Alarmanlage?

OTTO Jaja, scho eigschaltn. Schlüssel?

ROSA Hab ich.

OTTO Kartn?

ROSA Hab ich.

OTTO So, na gehn mir. Was gibts denn eigentlich heut, was spuins n?

ROSA Entführung aus dem Serail.

OTTO Des aa no, sperr fei guat ab.

Der Grünwald-Spaziergang

Herr und Frau Röhring befinden sich auf einem Abendspaziergang. Ein Chauffeur hält einer Dame die Tür auf, die Dame steigt ein, der Wagen fährt los. Ein Schäferhund bellt.

ACHIM Na, ich würd mehr für den Bodybuilder plädieren.

INGRID Ja, aber der Schmächtige ist lang net so auffällig. Der muß ja überall mit.

ACHIM Ja, irgendwann spricht sichs eh rum, daß mir an Wächter haben.

INGRID Dem Schmächtigen siehst des aber nicht an.

ACHIM Der Bodybuilder dad a Gartenarbeit mit übernehmen.

INGRID Ja, aber der Schmächtige kann kochen.

Eine Alarmanlage brüllt auf.

ACHIM Wem sei Anlag isn des?

INGRID Ich glaube beim Dr. Mechoff. Die sind doch zur Zeit in Sao Paulo.

ACHIM Is aa leichtsinnig, daß die niemand im Haus lassen haben. Ob ma amal nachschaun soll?

INGRID Bist deppert, am Schluß kriagst no oane drauf. De san doch versichert ...

Drei Schäferhunde kläffen, einer nah und laut.

ACHIM So a Hund waar übrigens aa net schlecht.

INGRID Ja, aber des ewige Gassigehn.

ACHIM Ja, der Bodybuilder dad des jederzeit mit übernehmen.

INGRID Ja, und während die Gassigehn, wern mir überfalln, außerdem machat des der Schmächtige aa ...

EIN LEIBWÄCHTER *spricht in ein Walky-Talky* Biene Maja an Alpha drei, was isn da los bei euch? Biene Maja an Alpha drei he, Schorsch!

WALKY-TALKY Des war a Fehlalarm vom Gärtner ...

LEIBWÄCHTER Okay, verstanden, Roger.

ACHIM Da, der Dr. Schmidt, der hat gleich drei Leibwächter.

INGRID Der is aa no mehr gefährdet wia mir.

Ein Mercedes parkt gerade langsam in eine Garage ein.

ACHIM Der Bodybuilder hat fei vui mehr Berufserfahrung, der war scho mal Schwarzer Sheriff.

INGRID Ja, an U-Bahnhof überwachen is ja aa schließlich ganz was anders wie a so a Villa.

Ein Gärtner mit Antenne im Genick schneidet eine Hecke.

ACHIM Guten Abend. Na, war irgendwas besonders?

Ein Rollo rattert herunter.

GÄRTNER Naja, eigentlich nix.

INGRID Ham S' es net grad ghört, grad eben ...

GÄRTNER Ja, des war bei dera Backstein-Villa, mei, Urlaubszeit, da ham die Einbrecher allweil Hochsaison.

ACHIM Jaja, also dann, guat Nacht.

GÄRTNER Ja, gut Nacht. Aber i schaug scho allweil bei Eahna a bissl mit.

INGRID Ja, des is sehr nett, Herr äh …

GÄRTNER Also dann …

ACHIM Ja, guat Nacht.

Achim und Ingrid gehen ein paar Schritte weiter.

INGRID Und i sog das, mia nehmen doch den Schmächtigen, der hat sogar an Waffenschein.

ACHIM Ja schiassn kann der Bodybuilder aa.

Sie kommen an der Haustüre an.

ACHIM Jetzt sei mal stad. –

Man hört Grünwald-Abendatmosphäre, dann einen Knall.

INGRID War des a Schuß?

ACHIM Naa, a Rollo.

Achim schaltet per Fernbedienung das Licht an. Das ganze Haus erstrahlt hell.

ACHIM Ja, ich glaub mir können.

INGRID Sieht so aus.

ACHIM Alles hasenrein.

Die beiden gehen vorsichtig auf ihre Prachtvilla zu, die Eingangstür schließt automatisch.

Herbstgespräche

Heinz Gschwerl, Makler, Bauunternehmer und Finanzier, sitzt in seinem 911 Turbo geparkt an einem landschaftlich reizvollen Platz, herrliche Aussicht, umgeben von Natur. Er kippt den Rest eines Magenbitters und wirft die leere Flasche ins Gebüsch. Aus dem Wageninneren eine Disco-Wolke, dazu Vogelgezwitscher. Ein goldmetallic-Mercedes-Sportcoupé rauscht an. Gschwerl benutzt ein Mundspray, macht die Musik aus, strafft sich und öffnet galant die Mercedestür. Constanze Schäles und ein warm angezogener Rehpinscher steigen aus.

FRAU SCHÄLES Tach Herr Jeschwerl, hoffentlich ham Se nit allzulang jewartet. Aber Se wissen ja selbst, wie dat is mit de Verkehr, man kommt nit dursch. Kreti und Pleti hat heutzutach n Auto.

HERR GSCHWERL Des macht nix, Frau Schäles, i wart scho a bißl, aber da heraußt kann ma's doch sehr gut aushalten. Es is scho a einmaligs Platzerl.

FRAU SCHÄLES Da ham Sie rescht. Dat findet man heutzutage kaum mehr. Überall nur Industrie und diese Abjase. Entsetzlisch.

HERR GSCHWERL Ja, Abgase ham S' hier keine, nur den blanken Ozon. Riechen S' amal.

Gschwerl und Schäles atmen tief durch.

FRAU SCHÄLES Ah, dat tut jut für de Lungen.

HERR GSCHWERL Und schaun S' amal, dieses Panorama ...

FRAU SCHÄLES Tja, man möschte rischtisch besinnlisch werden.

HERR GSCHWERL Und alles unverbaubar. Schauen Se sich amal diese Buchn an. Des dauert 300 Jahr mindestens, bis so a Baum amal a so herwachst.

FRAU SCHÄLES Tschja, wat is der Mensch im Anjesischt der Natur ...

HERR GSCHWERL Da ham jetz Sie wieder recht, und Sie müssen bedenken, des is ois Naturschutzgebiet. Landschaftlich eine Rosine. Also, es war nicht einfach.

FRAU SCHÄLES Ham Se jut jemacht, Herr Jeschwerl.

HERR GSCHWERL Wenn der Bürgermeister net so flexibel gwesen waar, na wär da garnix gangen.

FRAU SCHÄLES Hatten Se große Unkosten?

HERR GSCHWERL Nanaa, er hat selber a Bauunternehmen, er is da einsichtig. Und de Verschalungen, und des Fundament, des macht ja praktisch er dann.

FRAU SCHÄLES Dat is jut. Aber sachen Se mal, de Terrasse, die soll doch hier hin. Da sitz isch ja dann den janzen Nachmittag im Schatten.

HERR GSCHWERL Nanaa, gnä Frau, da brauchen Sie nichts zu befürchten, de ganze Baumgruppn, da, des kimmt ois weg.

FRAU SCHÄLES Und an de Doppeljarasche ham Se schon jedacht?

HERR GSCHWERL Selbstverständlich. Da werd da der Froschweiher zugschütt und trockenglegt, na kimmt a anständigs 60er-Fundament nei, da könnan S' nachad an Panzer drauf parken. Und wo wollten Sie jetz nachad den Swimmingpool ham?

FRAU SCHÄLES Ja, isch dachte, mehr da unten, wo et jeschützt is. Die Stahldachkonstruktion, dat jeht in Ordnung?

HERR GSCHWERL Selbstverständlich. Wenns fertig is, moana S', Sie san am Mittelmeer.

FRAU SCHÄLES Nää, da hab isch bereits zwei Häuser, isch hätte mehr jedacht friesisch mit n Schuß rustikal.

HERR GSCHWERL Geht genauso. Mach ma Eahna auch. De Landschaft paßt eh bsonders guat zu dem Friesischen.

FRAU SCHÄLES Sachen Se, Herr Jeschwerl, wo kommt der Tennisplatz hin?

HERR GSCHWERL Da ham mir a sehr elegante Lösung: a bißl sprengen müaß ma, und da, de Fichtn, de hau ma naus, und umfrieden dean ma des ganze mit einer Mauer.

FRAU SCHÄLES Dat klingt vernünftisch. Auch jejen de Spazierjänger.

HERR GSCHWERL Eben. Sie san ja eh bloß amal am Wochenende da, aber 2,50 m solltens scho machen, da müaßatn S' a bißl Strafe zahln, aber es lohnt sich auf alle Fälle.

FRAU SCHÄLES Dat is auch n juter Schutz jegen Einbrescher und Vojöre, nä.

HERR GSCHWERL Und Sie sehn dann auch nix von der neuen Siedlung, de wo da der Dr. Rohr hinstellt.

FRAU SCHÄLES Ne Siedlung? Da hält dann wohl der Pöbel Einzuch oder wie seh isch dat?

HERR GSCHWERL Naa, da brauchen S' koa Angst habn, nur besser gstelltes Publikum, und Sie habn dann auch durch die Siedlung an optimalen Lärmschutz gega de neue Autobahn, de wo da hintn neikommt. Und danebn ham S' aa no a Einkaufscenter, mit am Teppichlager. Des kimmt da hin. *Deutet.*

FRAU SCHÄLES Wo?

HERR GSCHWERL Da, sehn S' des Wäldchen? Des is am Herrn Dandler sein Revier. Was er sonst noch hinstellt, weiß ma no net, jedenfalls, des kimmt aa ois weg.

FRAU SCHÄLES Naja, herrlisch is dat jedenfalls hier heraußen, rischtisch ursprünglisch. *Man hört eine Krähe.* Hörn Se mal, Herr Jeschwerl, wat is dat? n Bussard oder ne Kleber?

HERR GSCHWERL Ja, a Vogel is.

FRAU SCHÄLES Kucken Se mal, dat einer von den Bäumen übrischbeibt, dann machen wer ne Futterkasten hin.

HERR GSCHWERL Gel, Sie san a Naturmensch.

FRAU SCHÄLES Tschja, Tiere un Flanzen, sin der einzije Freund des Menschen.

HERR GSCHWERL Da ham jetz Sie wieder recht. I hab jetz meiner Tochter zum Geburtstag an Hamster gschenkt. Des schönste Gschenk, was ma einem Kind antun kann, is, wenns mit Viechern aufwachst.

FRAU SCHÄLES Himmel, sehn Se mal, Herr Jeschwerl, dat is doch ne Seidelbast.

[NOCH FRAU SCHÄLES] Den hat jemand einfach ausjerupft. Is dat nit ein Verbreschen? Ne eschte Seidelbast. Der is doch jeschützt!

HERR GSCHWERL Ja. Rohlinge gibts. Der größte Schädling is scho der Mensch. *Ein VW-Bus kommt angefahren.* Ah, Frau Schäles, den Vorhof, den dean ma na asphaltiern. Oder platteln?

FRAU SCHÄLES Jeplattet, und vergessen Se nit ne Aussparung für mein Asperagos und dat Tulpenbeet ...

Zwei Männer mit Motorsägen steigen aus dem VW-Bus.

MANN Servas Heinz, wo soll marn ofanga?

HERR GSCHWERL Da, bei dene Buachn. Aber systematisch, gel. Ja, also, Frau Schäles, as Wesentliche ham S' ja gsehn, i dad sagn, fahr ma zu mir ins Büro, da könn ma uns in Ruhe weiter unterhalten.

Die Motorsägen heulen auf.

FRAU SCHÄLES Igitt, dat is ja ein abscheulisches Jeräusch. Meine Nerven. *Beruhigt das Hündchen* Roswitha und isch, wir halten dat nit aus.

HERR GSCHWERL Ja, mei, leider, des muaß sei. Aber Sie wern sehn, as nächstemal, wenn S' kemman, wern S's nicht mehr wiedererkennen. Sie ham sich da scho a feins Platzerl ausgsucht.

FRAU SCHÄLES Ja, isch jlaub auch, dat wird en herrlisches Fleckchen Erde. Jut, dat et noch n Naturschutz jibt.

Die beiden besteigen ihre Fahrzeuge, die Motorsägen röhren ein Duett.

Das Beton-Lied

Beton, Beton, Beton –
Beton, Beton Beton Beton.
Waschbeton,
Mischbeton,
Fein- Stahl- Fertigbeton.

Mir baun uns a haltbare Welt,
die in fuchzg tausend Jahr aa no hält.

Beton, Beton, Beton –
Beton, haltbarer Billig-Beton.

De Kirch, as Rathaus, Ton in Ton,
ois aus gediegenem Farbigbeton.

Farbig-Beton, Billig-Beton,
haltbarer Fertig-Beton

Vier eigene Wänd aus Fertig-Beton,
mit an Loch drin, des tuats nachad schon.

Beton, Beton, Beton –
Beton, a kloans Paradies aus Beton.

In der Nachbarschaft ham ses fei alle schon,
eahna gmüatlichs kloans Häuserl aus Stahl-Beton.

Beton, Beton, Beton –
Beton, Bett, Zaun, Zukunft: Beton.

Kaum graut der Morgen, na siehgst n schon,
phantasievoll und praktisch glänzt er in der Sonn,

da Misch-Beton, da Stahlbeton,
da Fein- Wasch- Klar- Sicht-Beton.

Wartungsfrei, sauber, keimfrei und schön,
ma ko si glei gar net gnua an eahm sehgn,

am Misch-Beton, am Stahlbeton,
am Fein-Wasch-Klar-Sicht-Beton.
Beton, Beton, Beton –
Beton, Paradies aus Fertigbeton.

Ehe, Familie und Erziehung

D'Anni sagt auch, also sie sagt, daß die Leut ihren Kindern keine mehr schmieren, ist doch ein Unfug. Sie sagt, manchmal könnte sie diesen Kindern rechts und links eine reinhauen.

Der Schubiduu

Sag doch nicht immer wieder Schubidu zu mir,
Sag lieber Schabidawai.
Wenn du mich liebst.
Sag Schnibbeldabu
Aber niemals Schubidubidu.
Schabidawai und Schnibbeldabu,
Aber niemals Schubidubidubidu

gesprochen
»Baby, als du von mir gingst,
Waren deine letzten Worte:
Schnibbel Schnabbel Schnibbel dabbel Schubidu.
Du standst in der Tür
Mit Tränen in den Augen und sagtest:
Schnibbel Schnabbel Schnibbel dabbel Schubidu.
Du hast mir so weh getan mit deinem
Schnibbel Schnabbel Schnibbel dabbel Schubidu.«

Wenn du mich liebst,
Sag Schnibbeldabu,
Aber niemals Schubi dubi dubi duuu …
Oh no.

Mai Ling

Herr Grundwirmer und Mai Ling sitzen in einer Möbel-Krüger-Sofaecke.

GRUNDWIRMER Sag amal schön Grüß Gott, Mai Ling, Grüß Gott! – Ich habs erst seit drei Wochen. – Mai Ling hoaßts, des is – des hoaßt – ich heiß ja eigentlich Grundwirmer, und sie natürlich jetzt eigentlich aa. Oiso sozusagen Mai Grundwirmer, geborene Ling. – 2758 Mark und a bissl was, ab Bangkog Airport, hab ich bezahlt, ah, hab ich kommen lassen. Ich muß sagn, des is relativ preiswert, wenn man bedenkt, ah, sie is aus der Provinz. Weil, in Bangkog selber kauft net amal mehr der Amerikaner ein. Des is alles zu verseucht, zu rein marktmäßig. 500 Demark mehr, und ich hätt a Fitnamesin habm kenna – de san noch etwas robuster – des mag sein, da gehn jetzt die Meinungen auseinander, aber, schaun Ses an, de is doch net schlecht, oder? Also ich bin sehr zufrieden. Sie ist äußerst sauber, sie schmutzt nicht, wie der Asiate anundfürsich überhaupt nicht schmutzt. Ich mein ich bin sehr zufrieden, wissen Sie. – Ge, Mai Ling, simmer zufrieden, hahaha, ge, ja ... Freilich, Anpassungsschwierigkeiten lassen sich nicht ganz vermeiden. Rein küchenmäßig betrachtet, ich vertrag ja des Chinesische net aso, mir ham ja da ganz andere Vorstellungen, schon beim Besteck ... I hob glei gsagt, Mai Ling, diese Staberl da – ich habs dann eingschürt, ich habs verbrennt, a paar hab ich ihr glassen, da kanns dann Mikado spuin damit. Nix dagegen. Und ich muß sagen, sie is da sehr flexibel und anschmiegsam. Überhaupts des Schlafzimmer, da sans ja berühmt, die Asiatinnen, da kanntens Deitsche sei. Ich hab ein Schleiflackschlafzimmer, wissen Sie, und ich muß sagen, pikobello, es spiegelt sich alles darin. Und sie is auch ausgesprochen leise. Wenns irgendwo knarzt oder so ein kleines Pochen, ge, könnt ma moana, des is a Mäuserl, des is sie. Sie tritt ja fast kaum auf, sie schwebt förmlich, weils aa nix wiegt. – Sie is a bissl gelb ankommen, ah, i moan, des woaß ma ja vom Asiaten, aber sie is scho sehr gelb ausgfallen, obwohl, sie paßt hier sehr gut rein. Geimpft is aa, geht ja net anders, ich mein, bei Importen is des immer so, da werd sehr drauf gschaut. Obwohl, es hat geheißen: 1 Meter 49 is sie groß. Sie is aber 3 cm länger ankemma, als ma zerscht gedacht hätt, weil ich hab gmeint, a Verwandte von mir, de Anni, de hat a Kinderbett ghabt, da hab i glaubt, daß ich s reinbring, na ja, vom Mobiliar her hab ich halt a bissl – umdisponieren müssen. Des sind halt amal Kosten, mein Gott, die kann man halt sozusagen als Anschlußkosten, äh, ich muß überhaupt sagen, diese Kosten, Taxi vom Flughafen, Anfahrtswege, Standesamt, Gesundheitspaß, Ausweisgebüh-

ren, sie werd ja nachad a Deitsche, des wird extra berechnet. Ich sag des nur für weitere Interessenten – es gibt da Leute, die sind dann doch überrascht, was für eine Kostenlawine sich da auf sie zubewegt. Ich möcht auf alle Fälle sagen, ich bin sehr zufrieden, obwohl ich Einzelabnehmer bin. Auch diese Flitterwoche, die sozusagen absolviert worden ist, hat eigentlich unsere Erwartungen durchaus, – Sie verstehen. Ich war sehr überrascht, diese enorme Exotik, die da plötzlich auf einen zukommt, und drum hat der Asiate auch diese Nachfrage, äh, diese Resonanz in breitesten Kreisen der Bevölkerung. Jetzt passen S' amal auf: Ah, Mai Ling, hol amal Zigaretten, da drüben sinds, Zigaretten – gel, sie versteht schlecht – Zigaretten und Zündhölzel – die da am Tisch liegen, hols amal her, da brings her Mai Ling ... die Zigaretten sollst holen, Zigaretten ...
Mai Ling steht auf und holt Zigaretten und Zündhölzer.
Schaun S', ich hab früher an Ding ghabt, an Schäfer, der is ungern ins Wasser ghupft, ge, wenn ma ihm an Stecka neigschmissen hat, is er auch ... Mai Ling, Zigaretten. Ja, also, sehen Sie, es geht, es ist ein Geduldspiel, die ham ja ein ganz anderes Zeitgefühl. Ma muaß a Geduld habn und a gewisse praktische Psychologie, nachad geht ois.

Punk in der Bank

Evi Zapf und Gerti Meier, beide in wilder Punk-Aufmachung, sitzen im Bank-Betreuungsseparée von Herrn Klaus Röder.

EVI Weil, im Februar ham mei Verlobter und ich uns gedacht, soll die Hochzeit sein, des is a guter Termin, wei, da kennen mir uns dann genau drei Jahre.

GERTI Am 19. Februar wars.

HERR RÖDER Ja, Fräun Zapf, Herr Meier, da darf man ja wohl gratulieren.

EVI Ja, dankschön, ja ...

GERTI Und im Spätherbst kimmt dann was Kleines.

HERR RÖDER Ja, was hört man da! Da kann man ja gleich nochmal gratulieren. Moment mal. *Zieht Sparschwein aus der Schublade.* Hier, für den neuen kleinen Erdenbürger.

EVI Ja, dankschön, gel, vielen Dank.

HERR RÖDER Tja, Herr Meier, auf was tippt denn der angehende Vater, n Junge oder n Mädchen?

GERTI Mir waar a Bua liaba, damit der Name erhalten bleibt.

EVI Ja, aber a Mädl waar schon auch süß, und ich hab ghört, da gibts doch dieses Baby-Sparen ...

HERR RÖDER Sehr richtig, 50 Mark pro Monat, praktisch das Kindergeld. Vater Staat spart mit, hahaha ...

EVI Ja, genau, und da ham mir uns dann gedacht, daß ma des Baby-Sparen vielleicht kombinieren könnt mit m 624-Mark-Gesetz ...

HERR RÖDER Tja, Fräun Zapf, n sehr guter Vorschlag, könnte direkt von mir sein, haha, Baby-Sparen und 624 Mark, da kommt schön was zusammen.

EVI Ja, und dann hätt ma noch a Frage ...

HERR RÖDER Bitte, dazu sind wir ja da ...

EVI Wei, da Gerti hat von seiner Oma a Baugrundstück gerbt ...

GERTI 531 qm in Lochham ...

HERR RÖDER Ja, da kann man ja nur noch gratulieren. Herr Meier, was hört man da ...

EVI Ja, und Sie ham doch damals gsagt, daß mir die Lebensversicherung, die wo mir bei Ihnen ham, auch für sowas kapitalisieren könnte.

HERR RÖDER Natürlich nur teilweise, und unter den entsprechenden Voraussetzungen. Sie meinen, wegen Ihrer Hauspläne.

EVI Ja, genau.

HERR RÖDER Sicher geht sowas, aber ich würde dann aber doch auch vorschlagen, auf alle Fälle n Bausparvertrag.

EVI Des ham mir scho, zwoa.

GERTI Beide scho fast zuteilungsreif.

HERR RÖDER Ja, wunderbar, sehr schön, alles paletti, da nehmen wir noch ne kleine Hypothek, und dem Häuschen steht nichts mehr im Wege.

GERTI Weil, mir ham uns gedacht ...

EVI Der Gerti hat si dacht ...

GERTI Halt dei Mei, wenn i red. Ah, mir brauchn a Doppelgaragn, wega meiner Maschin.

HERR RÖDER Na prima ...

GERTI Und in Keller kimmt a Hobbyraum.

HERR RÖDER Ja fabelhaft ...

EVI Ja, da is jetz no was: De Raten für des Motorrad, de san ja im März abbezahlt, da kannt ma doch glei mit demselben Betrag in an Prämiensparvertrag eisteign, des waar ohne Risiko, wei, da Gerti möcht ja auf alle Fälle im Angestelltenverhältnis bleibn.

GERTI Wei, wissen S', selbständig gangad im Augenblick zwar mehr, aber i wui mit sechzig schuldenfrei in Rente geh, wer woaß, was no ois kimmt.

HERR RÖDER Sehr vernünftig, Herr Meier, da haben Sie vollkommen recht, aber so vernünftig, wie Sie an die Sache rangehn, kann ja eigentlich nichts mehr schiefgehn. Vorausgesetzt natürlich, Sie bleiben gesund, toi toi toi, apropos, ist in Ihrer Lebensversicherung Invalidität mit einbegriffen?

GERTI Ja Himmiarschundzwirn, varreck, wo isn mei Ohrring?

HERR RÖDER Äh, wie bitte?

GERTI Hast man wieda net gscheid higmacht, du blöde Sau!!! Des is jetz scho da dritte Ring!

EVI Weist oiwei z feig bist, daß i dar a Loch ins Ohrwaschl bohr ...

GERTI Zefix!! Wiari einikemma bin, war er no dro. *Sucht.* Jetz suach halt mit, gefälligst!! *Evi sucht auch.*

HERR RÖDER Kann ich irgendwie behilflich sein?

EVI Naa ...

HERR RÖDER War der Ring sehr kostbar?

GERTI Naa, a ganz a billigs Glump ...

HERR RÖDER Äh, ja, nochwas. Haben Sie schon mal was von nem Familiendarlehen gehört?

EVI Naa ...

HERR RÖDER Das wäre doch genau das Richtige für Sie. Das würde ich mir an Ihrer Stelle aber wirklich mal überlegen. Ich darf Ihnen einstweilen hier auf diesem kleinen Merkblatt die Bedingungen mitgeben, das schaun Sie sich dann zuhause in Ruhe mal durch ...

GERTI Kruzifix, grad hab i'n no ghabt ...

EVI Ja so eine Scheiße, oiwei de deppatn Ring ... Ah, da is er ja!

HERR RÖDER Na also, Gottseidank.

GERTI Da hast a Maßl ghabt. Himacha!

EVI *befestigt den Ohrring wieder an Gertis Ohr.* Ja, also, Herr Röder, des Familiendarlehen, des mach ma doch auf alle Fälle, dad i sagn.

HERR RÖDER Ich schlage vor, direkt nach der Heirat, das sind wirklich traumhafte Konditionen, glauben Sie mir.

EVI Ja, dann hätt ma noch a letzte Frage, ah, gibts net auch noch sowas wie a Versicherung, für die Versicherungen, die wo mir bei Ihnen abgschlossn ham?

HERR RÖDER Ja, aber zu was denn?

GERTI Mei, ma woaß ja nie, mir ham uns halt denkt, für alle Fälle ...

HERR RÖDER Ja, aber Fräun Zapf, ein kleines Restrisiko läßt sich im Leben doch nie ganz ausschalten, aber ich an Ihrer Stelle würde doch nicht ganz so pessimistisch in die Zukunft schauen.

EVI Mei, mir ham uns denkt, nur nix am Zufall überlassn.

Zukunftsaussichten

ERNST Als Kunstmaler könnt er an Haufen Geld verdienen.

HILDE Ja, aber bloß, wenn er berühmt is. De meisten von dene verhungern. Ich bin der Meinung, der soll sei Abitur machen, am besten humanistisch, weil des is immer noch ein Fundament. Und dann auf alle Fälle ein Studium. Malen kann er dann immer noch als Hobby, wenn er was Ordentliches glernt hat.

ERNST Aber dann is vielleicht für seine Entwicklung schon zu spät. Als Kunstmaler muß er ganz früh anfangen, sonst werd er nix.

HILDE Soweit dadst as du kemma lassn, daß der an ganzen Tag im Bett liegt und auf a Idee wartet. Da mach ich net mit. Warum soll er denn kein Jurist werdn? Oder Zahnarzt? Des san Spitzenverdiener.

ERNST Mei, aber wenn er Kunstmaler im Blut hat, dann befriedigt ihn des alles net. Dann muß er malen, sonst is er unglücklich.

HILDE Zerscht muß er mal was leisten, wie alle andern auch. Weil, am Numerus clausus, da scheiden sich die Geister. Beim Staat nehmens heut nur noch Einserabgänger, und de wissen, warum.

ERNST Und was is, wenn er Malerei studiert?

HILDE Geh, hör doch auf, des is doch koa Studium, da kannt er dann glei genauso Musiker wern oder Schauspieler.

ERNST Ja, warum net?

HILDE So schaust du aus. Du tatst des Kind total verlottern lassn.

ERNST Mei, wenn mir uns net einigen, macht er vielleicht eines Tages einfach des, was er will. Am Schluß werd er Politiker.

HILDE Mach koane Witz, des Kind kommt zum Staat, als Beamter. Da kann er dann durchaus a Künstler werdn, aber nur fest angestellt beim Staat, A 13 oder so was. Dann meinetwegen.

ERNST De Künstler gehn aber net gern zum Staat, und der Staat nimmts aa gar net gern.

HILDE Eben, drum verhungerns ja alle.

ERNST Der Albrecht Dürer war aa net beim Staat, und er hat gut glebt.

HILDE Vielleicht hat er a Metzgerei nebenher ghabt, des weißt ja du net. Und so, wie der gmalt hat, hat der sicher a Studium hinter sich ghabt.

ERNST Ja, Malerei ...

HILDE Ach! *Fast weinend* Ich find des so gemein, daß du dem Kind alle Zukunftschancen nimmst. Wie soll er denn so amal a ordentliche Existenz aufbaun? Du singst ja aa bloß im Hobbyraum drunten und hast kein Beruf draus gmacht.

ERNST Ich hab ja auch schließlich was anders glernt. *Ein Säugling quäkt.* Hilde, dein Kind schreit.

HILDE *geht zur Wiege, beugt sich beruhigend hinein* Ja, Buzele, der Hansi, jaja, gel, des tust du deiner Mammi nicht an. Du wirst mir amal kein Kunstmaler, gel, jaja ...

Mensch-ärgere-dich-nicht

Karl und Gudrun spielen mit ihrem Sohn Heinz-Rüdiger Mensch-ärgere-dich-nicht.

KARL *würfelt* Sechs. Eins, zwei, drei, vier, fünf, sechs und *würfelt* Drei. Eins, zwei, drei. Haha, jetzt muaßt naus, Heinz-Rüdiger. *Setzt ein Spielhütchen wieder an den Anfang.*

GUDRUN *würfelt* Vier. Eins, zwei, drei, vier. Haha, nomal naus. *Setzt ein Spielhütchen auf Anfang* So, jetzt bist du dran, Heinz-Rüdiger.

HEINZ-RÜDIGER *will nicht.*

KARL Da wird schön anständig gewürfelt!

GUDRUN Des Spiel heißt Mensch-ärgere-dich-nicht. Gel, komm jetz spiel schön anständig.

KARL Ja was is denn? Werd da gspielt oder net?!
Wütend Des muaßt von der heiteren Seite nehmen, is doch a Spiel! Da, jetzt würfel gefälligst!

HEINZ-RÜDIGER *bockt.*

GUDRUN Ja Herrschaftzeitn, hörst du schlecht?! Du bist dran! Malefitzkrippl, jetzt wird gwürfelt!

KARL Jetz wennst net glei würfelst, na würfel ich für dich!!

GUDRUN Hast des ghört? Tu an Bappa net reizen. Jetz spiel schön ordentlich, sonst spielt der Bappa für dich!

HEINZ-RÜDIGER *bockt.*

KARL Gut, dann spiel ich für dich. *Würfelt.* Eins ... Haha, bloß an Einser.

GUDRUN Siehst, des hast jetzt davon.

KARL Jetzt hast dann verloren. So, und jetzt komm ich ... *Würfelt* Drei ... Da schau her! Jetzt bist ganz draußen.
Karl und Gudrun lachen.

HEINZ-RÜDIGER *räumt das Spiel ab.*

GUDRUN Ja spinnst jetzt du?!

KARL Du Rotzlöffel!! *Haut Heinz-Rüdiger eine runter.* Dir werd ichs Spielen no beibringen, mei Liaba!! Jetzt baust es wieder auf, genauso wies war, und dan werd anständig gspielt! Ja, wo sammer denn?

GUDRUN Dir wern mas Spielen no beibringen, du Saukerl. Des machst net nomal!!

KARL Und des sag i dir glei, wenn mir jetz nach Italien fahrn, na werd des Spiel mitgnommen. Na werd solang gspielt, bis du den Ernst von so am Spiel begreifst, du Hundsbua!

GUDRUN Daß des Kind a so infantil is. Der hat zum Spielen einfach koa richtige Einstellung.

Kinderdressur

Karl und Gudrun Bäumel sitzen im Wohnzimmer in zwei Sesseln. Tochter Yvonne steht unbeteiligt herum.

GUDRUN Yvonne, jetz mach amal schön deinen Purzelbaum ...
KARL Jetz machts gleich an Purzelbaum, jetz passen S' auf ...
GUDRUN Purzelbaum!
KARL Machn amal, mach amal schön den Purzelbaum.
GUDRUN Sie kann ihn nämlich.
KARL Kimm jetza, Yvonne, mach amal den Purzelbaum.
GUDRUN Mach schön Hoppihopp ...
KARL Sie machtn glei, jetzt warten S' ...
GUDRUN Hoppihopp!
Yvonne bohrt in der Nase.
KARL Ja was is jetz, mir ham doch gsagt Purzelbaum. Ham mir net gsagt Purzelbaum? – Gel mir ham gsagt Purzelbaum.
GUDRUN Sonst machtsn immer mit Begeisterung. Yvonne, schön hoppihopp.
KARL Manchmal braucht ma a Geduld. Yvonne, Purzelbaum. Purzelbaum!
GUDRUN Vielleicht liegts am Föhn ...
KARL Geh, heut is doch gar koa Föhn.
GUDRUN Freilich ham mir heut an Föhn ...
GUDRUN Tu amal pfeifen ... Schön pfeifen ...
KARL Wie geht denn pfeifen?
GUDRUN Pfeifen!
KARL Sie pfeift aa gern. – Tu amal pfeifen!
GUDRUN *beginnt zu pfeifen.*
KARL Net du, as Kind soll pfeifen.
GUDRUN I machs ihr ja nur vor, wies geht.
KARL A geh, sie kanns doch schon ...
GUDRUN Manchmal muß mas ihr vormachen. *Pfeift wieder.*
KARL Wenns pfeift, des is goldig. Ehrlich ...
GUDRUN So, Yvonne, jetzt wirds aber Zeit, jetz machst amal endlich dein Purzelbaum.
GUDRUN Herrschaft, Yvonne, Hoppihopp, mach gefälligst dein Purzelbaum!! Hoppihopp!!
KARL Befehlen hilft garnix. Befehlen hilft garnichts.
GUDRUN Also, i versteh des Kind net. Sonst machtsn doch auch immer ...
KARL I gib ihr jetzt passen S auf – wo ham mir denn die Keks?
GUDRUN Keks ham mir koa mehr, bloß noch an Schoklad.
KARL Hol ihn!
GUDRUN *steht auf und holt Schokolade.*
KARL Jetzt gibts Guti. – As Wort Schoklad verstehts no net. Sie sagt zu

[NOCH KARL] allen Süßigkeiten Guti. Aber, wissen S', was sie scho sagn kann? Blätterteig. – Sag amal Blätterteig. – Sagst du Blätterteig …

GUDRUN *kommt mit Schokolade.* Da, Yvonne, feines Guti, aber dann machst an Purzelbaum.

KARL Naa, Blätterteig solls sagn.

GUDRUN Nanaa, an Purzelbaum solls machn.

KARL Geh red koan Schmarrn. Zerscht solls Blätterteig sagn. Du bringst ja des Kind ganz durchanand.

GUDRUN Du bringst as durchanand. Da, Yvonne, tu schön Schokolad essn. Feines Guti …

KARL Wissen S', was aa scho sagn kann? Des Wort Finderlohn.

GUDRUN Wo ses nur herhat …

GUDRUN Schön Purzelbaum, Yvonne, schön Purzelbaum – Hoppihopp! Hoppihop … Ja, was is denn, Hoppihopp!

KARL Psst, sei stad, mach mas anders. Jetz paß auf schau her, Yvonne …

GUDRUN Jetzt paß auf, was der Pappi macht.

KARL Soo … *macht Purzelbaum.*

GUDRUN *dazu* Hoppihopp. So is schön.

KARL So gehts. Sie kann ihn fei aa.

GUDRUN Sie machtn scho genausoguat …

KARL Wissen S', sie soll amal Eiskunstläuferin werdn.

GUDRUN Oder Paarlauf.

KARL Oder Ballett.

GUDRUN Nein, nicht Ballett, Eiskunstlauf.

KARL Spezialisiern kann sie sich ja dann immer noch.

GUDRUN As Wichtigste is, daß ma mit sowas ganz früh anfängt.

KARL Wissen S', so Pirouetten drehn und so …

GUDRUN An Trainer ham mir schon.

KARL Es is a Kindertrainer, der trainiert nur Kinder.

GUDRUN Der hat aa gsagt, man kann garnicht früh genug anfangen.

KARL Kost fei a Heidngeld.

GUDRUN 50 Mark in der Stund –

KARL Und d Stund hat nur 45 Minuten bei de Kindertrainer. 50 Mark muaß ma scho hilegn, unter 50 Mark geht garnichts.

GUDRUN Aber der Trainer hat auch gsagt, daß sie sehr begabt is. Gel, Yvonne, mir sind sehr begabt – wo isn?

KARL Ja, wo issn?

GUDRUN Yvonne? Yvonne, wo bist du?

KARL Yvonne, wo bist du!?

GUDRUN Yvonne, Hallo? – Is nausganga …

KARL Geh, hols wieder rein. Sie hat no koan Purzelbaum gmacht …

GUDRUN *geht* Sie is nausganga …

KARL *wartet* Herrschaft, wartens S' *Geht auch.*

Leere Sessel. Nebenan Stimmen.

KARL Yvonne, jetz geh ma wieder da nei ...

GUDRUN Du sollst doch Hoppihopp machn. Du hast doch dein Hoppihopp noch garnet gmacht.

KARL Und Blätterteig hats aa no net gsagt.

GUDRUN Sie wui aa den Schoklad net, i woaß garnet, was isn mit ihr los ...

KARL So, Yvonne, jetz geh wieder nei ins Wohnzimmer, und dann machst schön dein Hoppihopp.

GUDRUN Purzelbaum, schön Purzelbaum.

KARL Und Blätterteig, schön Blätterteig ...

KARL So, Yvonne, jetz mach amal endlich dein Purzelbaum! Des Kind is heut wie verstockt.

GUDRUN Hoppihopp!! Zum letztenmal, Yvonne, mach deinen Purzelbaum!! – Sonst derfst heut nicht fernsehn.

KARL A ganze Woch derfs nimmer fernsehn. Eine ganze Woche darfst du nicht mehr fernsehn, daßd as genau woaßt.

Yvonne macht einen Purzelbaum.

KARL Ja, endlich.

GUDRUN Is ja aa Zeit worn.

KARL Sehn Sie, es geht.

GUDRUN Sie is halt a begabtes Kind.

KARL Gel, mir hams immer gwußt, sie kann des. Mühelos.

YVONNE *völlig unbeachtet* Finderlohn.

Liebe Trudl

Karl und Gudrun Bäumel sitzen in einer Wohnküche, ein Kassettenrecorder steht aufnahmebereit auf dem Küchentisch. Heinz-Rüdiger sitzt mürrisch daneben.

KARL Also, hör mir uns amal an, was mir scho habn. *Schaltet Band ein.*

STIMME KARL Liebe Trudl, wir machen jetz amal ganz was Neues, mir schicken euch amal statt am Brief eine von uns besprochene Kassette nach Australien.

STIMME GUDRUN Zuerst amal, liebe Trudl, alles Gute zum Geburtstag ...

STIMME KARL Ja, alles Gute zum Geburtstag ...

STIMME GUDRUN Bleib gesund und munter ...

STIMME KARL und laß amal wieder von dir hören, wenn du diese Kassette ...

STIMME GUDRUN Also, liebe Trudl, uns ...

STIMME KARL abgehört hast. Im Zeitalter der Technik is des ja direkt a Erleichterung, ich war ja sowieso kein großer Briefschreiber, wie du weißt. Hahaha ...

STIMME GUDRUN Also uns gehts allen gut, und wie gehts euch so? unser ...

STIMME KARL Es is scho a echte Erleichterung, man muß diese neuen Techniken bloß ausnutzen ...

GUDRUN Da, hörst as selber, du laßt mich nie zu Wort kommen ...

KARL Psst! Hör zu ...

STIMME KARL Mir ham bisher immer nur diese Musikkassetten gehabt, aber so a eigene Bandaufnahme, des is halt amal ganz was anders ...

STIMME GUDRUN As Wichtigste is doch, daß ma gsund is, und weil mir schon bei der Gsundheit sind, hoffentlich seid ihr auch gesund.

STIMME KARL Wenn ihr jetzt das Band gehört habt, könnt ihr uns dann ja auch eine besprochene Kassette zurückschicken ...

STIMME GUDRUN Der Heinz-Rüdiger hat bis vorige Woche die Masern ghabt, aber er hats jetz gut überstandn.

STIMME KARL ... des hat den Vorteil, daß ihr uns dann keinen Brief schreiben müßts.

STIMME GUDRUN Die ersten Tage danach hat er noch ...

STIMME KARL und mir können des dann auch hier wieder abhören ...

GUDRUN Also nie laßt er mich ausredn ...

KARL Psst, horch amal, i glaub, des eiert ...

STIMME KARL ... also, es is scho gigantisch, wenn ma sich vorstellt, deine Stimme geht dann um die halbe Welt, und unsere jetzt dann praktisch auch.

STIMME GUDRUN Jedenfalls, der Heinz-Rüdiger is wieder wohlauf.

STIMME KARL So, da hab ich jetz auch den Heinz-Rüdiger neben mir sitzen, und der will dir auch noch was sagen ... *Nichts kommt.*

GUDRUN Du hättst ruhig was sagn können, Stoffel.

STIMME GUDRUN Sag halt was!

STIMME KARL Ja was is denn?!

STIMME GUDRUN I glaub, er geniert sich a bißl ...

STIMME KARL Da is des Mikrofon, da werd neigred!

KARL Irgendwie eiert des.

GUDRUN Aber ma versteht eigentlich ois.

STIMME KARL Ja Herrschaftszeitn Malefitz, hörst du schlecht, du sollst der Tante Trudl zum Geburtstag gratulieren!

STIMME GUDRUN Schalt as Band aus.

STIMME KARL Du elender ... *Bandaufnahme reißt ab.*

KARL Des lösch mir am Schluß.

GUDRUN Weilst aber auch einfach net neigred hast!

KARL As nächstemal sagst was! So Achtung, Band läuft wieder. Ja, jetz hab ich mirs grad anghört, wahrscheinlich eiert des bei euch a bißl ...

GUDRUN Aber mir hoffen, ihr versteht alles ...

KARL Wenns eiert, liegt das nicht unbedingt an euerm Recorder, sondern vielleicht am Band. So, aber der Heinz-Rüdiger is wieder neben mir und will unbedingt auch was sagen.

GUDRUN Sag halt was.

KARL Saubua. – Ja, der Heinz-Rüdiger kommt mit den neuen Techniken noch net so ganz klar, aah, mir nehmen halt derweil was anderes auf.

GUDRUN Aber er läßt auf alle Fälle schön grüßen, und er bedankt sich auch sehr für den schönen australischen Medizinmann. *Heinz-Rüdiger bohrt in der Nase.* Laß des!!

KARL *schaltet das Band ab.* So und du derfst jetz nix mehr auf des Tonband sagn, daßt es genau woaßt, Saubua. – Ja was kannt ma eahna no aufnehmen?

GUDRUN Mei, nimm doch de neue Geschirrspülmaschine auf, des is für die Trudl sicher interessant, weil sie selber hat ja koane, sowas ham de net in Australien.

KARL Ahja, des is a Idee. Also paß auf, du gehst jetz an die Maschine, und wenn ich dir a Zeichen geb, dann laßt as laufn, und ich nehms auf.

GUDRUN Da, iß den Sandkuchn vollns auf, weil, wenn mas scho laufn laßt, na spül ma auch glei was.

Gudrun nimmt den Sandkuchenteller und räumt ihn in die Spülmaschine, Karl präpariert das Mikrofon und beißt in den Sandkuchen.

KARL Achtung Aufnahme!

Gudrun schaltet Maschine ein.

KARL Halt halt, no net, erst wenn ich Zeichen geb!

GUDRUN Naa, jetz laufts scho ...

KARL *laut* Liebe Trudl, was du jetz hörst, des is unsere neue Geschirrspülmaschine, die hat sogar einen eingebauten Trockner.

GUDRUN Den Trockner hört ma aber net.

KARL Die Maschine spült 10 Geschirreinheiten komplett in 17 Minuten. *Eine Trambahn fährt vorbei.*

GUDRUN Aus, machs aus, d Trambahn …

KARL Naa. Ah, Trudl, des Nebengeräusch, was du jetz grade gehört hast, des war die Trambahn.

GUDRUN Des is unsere Linie 4.

KARL Aber ich hoffe, du hast doch an Eindruck, wie so a Geschirrspülmaschine ungefähr funktioniert, obwohl dieses Modell nicht nach Australien exportiert wird. – Jaa …

GUDRUN Uns gehts gottseidank allen recht gut …

KARL Des ham mir schon. *Schaltet ab.* Ja, was könnt mir denn noch …

GUDRUN Wieviel ham mir denn schon aufm Band?

KARL Ungefähr fünf Minutn.

GUDRUN Wieviel hatn so a Band insgesamt?

KARL Neunzig Minuten.

GUDRUN Was, so vui, des werd ja nie voll …

KARL Ja, so schnell net …

GUDRUN Weißt was, schreib mir ihr halt derweil zum Geburtstag noch amal an Brief, und schicken ihr die Kassette as nächstemal.

KARL Obwohl, des reicht doch derweil, da hats dann aa scho an Eindruck.

GUDRUN Naa, fünf Minutn, des is zwenig, da müß ma scho an Begleitbrief dazuschickn.

KARL Also gut. Aber auf den Brief schreibt dann er auch an Gruß drauf. *Deutet auf Heinz-Rüdiger.*

Fredis Geburtstag

Oma Hienrainer trägt ein kleines Schächtelchen herein, stellt es auf einen gedeckten Tisch, neben die Geburtstagstorte, Opa Hienrainer kommt mit einer Schachtel, stellt die Schachtel neben Omas Schächtelchen, will hineinschauen, Oma kommt mit einer Kerze.

OMA Laß doch, setz dich her, jetz muß er gleich kommen.

OPA Ja, er kimmt gleich, unser Bub. Was hast denn du eahm gschenkt? Laß mi neischaugn.

OMA Naa, jetz is scho zuabacklt. – Is des von dir? Sag?

OPA Ja, des is fürn Bub.

OMA So. Was hast denn drin? Ha?

OPA Ja, das werd ich dir jetzt nicht sagn, net, des is ja für dem Fredi.

OMA Des woaß i scho, meinst, des meine is net fürn Fredi?

OPA Es is schon ein erfreulicher Tag.

OMA Ja, da hast recht. *Versucht, in Opas Schachtel zu gucken.*

OPA Laß das stehn, da, gell, da wos hinghört, damit ers gleich hat, dann. *Oma räumt die beiden Geschenke in eine symmetrische Reihe.*

OPA Damits auch a Gsicht hat, wenn er kommt ...

OMA *versucht wieder in Opas Schachtel zu schauen.* Mit was fangt denn deins an?

OPA Da werd net neigschaut, gell, des ist eine Überraschung für dem Fredi.

OMA Sag halt wenigstens die Anfangsbuchstaben ...

OPA Eigentlich, ist es ein, eigentlich ist es ein – ein Ka.

OMA Mit Ka?

OPA Mhm.

OMA Kasterl?

OPA A Kasterl, i werd so blöd sein und in des Kasterl a Kasterl reintun, net. Da kann er ja nix anfangen. Nein, es ist etwas Nützliches, net.

OMA Kugelschreiber ...

OPA Nein, etwas Nützliches und beginnt mit Ka.

OMA Kugelschreiber!

OPA Wo er doch fast nie schreibt, der Bub. Er hat doch ganz andere Interessen. Net.

OMA Ja, des is wahr, gschriebn hat er uns nie, wie er so lang weg hat müßn, seinerzeit.

OPA Ja, schreiben tut er wirklich sehr ungern.

OMA Aber durchsetzn, des kann er sich.

OPA Er hat an Appetit, den hat er immer ghabt, aber schreibn, naa.

OMA Scho gut, wenn ma a selbständigs Kind hat.

OPA Es ist schon ein erfreulicher Tag. – Jetzt sag amal, was is jetz da drin?

OMA Da?

OPA Sagst as net?

OMA Mit Er fangts an.

OPA Mit Er fangts an, aha, er – ein er, ein ernstes Buch?

OMA Ah geh, lesn tut er doch auch net.

OPA Ja, des stimmt auch wieder. – Ein Radioteleskop?

OMA Geh, wo kann da a Radio drin sei?

OPA Ja, heutzutag, wo die Technik a so fortschreitet, net, des woaß ma nie. Aber vielleicht ist es ein ...

OMA Er – I ...

OPA Hackbrett!

OMA Warum, des fangt doch mit Ha an.

OPA Ja, aber Brrrett, ah so ja, da hast jetz du wieder recht. – Des geht fei net, also so ham mir des net, gell, es is doch ein Krampf, wenn der Bub reinkommt, und sieht die Sachen, und nachher muß er erfahren, daß mir die Sachen selber noch net gsehn ham. Net.

OMA Ja, eben, genau.

OPA Was macht denn des für an Eindruck? Ha?

OMA Hahaha, a Ketterl hat er.

OPA Finger weg!

OMA Du, i hab fei a Ringerl.

OPA So.

OMA Komm, jetz zeigst es ganz.

OPA Aber mir schaun gemeinsam. Müß ma aber aufpassen, daß mir nix, daß mirs genauso wieder hinlegen.

OMA Gell, net daß er merkt, daß mirs scho wissn, net. Also, aufdiebläze, feertig ...

Man hört ein schweres Motorrad näherkommen. Opa geht zum Fenster, Oma springt auf, holt Streichhölzer und zündet die Kerze an.

OMA Mei, schnell, schnell ...

Man hört Krachen und Fluchen von draußen.

OMA *zündet Kerze an* Hörstn?

FREDI *stürmt herein* Servas. *Setzt sich an den Tisch, packt die Geschenke aus. Omas Päckchen: ein Schlagring.* Do habts aba aa net den teierstn kaaft. I hätt doch den aus Mangan wolln. *Haut mit dem Schlagring auf den Tisch.* Der da is a Glump. *Wirft ihn auf den Boden, Oma hebt ihn wieder auf. Fredi packt Opas Päckchen aus: eine Motorradkette. Er strahlt.* Siehgst Oma, da Opa woaß, was unsaoana braucht. *Haut mit der Kette in die Geburtstagstorte.* Geh weider Oma, hast nix Gscheids zum Essn da?

OPA Geh, also na ...

OMA Jaja, unser Fredi ...

Fredi schmeißt die verstümmelte Torte aus dem Fenster.

Das Abitur

FRAU GSCHWENDTNER Guten Tach, Frau Fitztum.

FRAU FITZTUM Ja grüß Gott, Frau Gschwendtner, was kriegen wir denn?

FRAU GSCHWENDTNER Geben Sie mal zwei Eier und ein Viertel Butter. Wie gehts sonst, Frau Fitztum?

FRAU FITZTUM Ja mei, es muaß schon, Sie wissen ja, mei, unser Anni, wissen Sie, mir schwitzen, weil unser Anni macht jetzt das Abitur, net, mir habn gsagt, mei, bitte, mir habn gsagt, gel, mir habn jetzt einen Perserteppich, net, wir haben einen Farbfernseher, gel, also aufs Abitur kommts jetzt auch nicht mehr drauf zamm, habn mir gsagt, gel.

Köstlichkeiten aus Küche und Keller

D'Anni hat also auch gsagt, sie würd a Salmonellen-vergiftung jeder Fischvergiftung vorziehn.

Mahlzeit

Ein Mann und eine Frau stehen in einer Kantinenschlange. Andere Kantinenbesucher kommen vorbei.

MANN Ah, Mahlzeit ...

FRAU Mahlzeit.

MANN Ja, was gibts denn heute, Hackbraten mit ... *Zu einem Passanten* Mahlzeit – Heut gibts Hackbraten mit gemischten ...

PASSANT Mahlzeit.

MANN Mahlzeit.

FRAU Mahlzeit.

MANN ... mit gemischten Gemü ...

PASSANT Mahlzeit.

MANN Ja, Mahlzeit.

FRAU Mahlzeit.

MANN Heute Hackbraten mit gemischten Gemüse, aber des hats doch gestern, ham mir doch ghabt, Königsberger Klopse ...

PASSANT Mahlzeit.

MANN Mahlzeit.

FRAU Mahlzeit.

FRAU Also, Königsberger Klopse, das glaub ich nicht, die gabs doch am Dienstag ...

PASSANT Mahlzeit.

MANN Mahlzeit.

FRAU Mahlzeit.

FRAU Am Dienstag, da gabs ah, geschmorten ...

MANN Naa, da habn Sie nicht recht, weil ...

PASSANT Mahlzeit.

MANN Mahlzeit.

FRAU Mahlzeit.

MANN Des glaub ich nicht, weil, geschmorte Rippchen, jetz weiß ichs, die geschmorten Rippchen, hats am Donnerstag gegeben ...

PASSANT Mahlzeit.

MANN Ja, Mahlzeit.

FRAU Mahlzeit.

MANN ... wo sie – *zu Passanten* Mahlzeit – wo Sie, eh Schweinefleisch chinesisch, des war am Mittwoch.

PASSANT Mahlzeit.

MANN Mahlzeit.

FRAU Mahlzeit.

FRAU Schweinefleisch chinesisch war Montag ...

MANN Heute gibts ein Eisbein ...

FRAU Heute gibts den Hackbraten. Mahlzeit.

MANN Ja, richtig, heute gibts den Hackbraten. Jetz ham mirs, der vorige-Woche-Hackbraten, der is ja abgeschafft worden, weil, da ham sie doch diese Fleischklöße mit dieser ...

PASSANT Mahlzeit.

MANN Mahlzeit.

FRAU Mahlzeit.

MANN ... mit dieser Tomatensoße ham sie dann – Mahlzeit – eingeführt.

FRAU Also, ich weiß nicht, ich kann mich, also meine Galle, ich ich, ich geh nach meinem Magen, nach meinem Wohlbefinden, nich wahr. Also mir kommt vor allem Donnerstag, es ist ganz egal ob das Kassler ist, oder dieses Kabeljaufilet, es ist immer ...

PASSANT Mahlzeit.

MANN Mahlzeit.

FRAU Mahlzeit.

FRAU ... gerade am Donnerstag kommt mir besonders problematisch vor.

PASSANT Mahlzeit.

MANN Mahlzeit.

FRAU Mahlzeit.

PASSANT Guten Appetit.

Der Mann und die Frau starren entgeistert dem Passanten nach.

FRAU Wer isn das?

MANN Mei, a Neuer ...

Ein Lebenskünstler

Zwei Herren sitzen sich an einem Tisch in der Kantine des Allianz-Versicherungskonzerns gegenüber. Der eine Herr spricht den anderen an.

HERR Na, schmeckts? Ja, also ich muß auch sagn, also, die Debreciner sind ja drüben bei der BMW besser. Gestern ham mir ja, gestern, am Dienstag war des, ja, da ham mir Kalbsragout bürgerlich ghabt, des hab ich aber drübn gessn, in der Münchner Rückversicherung. Des war ganz gut durch, also, es geht. Aber des Tiroler Gröstl bei der AGFA, des is Spitze. Also des is einwandfrei. Gel. Und so, sagn mir mal, was Deftiges, Wollwürste und so was, da würd ich sagn, nur zum Siemens. Da würd ich garnet wo anders hingehn, net. Spaghetti napolitain, des kann ma mal an am Mittwoch oder so essn, da geht ma halt amal ins Kultusministerium rein oder zur Stadtverwaltung, nicht schlecht, aber sagn mir mal: auch net des ... Kaiserschmarrn am Freitag oder Forelle frisch, da würd ich ja unbedingt versuchen, zur Landesbausparkasse reinzugehn, weil die sind nicht zu schlagen. Diese Forellen, die sind also wunderbar, die zergehn auf der Zunge, gel. Aber Weihnachten, da eß ich dann doch lieber daheim.

Der internationale Feinschmecker

Ein Imbißwohnwagen, daneben ein Resopaltisch zum Stehverzehr. Rauch von altem Öl aus dem Inneren des Wagens. Zwei Herren nähern sich in angeregter Unterhaltung dem Imbißstand.

HERR I Skandinavien, gastronomisch eine Wüste, ich bitte Sie, Knäckebrot, Seelachs – äußerst einseitig. Was habens denn sonst da droben? Von Finnland möcht ich lieber ganz schweigen. Was diese armen Hunde zu sich nehmen müssen!

HERR II Aber vielleicht ...

HERR I Ach hören Sie mir doch auf damit! Spanien! Habn Sie mal a Paellia gessen?

HERR II Ja.

HERR I Na also, dann wissen Sie ja, was los is. Und dann diese Weine. Brrrr!! Entsetzlich. Ich meine, Italien, natürlich vielleicht gibts hie und da mal eine Lokalität, wo man speisen könnte, aber insgesamt betrachtet muß man auch Italien ad acta legen. Diese ewigen Teigwaren, ich kanns nimmer sehn. Auch gewürztechnisch is der Italiener doch infantil.

Die beiden sind an dem Wurststand angelangt.

HERR I Ach bitte, geben Sie mir ein Nierenschaschlik. Mit doppeltem Ketschap.

HERR II Mir ne Cörrywurst, bitte.

HERR I Auch hier in Deutschland, mein Gott, ein paar Schmankerln, aber sonst, die deutsche Küche is ja praktisch tot. Das heißt, sie is ja garnicht existent, eigentlich hat es sie ja noch nie gegeben. *Neue*

[NOCH HERR I] *Fettwolke aus dem Imbißwagen.* Die deutsche Gastronomie is ja ein Widerspruch in sich, verstehn Sie. Wissen Sie, ich habe mir angewöhnt, wenig zu essen, aber wenn, dann ohlalá!

HERR II Geben Sie mir ne Fanta.

HERR I Ja, mir auch. Wissen Sie, eine Mahlzeit, kein Futter, das gibt es doch nur in Frankreich. Eventuell noch was Chinesisches, aber selbst das ... *Winkt ab.* Ich sage nur: Bocuse, Häberlin, besser gesagt Aberlää, Winzigmann ... Mmmh, diese Sorbets, diese Parfaits, haben Sie schon mal Cuisson au court bouillon gegessen, oder ein Volaille des Bresse à la broche?

HERR II Sie meinen Brathuhn?

HERR I Ach! *Winkt unwillig ab.* Oder Poularde des Bresse truffée mère Brazier, paupiettes de veau undsoweiter und dazu einen 67er Sancère oder einen 64er Chablis. *Nimmt einen Schluck Fanta.* Zum Wild dann eher Bordeaux. Wissen Sie, hier ernährt man sich. Aber essen, richtig essen kann man nur in Frankreich. Nur in Frankreich! *Beißt in sein Nierenschaschlik, mit Kennermiene* Mmm, sehr gut.

Der Softbiß

VERTRETER Ich habe hier ein paar Knäckebrote. Darf ich Ihnen was anbieten? Wenn Sie vielleicht einmal unser Rustikalknäcke versuchen wollen? Bitte.

EINE DAME Danke. Knack, knusper knusper knurpsch.

VERTRETER Mh? Schmeckts Ihnen gut?

EINE DAME Mhm. Knirsch knursch knurpsch.

VERTRETER Ist nicht schlecht? Oder wir haben unseren Smörrebrödknäck, versuchen Sie doch mal –

PUBLIKUM knurpsch kau kau schluck.

VERTRETER Oder unser Lapplandcracker, das ist der Schlager, äh, der sich seit, äh, schon seit Monaten bewährt hat, ein neues Produkt. Darf ich Ihnen mal einen Lapplandknäcker –

EIN HERR Mhm, sehr gut. Krunsch, krups krups krups.

VERTRETER Dann haben wir hier einen Extraknäck. Die Dame vielleicht, ein Extraknäck?

EINE DAME Danke. Knirsch knursch rumpsch. Mhm, sehr gut.

VERTRETER Finnisches Landknäcke, wenn Sie versuchen wollen? Hier der Herr vielleicht? Ein finnisches Landknäcke, ist sehr gut. Oder ein Bioknäck? Das ist unser Reformschlager. Wenn Sie mal vielleicht versuchen wollen?

EINE DAME Mhm gern, danke. Krach kruch krucks rucks rucks.

VERTRETER Und dann haben wir ein, ein –

EINE DAME Mmmmm –

VERTRETER Ein gutes Milchknäckebrot, das auch sehr gut ... schmeckt es Ihnen?

PUBLIKUM Mhm. Mhm. Schlurz, schluck, gülp.

VERTRETER Sind Sie zufrieden?

EINE DAME Mhm ja, sehr gut.

VERTRETER Vielleicht unser Milchknäcke, wenn Sie mal versuchen wollten?

EIN HERR Knirps knirsch knirsch krach rumps pumps pumps.

VERTRETER Dann hätten wir ein nordnorwegisches Hirtenknäcke, äh, das ist für verträumte Stunden. Wenn Sie vielleicht mal versuchen wollen –

EINE DAME Krich. Mhm. Krungs, klings, rupsch.

VERTRETER Ist gut gell? Ja?

EINE DAME Sehr gut. Kau kau.

VERTRETER Dann haben wir Seemannstod. Das ist besonders knackfreudig, äh, ein ganz besonders gutes, äh –

EIN HERR Seemanns ...?

VERTRETER Seemanns ... äh-tod, heißt es, ja. Dann vielleicht ein Holzfällerknäck aus Mittelschweden. Wenn Sie mal versuchen wollten?

EIN HERR Aha. Krach kruch kracks knirsch rumps rumps.

VERTRETER Also unser ... wir haben also uns bemüht, wirklich, mit unseren Variationen ... Oder für die Kleinen, da komm mal her, ein Knacki-Knusperle!

KIND Mampf mampf knirps.

MUTTER Wie sagt man?!

KIND Danke! Knacks knirsch mampf.

VERTRETER Dann haben wir ein bröselfreies Diätknäcke. Wenn Sie mal vielleicht versuchen wollen?

EINE DAME Mhm, danke. Schluck schlürf schlürf.

EIN HERR Darf ich noch so ein Hirtenknäcke haben?

VERTRETER Selbstverständlich, bitte ein Hirtenknäcke. Vielleicht ein Bioknäck?

EIN HERR Danke.

VERTRETER Ja, und dann hätten wir noch aus Dänemark etwas Besonderes, das ist etwas ganz Neues, das ist unser Flauschiknäck, ein smarter Weichknäcker mit dem Softbiß.

HERR Mhm, sehr gut. *Stille.*

VERTRETER Das ist der Weichknäcker ...

HERR Mmh. *Stille.*

VERTRETER Und das ist der Softbiß. Ist mal was ganz anderes, oder?

Pommes frites

In einer Diskothek läuft in voller Lautstärke der Saisonhit »Baby Baby, I like it«. Dazu eine kraftvolle Unterhaltung zweier Gäste.

GAST I Früher hats doch gar keine Pommes frites gegeben!!
GAST II Wen?!
GAST I Pommes frites!!
GAST II Wen? Fritz?!
GAST I Nein, Pommes frites hats doch früher nicht gegeben!!
GAST II Ja, des kann schon sein!!
GAST I Früher haben die doch gar keine gute Soße, die haben die doch früher ...!!
GAST II Ja, ich verstehe, die haben ja, früher gabs ja noch gute Soßen!!
GAST I Was?!
GAST II Gute Soßen!!
GAST I Ja, gute Soßen!!
GAST II Jaja, gute Soßen, und nicht immer diese Pommes frites!!
GAST I Ja, diese Pommes frites, des is ja ...!!
GAST II Das nimmt ja ständig überhand, weil man ständig nur diese Pommes frites hat!!
GAST I Ja genau. Ich kann sie schon nicht mehr sehn, diese Pommes frites!!
GAST II Wen?
GAST I Pommes frites!!
GAST II Ja!!
GAST I Und a gute Soße, könnens gar nimmer machen, gel!!
GAST II Nein, eine gute Soße machen sie heut nicht mehr!!
GAST I Ja genau. A gutes Soßerl findet man ja nirgends mehr, weil sie nur Pommes frites machen!!
GAST II Ja genau, Pommes frites. Hähä, Pommes frites, gel!!
LAUTSPRECHER Baby Baby, I like it, do it do it do it do it do it do it again.

Der Kaiserschmarrn

KELLNER Buongiorno signore.

GAST Buongiorno. Eh, prego la la carta.

KELLNER Si, si, prego signore.

GAST Eh, vogliamo, mh, una mhmh, una bistecca, una bistecca con insalata e poi un, mh, un una diserto, prego. Was möchtest du Schatz? Mh, ja mhmh, vogliamo una ... vielleicht einen Karpfen? Carpe, aa ... avete avete carpe? Eheh, poi una ... vielleicht ein kleines, ein Dessert? Nehmen wir vielleicht Kaiserschmarrn. Wir ... vogliamo ... vogliamo narretia del imperatore, si, ma subito, nichtwahr. Subito, perchè abbiamo fame e sete.

KELLNER Also entsuldigen Sie mein Herr, aber is ich so, weil die Kuchel hat son geslossn, ge, kemmer gar nix mehr machen, nur noch Getränke gibts.

Die Fleischfliege

EIN WIRT Ja, in meinem Restaurant sind eigentlich ganz wenige Gäste gestorbn, genauer gesagt, bloß oana, und da is des dann doch eine Gemeinheit, wenn da ständig behauptet wird, daß mir die Gäste da herin nur so wegsterbm, weils immer sagn wega meina Gulaschsuppn. Sollte eine Gulaschsuppn jemals an Oguu ghabt ham – a bißl a Wasser, net, etwas Zitrone, ja, da hab ich noch jeds Supperl auf Vordermann bracht. Wenn einer an so ana Suppn stirbt, na muaß er scho vorher was ghabt habm. – Überhaupts, mit dem Sterbm, des is so eine Sache. Ich erinnere mich genau, mir ham in Niederbayern gwohnt, in der Nähe vom Friedhof, net – es war ein heißer Sommertag, Augusthitze, mir ham gspielt, ich und meine Spielkollegen, na denk ich mir, schaust amal nei ind Auslag. Vom Leichenschauhaus. – In einem herrlichen Eichensarg liegt er drin. Da Grünäugl. Ringsumher wars ganz stad. Auf einmal seh ichs bsssssrrrrsssrrr – so groß, grünlich schillernd, unappetitlich, eine Fleischfliege, ein Brummer, is se am Grünäugl auf d Prat ... auf d Händ naufgflogn, de wo er gefaltet ghabt hat zum letzten Gebet. Jetzt kimmts: Brrrssssoorrroroorr ... is s am Grünäugl ins Mäu neigflogn. Der Grünäugl hat überhaupts keinen Muckser net getan. Sie, des san fei scho Sachn, wenn einem amal a Fleischfliege im Mäu umanandfliegt, und es is einem gänzlich wurscht. – Überhaupts, alles woins ham heutzutage: Geschirrspülautomat, Farbfernseher, Schwimmingpuhl – bloß sterbm, des woins net. Aba da beißts aus. – Da werdns noch spitzn ...

Gesellschaft und Geselligkeit

D'Anni hat gsagt, daß diese Frau Mittermeier, daß die aso nachtragend is, des, sagt sie, des vergißt sie ihr nie.

Wiedersehn

ALTER I Ja wen seh ich denn da?

ALTER II Ja Sie sinds?

ALTER I Ja, daß man Sie einmal wieder sieht.

ALTER II Ja, jetzt hammer uns schon lang nimmer gsehn, gel ...

ALTER I Ja gleich wie Sie reingekommen sind, hab ich mir denkt, äh, da schau her, hab ich mir denkt, seh ich jetzt richtig oder ...

ALTER II Ja, nein, nein, hä, Sie haben schon richtig gsehn, ich bins.

ALTER I Ich glaub, daß wir uns schon nicht mehr gesehen haben, seitdem der Ding gstorben is. Na ja, Sie wissen schon ...

ALTER II Ach ja, der, der der Ding, aber den hab ich aber auch schon lang ... also bevor er praktisch gestorben ist, nicht mehr gesehen.

ALTER I Ja, so, ja, so lange haben wir uns schon nimmer gsehn.

ALTER II Jaja, das letzte Mal, wo wir uns gesehen haben, da hat er, da hat er noch gelebt.

ALTER I Man sieht, in der Zwischenzeit ist halt doch wieder was passiert.

ALTER II Ja also dann, gel, auf Wiedersehen, vielleicht sehen wir uns amal wieder.

ALTER I Ja, lassen Sie sich halt amal wieder anschaun, net.

ALTER II Ja, ich, ich bin nur da, eh, weil ich mich halt wieder a bissel umschauen möchte.

ALTER I Da haben Sie recht, also Wiedersehen.

ALTER II Wiederschauen.

Eine Entdeckung

ALTER I Sie, jetzt schaun Sie da rüber, sehn Sie es?

ALTER II Wo?

ALTER I Ja da schaun Sie doch amal. Sehn Sie nicht, da bewegt sich doch was.

ALTER II Was?

ALTER I Ja sehn Sies denn nicht?

ALTER II Ja, ich seh gar nix.

ALTER I Ja psst, psst, ganz still, da hinten bei dem Busch, da rührt sich was.

ALTER II Ich kann nix entdecken.

ALTER I Ja Herrschaft, pssst, ganz leise, jetzt schaun Sie amal hin. Sehn Sies? Was da rauskommt?

ALTER II Ja, jetzt seh ich was.

ALTER I Psst, Sie, das is ja, das is ja a Kind.

ALTER II Ja, a Kind, genau.

ALTER I Ja, psst, ja, ruhig, Sie, da is ja noch eins, da sind ja zwei.

ALTER II Ja richtig, da sind ja zwei.

ALTER I Zwei Kinder, gibts denn das aa?

ALTER II Ja genau, zwei.

Net Vui

Herr Knut trifft Herrn Meier zufällig an einer Straßenecke.

HERR KNUT Ja, Grüß Gott, Herr Meier, wie gehts oiwei?

HERR MEIER Aja, es geht scho. Mei, was soll ma sagn, net vui los, net ...

HERR KNUT Ja, und ah, was machans immer aso?

HERR MEIER Aja, net vui eigentlich, amei – mei, was soll i sagn, mei, es is, i kannt net sagn irgendwas Bsonders, gel. Mei, jamei, eigentlich nix.

HERR KNUT Ah geh? Ah so?

HERR MEIER Naa, eigentlich net vui.

HERR KNUT Und was dean's sonst so? I moan, sonst, die ganze Zeit aso?

HERR MEIER Naja, mei, i bin amal dahoam, gel, i bin meistens dahoam, gel.

HERR KNUT Ja, riesig, ha! Und? Ah ... was ham's jetz so vor, was macha S' so die nächste Zeit? Überhaupts? Was, was steht im Busch?

HERR MEIER Ja – o mei, net vui. Gel. Amal, i woaß net, gel, also, vui net. Net. I wer dahoam bleibn, tua abundzu mal fernsehn, gel ...

HERR KNUT Ja, sagenhaft!

HERR MEIER Aja, und manchmal schaug i net amal nei, gel. I woaß aa net, in der letztn Zeit hab i praktisch net amal ferngsehn, vui, gel, i woaß aa net, es, es is ja – es is ja ... fad, gel.

HERR KNUT Ja, ha! Ja, toll, na machan Sie solchene Sachen!!

Der Willi

Klaus entdeckt seinen Spezl Willi in einem Lokal.

KLAUS Hargottsakrament, wen siag i denn da? Da Willi, haha, der Willi. Ja Servus nachad, Willi, ja was is des ha, ja bist es du?

WILLI Griaß di nachad.

KLAUS Ja, hahaha, ja der Willi, ja wos is ja des gibts ja garnet, ha, ja Hargott wo bist jetz du allweil gwesen? Seit vierzehn Dog hob i di scho garnimmer gseng.

WILLI Ja, wieso, i war allweil dahoam.

KLAUS Ja, haha, ja der Willi, ja Willi, ja, hahaha, ja Willi, sag amal, ja der Willi, i hob ma denkt, gehst amal rein, kafst dir a halbe Bier, wen sieg i do, der Willi! Hahahaha! Der Willi sitzt da herin!

WILLI Ja wieso soll jetz i nachad do net do herin sitzn, oder?

KLAUS Haha, der Willi, ja, du, was is, Willi, sag amal was is, is da frei, na setz i mi glei her?

WILLI Naa, do is bsetzt.

Servus, Erwin

Hubert döst und schwadroniert in seinem Wohnzimmer vor sich hin. Das Telefon schrillt auf. Er nimmt ab.

HUBERT Ja, hallo? Ja, der Erwin, wie gehts dir? Ja? Schön, gel, ja, wie wars im Urlaub? Ja, ja, schön Ah so, ja, ja Ja so Ja, also Jaja, also dann Ja? Jaja, klar, also Hahahaha, sehr gut, also Ja, okay dann, also Jaja, also dann okay Danke ja Okay ja Also dann Okay. Ja, ich ich ruf dich an Können wir machen, ja also, okay dann Servus Erwin! Jaja, okay dann also, Erwin Ja, okay Ja so, okay, Erwin, also dann Ich würde folgendes Ja, ich würd folgendes vorschlagen Mhm Ja, ich ruf dich auf alle Fälle an, ja, okay, also dann, nett daß d angrufen hast Ebenfalls Gut, ja dann also, servus Erwin, Servus, ja, Servus Erwin. *Legt den Hörer auf.* Blöde Sau!

Der angebrochene Abend

Ein Wirtshaus, aus der Musikbox Musik. Stopherl, Mike und Richard sitzen trist an einem Tisch, Gertie steht an der Bar.

MIKE Geh ma?

STOPHERL Ja, geh ma. Gertie, zahln!

GERTIE I kimm glei!

RICHARD Mir bringst no a Halbe und dene Buam bringst an Schnaps, und mir aa no oan.

STOPHERL Naa, i trink koan Schnaps! Mir gehngan.

RICHARD Es bleibts da und trinkts an Schnaps!

MIKE Naa, mir müaßn geh.

GERTIE *bringt ein Bier und einen Schnaps.* So, Richard, da, dei Bier und dei Schnaps, und es habts ghabt zwei Spezi 4 Mark 80.

MIKE *zahlt* Stimmt scho.

RICHARD Ja, und was is mit dem Schnaps für de Buam?

GERTIE Geh, Richard, tua de Buam net verführn, de wolln geh.

RICHARD So, es gehts scho, ja wo gehts es denn hi?

STOPHERL Hoam.

RICHARD Hoam?! Haha, da kennas eich doch scho, was wolltsn es dahoam?

MIKE Mei ...

RICHARD Jetz um de Zeit?! Hoam?!

MIKE Mei, warum net ...

RICHARD Was wolltsn es dahoam? Wia i in eierm Alter war, so alt wia es, da hätt mir oana was sagn solln, vo wega hoamgeh! Mir! Haha!! Mei Voda, mei Voda, wenns Mäu aufgmacht hätt, der hat froh sei miassn, daß i eahm koan Spitz gebn hob. Ab dem 14. Lebensjahr, da war Sense, mit mir net, aba scho wirkli net. Jetz bringst dene an Schnaps, was waar denn des sonst für a Jugend.

STOPHERL Naa, i mog koan Schnaps net, ehrlich.

RICHARD Da hoaßts oiwei, die Jugend waar so rebellisch, diese Jugend da, dabei sans zahme Hund ... schaug das o, hoamgeh wollns. Jetz trinkts an Schnaps, na vazähl i eich, was früher los war ...

STOPHERL Naa, a andermal, mir wolln hoam.

RICHARD Oh mei, es habts ja koa Mark in de Knocha, kein Mark. Habts es übahaupts scho mal gfeglt?! Habts es übahaupts scho mal eine Frau ghabt, wia ma so sagt? Ha? Gertie, was is mit de Schnäpse?!

GERTIE Jetz laß doch de Buam grad hoamgeh!

RICHARD Naa, zwoa Schnaps für unsere Jugend!! Und no oan für mi! Des is eine Bestellung!! – Ja, habts es jetz scho mal gfeglt oda net? – Meingottnaa, diese Jugend ...

Stopherl und Mike ziehen sich ihre Anoraks an und richten sich zum Aufbruch.

Montag Ruhetag

RICHARD Wißts was, i zahl eich as Puff. Daßds amal as Leben kennenlernts. Was is, gehts mit, trauts eich, i zahl eich as Puff. Ehrlich. Ich war scho in Marseille. Von wegn hoamgeh ...

GERTIE *bringt die Schnäpse.* Da. Trinkts halt den Schnaps gschwind aus, der gibt heit sonst koa Ruah nimmer. Er zahlts ja eh ...

MIKE Naa, mir gehngan hoam.

STOPHERL I mag koan Schnaps.

RICHARD Dann bring doch de jungan Herrn eine Buttermilch! Prost! *Trinkt seinen Schnaps.*

MIKE Also, Servus, Richard ...

RICHARD Jetz bleibts halt da. I zahl eich as Puff. Mei Liaba, i war scho in Marseille ...

STOPHERL Kimm Mike, jetz pack mas. Also, Richard, pfüat di.

RICHARD Gehts es scho? Was is nachad mit dene Schnaps? Jetz sans doch scho da.

STOPHERL Mei ... oiso, Servus ...

RICHARD Jetz bleibts halt no da, i zahl doch ois! I zahl eich as Puff! He, habts net ghört, i zahl eich as Puff! Bleibts doch no a weng da ...
Stopherl und Mike sind gegangen.

RICHARD Jetz san de einfach hoamganga. Mit dera Jugend is nix mehr los. Oda?!
Gertie reagiert nicht, zuckt mit den Achseln, Richard kippt noch einen Schnaps. Gertie sucht an der Musikbox.

RICHARD I war ja scho in Marseille ... Stimmts net? Oda? *Kippt den dritten Schnaps.* I hätt dene vui von Marseille vazähln könna ...

GERTIE Oh, mei, Richard, des kenn ma doch scho ois ...
Die Musikbox setzt ein.

Der Witz

Herr v. Bornstedt erinnert sich.

V. BORNSTEDT Ah, wir warn da gestern eingeladen bei diesen ah, Schmitzberger, da hats also so Erdnüsse gegeben und solche Chips, ah, ich vertrags ja anundfürsich nicht, aber es war ein reizender Abend. Da war so ein, ah, Herr da vom Siemens oder irgend so einer Großfirma, glaub ich oder so ähnlich, und der hat dann einen Witz erzählt, also, wir habm uns gebogen vor Lachen. Meine Frau und ich. Also wirklich, es hätte uns beinahe zerrissen – so ein Vergnügen, nein, und es gibt ja Situationen, wenn man einen Witz, ah, und der Herr konnte diesen Witz wirklich phantastisch erzählen, also, wie er ihn vorgetragen hat schon, nicht, und dabei dieses Gesicht, diese Mimik, einfach phänomenal. In diese sowieso schon heitere, lockere Atmosphäre, wenn dann jemand noch mit einem solchen Witz hereinprasselt, und auch die anderen, die haben – also gelacht wurde da, man möchte es nicht für möglich halten, eine solche Bombenstimmung, wirklich wahr. Wissen Sie, es gibt Witze, die entbehren nicht an Hohlheit, aber dieser Witz war anundfürsich anspruchsvoll und doch obszön, also, wenn Sie verstehn, was ich meine. Ich muß sagen, auch ich, ich habe fast geweint vor Lachen – und, ah, wir sind aber dann doch früh gegangen.

Leberkäs Hawaii I

Alfons Schweinberger sitzt in seiner Wohnküche. Neben ihm ein unbesetzter Stuhl. Aus dem Radio die charakteristischen Töne und Klänge von Bayern 3.

SCHWEINBERGER Ja, einen schönen guten Abend allerseits – ah, an Moment noch. *Gießt sich Tee ein und sieben Löffel Zucker.* – Wissen S', ich habn gern süß. So, also: Einen schönen guten Abend. Ich bin jetzt praktisch, ah, mir fangen jetzt an. – Ja, mein Bekannter, der Rudi Löhlein, der wollte Sie auch begrüßen, ich wart noch auf ihn, aber, er muß, er muß jeden Augenblick eintreffen. Er hat mir sein Erscheinen persönlich zugesichert. Aber wie Sie sehen – *Geste auf leeren Platz* – naja, mir fangen halt derweil an. Also nochmals, ein herzliches Grüß Gott – beisammen. – Ja, das wärs dann eigentlich schon gewesen. *Bayern-3 – Verkehrsdurchsage über Unfall bei Wasserburg.* – Moment. – *Hört zu* – Naa, des betrifft an Rudi net, er wohnt in Unterschleißheim. Also, wie gesagt – ah – net. – *Blickt auf die Uhr.* – Herrschaftseitn, daß der no net da is, der Löhlein Rudi. Es werd eahm doch nix passiert sei. Sie wissens ja selber, wias is heute. Bis ma schaut, hats ein dabröselt, net. – Naja. – *Geheimnisvoll* – Wissen S' was, jetz passen S' amal auf. *Steht auf, geht ans Buffett und holt eine Zweiliterbilligweinflasche und ein Glas, setzt sich wieder.* Da, schaun S' amal. Ein Spitzenwein. Den hab ich entdeckt. Beim Supermarkt hab ichn rauszogn. A Sonderangebot. Zwei Mark zwounddreißig. Ein echter Südtiroler. *Schraubt die Flasche auf.* Bauerntrunk heißt er. Ein Tafelwein. Also nix Ordinäres. Und was des Gute is, der is in Deutschland abgefüllt, hier, bei uns, also nicht in Italien. Bei de Italiener weiß ma ja nie. *Schenkt genüßlich ein, riecht, schlürft, schmeckt.* Exquisit. Ein Jahrhundertwein is des. Den muaß ma richtig beißen. Schad, daß der Löhlein no net da is. Der versteht auch was von am guten Tropfen. *Schweinberger hat sich einen Schweinsbraten aufgetan. Er ißt und meditiert zwischen den Bissen und Schlucken.* Wenn natürlich ... verstehen Sie ... wissen Sie ... man könnte auch ... oder wie sollte ich ... weil – *Winkt einem eventuellen Einwand ab* – die in sich oder an und für sich ... oder Gelegenheiten ... deuten darauf hin, daß ... daß beide ... beide Möglichkeiten ... sowohl als auch ... in, ah, in Betracht kommen ... Ja, es ist Ihnen sicher schon aufgefallen, dieser Löhlein is immer noch net da. Naja wissen S', der Rudi, der pünktlichste war der ja noch nie. Aber trotzdem, ich muß sagen ich wunder mich, weil, das ist einfach allerhand. Mir warten und der kimmt einfach net. Wenn i an Rüdiger Wolf eingladen hätt, der waar sicherlich kemma. Naja, vielleicht is eahm was passiert? – Ich hab ihn kennenglernt, an einem Kiosk hab ich ihn kennenglernt, den Rudi, und zwar, ich weiß nicht, wie er halt ... Der Rudi hat Ding gessn, a Cörrywurscht und ich a Rindsbratwurscht, ge, weil ich weiß nicht genau, wie das gangen is, ich hab zu dem gsagt, ich krieg dasselbe, zu dem im Kiosk, und hab gemeint ich krieg auch ein Nierenschaschlik, und dann habn mir die eine Rindsbratwurscht gebn, und da sind wir dann so ins Gespräch gekommen übers Essen im allgemeinen, und da hab ich gmerkt, daß der Rudi, der versteht was vom Essen, und da hat er mir ein Rezept verraten, ge, das hab ich mir also gmerkt. Das is Leberkäs Hawaii, es is sagen wir kein Schnellgericht in dem Sinn, aber es is, sagen wir doch a Sach, die was hermacht, wenn man entsprechende Beilagen dann dazu verwendet, also man kann dann, sagen wir mal, also Red Beans kann man dazu nehmen oder an Cörryreis, Pommes frites sind auch gut. Da nehmen S' hundert Gramm Rindsleberkässcheibe, in die Pfanne rein, mit sehr viel Rinderfett gel, durchbräunen, daß er also schön schwarz ist, dann kein Ei drauf, da müassen S' aufpassen, daß kein Ei draufkommt, kein Eiweiß irgendwie, da darf gar nix rein, dann wenden Sie den Leberkäs herum auf die andere Seite, gel, wiederum bis er ganz schwarz is, und dann eine Scheibe Ananas drauflegen, gel, und man kann dann a bissel a Ketschap oder sowas nehmen, übrigens würzen mit Thymian, mit Oregano oder ein Thymian das is sehr gut, und wer, sagen wir mal von Ihrem Besuch bissel was Pikantes mag, der kann ja diese Mixd Pickels nehmen, die kann man sich ... da braucht man net extra, die gibts ja in Büchsen und so ... Also des Rezept ist vom Rudi Löhlein, gel. Sie werden lachen, ich habs noch in keinem Restaurant bis jetzt so richtig kriegt. Sie, jetzt bin ich aufrichtig in Sorge. Was isn los? Dieser Löhnlein-Rudi – heut is doch Samstag? Mein Gott, wie schnell ist ein Menschenleben verwirkt. A Autounfall, irgendwas Unvorhergesehenes, und schon gehts dahin. Schaun Sie, ich gelte als Tierfreund. Aber was ich da schon Verluste hab hinnehmen müssen. Ein Hamster von mir, ein echter syrischer Goldhamster, der Hansi – in der Nacht, ich geh hinaus auf die Toilette, mach die Schlafzimmertür zu, ein Quieken, ich mache Licht – also grauenvoll. Weils immer so neugierig sind, diese Syrer. – Ein anderer Hamster aus meinem Besitz, sitzt in der Zuckerdose. Der Besuch erscheint, ruft: Pfui Deifl, a Ratz – eine Ratte quasi, ich will noch sagen: Halt, des is doch mein Lothar – is er schon derschlagen. Und die Zuckerdose war auch hin. Wissen Sie, Hamster graben halt so gern. Es ist grauenvoll, wenn man Tiere so liebt wie ich und dann sowas. – Schaun Sie, unsere Nachbarn geben mir immer, ah, vielmehr, haben mir immer ihre Sittiche in Pflege gegeben. Koko und Kuku. Wies der Teufel will, es war Hochsommer, ein Fenster

[NOCH SCHWEINBERGER] bleibt offen, huiit, waren sie schon davon. Wohin, weiß kein Mensch. Ich bin dann in eine Tierhandlung gegangen und hab gsagt, bitte nomal dasselbe oder haben S' so was ähnlichs, naja. *Seufzt.* Ganz schön peinlich is so was. A Schildkröte hab ich ghabt, eine griechische Landschildkröte, net. Sie will überwintern, die Dorothee, hat sich zurückgezogen, im Frühjahr schau ich nach hinter der Zentralheizung, trocken wie ein Knäckebrot. Also des hätt ich auch nicht gedacht. Nix mehr zmachen. – Mein Aquarium, gel, die Pumpe is immer gut eingestellt. Eines Tages liegens auf dem Teppich. Die Zierfische, der Perserteppich, alles verkleckert. Aber wissen Sie, ich geb nicht auf. Ich mag die Viecherln halt so. Ich schaff mir jetzt a Katz an. Weil, meine weißen Mäuse sind ja jetzt perdu – die ham so a Seuche kriegt, net, und a Katz is doch relativ robust. Da muß scho einiges daherkommen, daß da was schiefgeht. – Aber der Rudi, wo der nur bleibt. *Schüttelt den Kopf.* Sowas naa ... Wissen Sie, der Löhlein, dieser Löhlein, wie soll ich ihn beschreiben, mei, schad, daß er net da is. Er is so a blonder, bleicher. – Er is ungefähr an Meter neunundsiebzig groß. Oder einsachtzig. Sei Onkel hat ein Elektrogeschäft in der Innenstadt. Er selber is beim Siemens oder so a Großfirma. Auch sowas Elektrisches jedenfalls, aber seim Onkel gehts glaub ich finanziell überhaupt net gut. Naja, Einzelhandel, Sie verstehn. – Ich muß sagn, ich hab da vorgsorgt. Ich bin jetzt sehr gut versichert, mir kann nix mehr passieren. Muß ma ja auch machen, gerade heute im zwanzigsten Jahrhundert. Weil neulich war dieser Versicherungsagent da, und ich hab mich überzeugen lassen. Weil, ich war ja auch wirklich total unterversichert. Schaun Sie, mein Mobiliar, das wird ja immer wertvoller. Weil, wenn heute was passiert, und ich wäre gezwungen, mir dasselbe nochmal zu kaufen, ich könnt mirs gar nimmer leisten. – Dann hab ich noch eine Lebensversicherung, Haftpflicht sowieso, Hausrat, wie gesagt. Wenn heute irgendwie was is, Erdbeben, ein Wirbelsturm – in Japan und Amerika sind die ja Gang und Gebe – da wenn S' nicht versichert sind, is der Arbeitseinsatz von Jahrzehnten praktisch vernichtet. Also gegen Wasser, Sturm und Diebstahl bin ich gewissermaßen gefeit. Schaun Sie, auch wenn sich heute ein Dieb meiner Schrankwand bemächtigt, krieg ichs anstandslos ersetzt. Wenn mir was zustoßen sollte, ist alles in besten Händen. Ich hab eine erstklassige Sterbeversicherung. Jetzt. – Man muß schließlich bis zuletzt denken. Es passiert ja heutzutage dermaßen viel, daß s eigentlich a Wunder is, wenn einem nix passiert. – Sie, der is fei oiwei no net da, wahrscheinlich is ihm was zugstoßn, sonst gibts des garnet. – *Das Telefon läutet.* Augenblick. *Nimmt ab.* Ja, Hallo? Ja, Rudi, bist es du? Der Rudi Löhlein – ja, mir ham gmeint, dir is was passiert. Dem is garnix passiert. – So, ja heut hättst kommen sollen, du Schlafhaubn. – Er hätt gmeint morgen. – Ja, da kann ma nix machen, machs gut. – Im Stüberl. – Ja, ich werds ausrichten. Er sagt, as nächstemal ganz bestimmt. – Ja, also dann, Servus, ja Servus Rudi. *Hängt ein.* Also, er läßt sich entschuldigen, er hat sich geirrt, er hat gmeint morgen, daweil wars heut. Dieser Löhlein, also sowas naa, dem werd i was verzähln. – Ja, Sie, ich sag derweil Wiederschaugn, gel, und, daß der Löhlein net kommen is, des steht nicht in meiner Macht. Gottseidank is ihm nix passiert. Gel, aber er sagt, as nächste Mal kommt er dann ganz sicher. Er sagt, es sei denn, es passiert ihm was, aber sonst kommt er. – Also, dann, also, Wiederschaun, ja, das wärs dann eigentlich schon gewesen, net, also, Wiedersehn, ja also, auf Wiedersehn.

Das Ereignis

Ernst und Elfriede Weitel stehen vor einem Geschirrschaufenster. Elfriede zeigt Ernst ein Service, Ernst ist wenig begeistert.

ELFRIEDE Weißt, und die Kanne könnt ma dann auch gleich kombinieren mit unserm Rosenservice, und dazu tat dann sehr gut de Tischdecke von der Tante Marga passn.

ERNST Mhm ...

ELFRIEDE Mir könnten natürlich auch da des da hintn, siehst as, des spinatgrüne ...

ERNST Mhm.

ELFRIEDE Da tät dann wieder das Erbsenmuster hervorragend dazupassn.

ERNST Jaja, komm jetz geh mer.

ELFRIEDE Jetz sag halt was.

ERNST Ja, spinatgrün, sehr schön.

ELFRIEDE Mit dir kann ma einfach nix planen, daß du jetz überhaupts kein Interesse hast, du benutzt es doch dann genauso! Da. Mei, schau mal, mei süß! *Zeigt auf neues Service. Ein Mann fliegt rückwärts zur Tür neben dem Schaufenster heraus. Ein zweiter Mann springt ihm nach und schlägt auf den Mann I ein. Mann I wehrt sich.*

MANN II Du Sau!!

ERNST Ui schaug, Elfriede, schaug, da ...

ELFRIEDE Also sowas, naa, daß s des gebn derf.

ERNST *begeistert* Schaug her, jetz hat ern!

MANN II Du elende Sau!!

Mann I hat sich hochgerappelt, die beiden raufen.

ERNST I glaub, für den Kloana schaugts schlecht aus. Hahaha, der hat gsessn!

ELFRIEDE Geh, also naa.

MANN II *trommelt mit den Fäusten auf Mann I ein.* Du Sau!! *Mann I bricht zusammen.*

ERNST Haha, ja sagenhaft, ja, der haut nei. Allwei desselbe: De Kloana provozierns, und dann schaugns blöd. Jetza, jetz bluat er aus der Nosn. Selber schuld.

Die beiden wälzen sich ringend am Boden.

ELFRIEDE Geh Ernst, sag eahna doch amal, de solln aufhörn. Da muaß ma einschreitn ...

ERNST Jaja ...

ELFRIEDE Des kann i nimmer mitanschaugn, der bringt den ja um ...

ERNST Naa, so schnell net, er hatn halt am Krawattl.

PASSANT *im Joggingdress, im Vorbeigehn* Kinders, seid doch friedlich, das hat doch keinen Sinn ...

ERNST *zum Passanten* Schaun S' der hatn ganz schön am Krawattl, ha?

PASSANT *geht weiter.* Is unsportlich, sowas ...

ERNST Haha, satt! Und no oane – hahaha, batsch ...

ELFRIEDE Jetz Ernst, sag dene, de solln aufhörn, sonst hol i d Polizei.

ERNST Ah geh, Polizei, red doch koan Schmarrn ...

ELFRIEDE De solln sofort aufhörn, i hol d Polizei. Ernst!

ERNST Jaja, is scho recht. *Geht zu den Raufern, tippt Mann II an, der gerade auf Mann I eindrischt.* Ah – ah, hallo, Sie, ah, hallo ...

MANN II Du Sau!! *Schlägt auf Mann I ein.*

ERNST Ah Sie, Sie solln jetz aufhörn. Lassn S' doch, der tuat Eahna doch nix mehr ... *Greift Mann II an der Schulter.* Sie, jetz hörn S' doch auf.

Mann II läßt von Mann I ab, richtet sich auf und schlägt Ernst. Zwei knappe Schläge, Ernst fällt zu Boden, Mann II richtet seine Kleidung und geht, Mann I bleibt blutend am Boden liegen, steht dann auch auf und geht hinter Mann II her.

ERNST Elfriede, haltn fest! Hol d Polizei! Der hat mir oane neighaut!

ELFRIEDE Halt! He, Sie, stehnbleibn! Mir holn d Polizei!

ERNST Haltetsn fest! Polizei!

MANN I *matt* Halts Maul, du Arsch ...

ELFRIEDE Haltet ihn! He, stehnbleibn, Polizei!

ERNST Da hat er mir herghaut, und da. Für was ham an mir a Polizei ...

ELEKTRA

Aktion Miserio

Herr Waschke sitzt im Wirtshaus und liest Zeitung. Ein Ersatzdienstler schiebt einen Behinderten im Rollstuhl an den Tisch.

BEHINDERTER Ist da no frei?

WASCHKE *reagiert nicht*

BEHINDERTER Verzeihung, ist da no frei?

WASCHKE *zum Ersatzdienstler* Jaja, stelln S'n ruhig da hin ... *Liest weiter.*

BEHINDERTER Verzeihung, wie hat denn Bayern gspielt?

WASCHKE *zum Ersatzdienstler* Interessiert er sich fürn Sport?

ERSATZLER Jaja, sehr.

WASCHKE Des findet ma fei häufig, daß sich Leut a grad für Sachen interessiern, die für sie garnimmer so in Frage kommen. Aber i finds guat, daß er sich für was interessiert. Was hat er denn? War er net geimpft?

BEHINDERTER Ich bin querschnittsgelähmt.

WASCHKE Des Impfen is fei unheimlich wichtig. Da wenn ma net aufpaßt, macht ma sich a ganzes Leben lang hinterher Vorwürfe. Drum kann mers garnet oft genug sagen: Leut, laßts euch impfen!

BEHINDERTER Ja, aber ich bin vom Garagendach runtergefalln.

WASCHKE *zum Ersatzdienstler* Und Sie pflegen eahm praktisch?

ERSATZLER Ja, doch ...

WASCHKE San Sie a Kriegsdienstverweigerer oder sowas, Haferlschiaber hams bei uns allweil gsagt, hahaha ...

ERSATZLER Ja.

WASCHKE Respekt, da ghört fei allerhand dazu her. Also i mechads net machen, des muaß i zugebn. Aber, da schaun S' her, heut wieder, in der Zeitung stehts, da, a Crash am Irschenberg, Autobahn. Aa oana schwer verletzt und zwoa Dode, also, da muaß jetz i sogn, sagn mer mal, in am solchen Fall, also i wiassad fei ned, ob ich den Lebensmut aufbringen dad zum Weiterleben, i kannt ma fast vorstelln, daß s besser waar, wenn ma glei hi waar, und für die andern oder Angehörigen is es vielleicht eher a Erlösung.

BEHINDERTER Ja, aber Sie, ich hab doch auch noch was vom Leben, ich kann doch ...

WASCHKE Obwohl ma natürlich scho sagn muaß, ma muaß so an Lebenswillen, also so a Lebensmut ghört scho aa irgendwia respektiert, also, ob is könnt, ich wüsserts fei net ...

BEHINDERTER Mein Gott, diesen Schwachsinn hör ich fast jeden Tag, komm Fritz, gehn wir ...

WASCHKE Was is, mag er a Bier? Derf ers trinken? I zahl eahm a Bier.

BEHINDERTER Naa, vielen Dank, da hintn is jetz frei worn ...

WASCHKE Nana, bleibts ruhig da, er kann ruhig da bleibn, Emmi, bring dem Herrn da a Halbe!

Der Stammgast

Vor einer Discothek mit Guckloch fährt ein Taxi vor. Hasi und Biggi steigen aus.

HASI Warst scho mal drin?

BIGGI Nee.

HASI Ich verkehr häufig da herin, ich bin ja praktisch sowas wie a Stammgast. I sitz allweil beim Giorgio unten an der Bar.

BIGGI Ehrlich, mei toll …

HASI Da trink i mein Zombie. Kennst des?

BIGGI Naa, was is des?

HASI A Zombie, des werst jetz nachad glei sehn. Des nirgends so gut wie hier. Und eine Musikpower ham de da drin, des bläst dich in den Sessel, ehrlich. Des musikalische Equipment hat an die 200.000 Mark kost.

BIGGI Mei, sagenhaft. Ehrlich?

HASI Vielleicht is der Charlie aa scho da, na lernst amal an Charlie kennan.

BIGGI Der mit dem Stingray?

HASI Ja, genau, der. *Läutet, Guckloch geht auf.* Servus, i bins, is der Charlie scho da?

PORTIER Guten Abend, leider nur für Mitglieder.

HASI Geh red doch koan Schmarrn …

PORTIER Tja, tut mir leid, leider …

HASI Was is, kennst mi net, bist du neu da? *Guckloch geht zu.* Des muaß a Neuer sei. Sonst steht oiwei der Adi an der Tür. *Läutet wieder, Guckloch wieder auf.* Is der Adi nimmer da?

PORTIER Bin i a Auskunftsbüro? Geh aufd Seitn.

Ein poppiges Paar wird eingelassen.

HASI Hol halt an Giorgio rauf, der kennt mi. Ehrlich. *Guckloch wieder zu.*

BIGGI Hasi, was is jetz?

HASI Des ham mir glei.

Ein poppiger Mensch kommt, läutet, wird eingelassen.

PORTIER Servus Hupsi.

HASI *nimmt Biggi und versucht sich anzuschließen* Kimm …

PORTIER Ich hab doch bereits gesagt: Nur für Mitglieder. Die Dame kann jederzeit rein …

HASI Aber de is doch aa koa Mitglied.

PORTIER Kanns aber werden.

HASI Und wie werd ma Mitglied? *Zieht Geldbeutel.*

PORTIER Des is meine Sache. *Guckloch zu.*

BIGGI Was mach mir n jetzt?

HASI Da werd scho glei einer kemman, den wo i kenn, na geh ma nei. Des gibts ja garnet, des kanns ja garnet gebn.

BIGGI Lang steh ich hier nimmer rum, mir is so kalt da heraußt.

HASI Glei ham mirs. *Läutet wieder, Guckloch geht einen Spalt auf und gleich wieder zu. Tür auf, ein dynamisches junges Paar verläßt angeheitert das Lokal.*

TYP Was is, fahr ma zu mir?

SIE Weißte sonst was Besseres?

HASI *zu den beiden* Servus Heinz, is der Giorgio drunt?

HEINZ *reagiert überhaupt nicht, die beiden ab.*

HASI *zum Portier* Geh sag halt, was dad jetz des kostn, wen i da Mitglied werd?

PORTIER Für Sie ist hier heute geschlossen. Weg.

BIGGI So ein Schmarrn, komm geh ma.

HASI Naa, jetz möcht is wissen. Weil, bin i a Stammgast, oder net ...

BIGGI Geh komm, gehn ma, mir is saukalt.

HASI Jetz wart halt amal. – Des gibts ja net. Am Giorgio, wenn i des verzähl, na fliegt der Typ da, hochkantig, ehrlich ...
Ein Mercedes mit drei Disco-Typen rollt vor. Die drei gehn zum Eingang, läuten, zwei gehn rein, Berti bleibt stehn.

BERTI Ja, Biggi, was machst n du da?

BIGGI Mei ...

BERTI Kimm, geh mit nei. Heut feiern mir am Giorgio sein Geburtstag. Des werd a Mordsgaudi. – Was is, kimm doch ...

BIGGI Okay. Also Hasi, Servus derweil. Komm halt dann nach. Gel? *Verschwindet mit Berti.*

HASI Hey, was is denn? *Drückt nach, Portier hält ihn auf.*

PORTIER Bitte werden Sie hier nicht lästig, sonst muß ich die Polizei holen. *Schiebt Hasi raus, Tür zu.*

HASI *klingelt wieder.* He, Aufmachn!! *Guckloch auf.*

PORTIER Kimm, jetz schleichst di, Spezi, wei, sonst lernst mi kenna. Hammer uns verstandn, ha?

HASI *kleinlaut.* Ja. *Guckloch zu.* A so ein Saftladn. Aber de ham mi gsehgn, da geh i so schnell nimmer nei. Mit mir net. Jetz geh i ins Greyhound, zum Robbi.

Leberkäs Hawaii II

Alfons Schweinberger sitzt endlich mit seinem Besuch Rudi Löhlein in seiner Wohnküche.

SCHWEINBERGER Ja, also, es is soweit, mir fangen an, ich hab Ihnen hier heute meinen Bekannten, den Rudi Löhlein mitgebracht. – Also, wenn ich vorstellen darf: Das is der Herr Löhlein, und des ... ah ja, ja ah, net, also – des wärs dann soweit ...

Also, der Rudi, gut daß er jetz da is, weil, er hat immer so interessante Gschichten auf Lager. Wenn der loslegt, des müaßatn S' amal hören. Also Wahnsinn. Der hat Witze auf Lager ... wo ers nur immer herkriegt, möcht ma net glaubn. Dabei is er auch noch so gebildet. Ma siehts eahm gar net o, was er ois drauf hat. Naa, er is scho a Pfundskerl, a richtiger Hundling is er, der Rudi, gel, Rudi ...!?

LÖHLEIN *reagiert nicht.*

SCHWEINBERGER Geh weiter, Rudi, jetz sag amal was. Red doch amal. – Sag halt amal was, Rudi. – Er sagt jetzt nur nix, weil, er hat irgendwas im Sinn. Irgendwas führt er im Schilde, sonst hätt er scho längst was gsagt. – Wissen Sie, der sagt lang nix, aber wenn er was sagt, dann ... mein lieber Schwan. Gel, Rudi?!

LÖHLEIN *sitzt schweigend da.*

SCHWEINBERGER Ja, mei ... – ... – ... Hmmm ... – ... – ... – ... – ... – ... – ... – Geh weiter, Rudi, jetz sag halt amal was. Sie, i woaß net, was mit eahm los is, weil, er is sonst eher a richtiger Schwerenöter, a echter Aufreißer, wissen S', bei de Weiber, wie der die ored, des hat er drauf. Also unnachahmlich, gel, des macht eahm koana nach. Gel Rudi, des macht dir keiner nach? – Magst an Schluck? – Magst was trinken? – I woaß net, aber heut is er wie verstockt. Jetzt warten S' amal, vielleicht, wenn er was trinkt. Jetzt gebm mir eahm mal was. Da, Rudi, trink amal! – Prost Rudi!

LÖHLEIN *trinkt.*

SCHWEINBERGER Da, jetzt trinkt er ... Sie, des tut mir jetz aufrichtig leid, wer hätte des denkt, also entschuldigen S' scho, gel, aber, der is heut irgendwie, Sie sehen ja selber, irgendwie, der hat irgendwas. Vielleicht hängts mitm Wetter zamm. Oder, mei, wissen S', a jeder hat amal an schlechten Tag. Ich kann mir des überhaupt net erklären. – Finanzielle Probleme hat er eigentlich auch net, aber er is anscheinend in einer Art Formkrise. Also, tut mir leid, aber, vielleicht taut er doch noch auf, ha Rudi? – *Zeigt ein Foto.* Schaun S' amal her, des is a Foto, des is vor zwei Jahren, des war in Griesbach. Jetz schaun S' her – da, da is er auch drauf. Da bist du auch drauf, Rudi! Also, des is jetz er, der Rudi, er hat sich kaum verändert, gel. Der da hinten, des bin ich. Und das is sei Schwester, die Margret. Und des – wer is jetz des glei wieder, ich glaub, des is eine Art Verwandter, oder a Bekannter. Er is jedenfalls mit drauf aufm Bild. Des war ein sehr schöner Tag, des woaß i no, er, der Rudi war vielleicht in Fahrt. Er hat da einen Witz erzählt, also, was mir da gelacht habn. Eine solche Gaudi. Woaßt es noch, Rudi? – Er war wie ein Feuerwerk, er war nicht mehr zum Bremsen. Am Schluß ist nachad no a Bierglas umgfalln. Mein Gott, war des eine Gaudi ...

LÖHLEIN *gähnt.*

SCHWEINBERGER Sie, des wär doch gelacht, wenn ma den Rudi jetz net in Schwung bringen. Des gibts doch net. – Woaßt as, Rudi, das find i jetz nimmer lustig. Des wennst dahoam machst, is des dei Privatsache, aber i moan, des geht doch net. A so ein Schmarrn. Was isn? Was hast denn, Rudi? Mir kannst es doch sagn. Magst an Schluck Wein? – Er is a Bayernfan. – I tendier ja mehr zu 60! – Sie, im Moment is ja grad eh net viel von Belang. Also, i bin glei wieder da. – I kimm glei wieder, Rudi. Brauchst koa Angst habm, i bin glei wieder da. – Bis gleich. *Steht auf und geht.*

LÖHLEIN *schaut auf die Uhr.* Wissen Sie, ich halte das nicht mehr aus. Es ist unerträglich. Ich kanns mir nicht mehr anhören. Dieses ständige Geschwätz. Entsetzlich. *Steht auf und geht.*

Schweinberger kommt zurück, stutzt, setzt sich.

SCHWEINBERGER Ja, Sie sehn ja selbst, der Rudi is grad gegangen. Schad, gel. Schad, daß mir heut so an schlechten Tag erwischt ham. Der Rudi is nämlich blitzgescheit. Er is ein Akademiker. Er hat ja ein Studium hinter sich. Und er hat einen unverwüstlichen Humor. Aber mei, des sieht ma natürlich auch nur, wenn er bei Laune is. Also, sei Stärke is mehr, wenn ma zu mehrern is, wenn mehr Leut beinand san. Dann legt er los. Während so rein privat, da kanns vorkommen, daß er a bißl abfallt, net, des ham S' ja heut gesehn, aber da kenn i oan, der is da ganz guat. A richtige Stimmungskanone. Also, as nächstemal, da lad in ei, da wern S' spitzn. Der Breitenberger Manfred, der is a interessante Persönlichkeit, ein echtes Urviech, der bringt a Stimmung her, des sag i Eahna, also sagenhaft. Ehrlich.

Ja, aber

MANN Es ist doch so, daß das Hochland von Peru mit diesen Inkas, die haben ja Erstaunliches geleistet, also man muß wirklich sagen, dieses Matschupitschu, diese Festung, wie das ganze, überhaupt ohne Eisen, wie die das zusammengebracht haben, das ist wirklich, also Hut ab, muß man da sagen.

FRAU Ja, da habn Sie scho recht, aber, aber wissen Sie, ich hab zu meim Mann gsagt, wenn er, wenn er drauf insistiert, wenn er so weitermacht, hab ich gsagt, des laß ich mir nicht mehr bieten, weil des is eine Niveaulosigkeit.

MANN Jaja, Niveau, aber wissen Sie, und der Inka hat anundfürsich, ich meine, diese Leute waren syphiliskrank, das weiß man heute, diese Leute waren geschlechtskrank, und trotzdem diese Kultur, es ist erstaunlich, wie sies hingebracht haben.

FRAU Ja, da haben Sie recht, des is hochinteressant, aber mein Mann, wissen Sie, wenn der so weiter macht, dann hab ich gsagt, eine Scheidung ist nicht ausgeschlossen. Ich hab gsagt, die Kinder kriegst du, du kannst dann schaun, wos ihr Bildung herkriegen, du Gloiffl, gel, hab ich zu meinem Mann gesagt.

MANN Ja, aber, da haben Sie vollkommen recht, Sie haben vollkommen recht, ich gebe Ihnen da vollkommen recht, aber ich sag Ihnen, dieses ganze Südamerika, ist, ich meine, rein zivilisatorisch betrachtet, schon so interessant, also, diese Phänomene, die, von Brasilien wollen wir gar nicht reden, weil da ist mehr der Buschindianer zuhause, während im Hochland, ich spreche mehr vom Hochland.

FRAU Ja, des schon, ich versteh des sehr gut, aber, weil mein Mann, weil er halt überhaupt keine Ruhe gibt, verstehn Sie, er läßts einfach nicht sein, und außerdem, wie wars denn früher, da hat er ja auch schon angfangt. Vorm Krieg, hab ich gsagt, wie wars n da?

MANN Ja, also Kriege, Sie haben recht, aber Kriege führten auch diese, also dieser Cortez, jetzt weiß ich nicht mehr, Fernandez Cortez oder so ähnlich hieß dieser Spanier, imponierend, er hat also dann das fabelhaft organisiert, ist dann hinein nach Kusko, Cuzco oder so, und hat die Kinder und Frauen erschlagen, es war grauenhaft, kann ich Ihnen sagen.

FRAU Grauenhaft, ja, aber wissen Sie, mein Mann gibt halt keine Ruhe. Ich glaub, der macht des schon bald absichtlich, bloß um mich zu ärgern, ich hab gsagt, ich wander aus, nach Südamerika, oder so wohin, hab ich gsagt, dann kannst schaun, wo ich bleib.

MANN Ja, Südamerika ist sowieso, da haben Sie vollkommen recht, Südamerika ist sozusagen das Ursprungsland der Emigration.

Eine Invitation

Anneliese Jacobson und Bertolt Faltermeier sitzen in einem Café.

HERR FALTERMEIER Herr Ober, bitte zahlen …

FRAU JACOBSON Nein, nein, lassen Sie, das übernehme ich …

HERR FALTERMEIER Ah geh, lassen S' mi doch …

FRAU JACOBSON Nein, nein, kommt überhaupt nicht in Frage, hier in München sind Sie mein Gast.

HERR FALTERMEIER Herr Ober …

FRAU JACOBSON Nein, lassen Sie. Bitte! Wir haben zu dritt bei Ihnen gewohnt, drei Wochen haben Sie uns phänomenal bewirtet, nein, also hier in München sind Sie mein Gast. Wo kommen wir denn da hin …

HERR FALTERMEIER Ja, aber …

FRAU JACOBSON Kein aber, Herr Ober!

KELLNER Also, wer zahlt denn jetzt …

HERR FALTERMEIER Was macht des bitte?

FRAU JACOBSON Lassen Sie. Hier in München sind Sie mein Gast. Herr Ober, wir hatten zwei Tassen Kaffee …

HERR FALTERMEIER *Während Frau Jacobson zahlt.* Des hätts aber net braucht.

FRAU JACOBSON Keine Diskussion mehr, Sie sind eingeladen, das war ich Ihnen endlich mal schuldig.

HERR FALTERMEIER Ja, aber braucht hätts as net …

FRAU JACOBSON Bitte keine Widerrede, hier in München sind Sie mein Gast, das war so ausgemacht.

HERR FALTERMEIER Ja mei, dann Dankeschön …

FRAU JACOBSON Keine Ursache. Sie hätten ruhig ne Portion nehmen können.

HERR FALTERMEIER Nanaa, a Tasse war scho gnua … Also pack mers.

FRAU JACOBSON Moment – Herr Ober, ich bekomme noch zwanzig Pfennige von Ihnen!

HERR FALTERMEIER Zum Telefonieren?

FRAU JACOBSON Nein nein, ich bekomme noch zwanzig Pfennig vom Kellner. Zwei Tassen Kaffee sind doch 3 Mark 80, Trinkgeld ist da schon inbegriffen.

KELLNER Tschuldigung …

HERR FALTERMEIER Aber Sie, ich hätt fei mei Tasse scho aa selber zahlen können …

FRAU JACOBSON Aber nicht hier in München, wenn ich dabei bin.

HERR FALTERMEIER Ja, also dann, nochmals vielen Dank.

KELLNER *haut beleidigt zwanzig Pfennig auf den Tisch.* Dankeschön!

FRAU JACOBSON Bitte, keine Ursache. *Im Aufbruch* Was meinen Sie, zum Bahnhof gehn wir doch zu Fuß?

HERR FALTERMEIER *schaut auf die Uhr.* Mei, vielleicht is a bißl knapp.

FRAU JACOBSON *schaut auf die Uhr.* Nein nein, Ihren Zug schaffen wir noch bequem. *Beide gehen los, Herr Faltermeier trägt die Koffer.*

Der Empfang

GESCHÄFTSFÜHRER *zu Kellner* Herr Kratochwil, koan Zahnstocher servieren S' mehr da herin, bis nicht eindeutig geklärt ist, wer das Ganze hier bezahlt.

KELLNER Soll ich derweil schon kassieren?

GESCHÄFTSFÜHRER An Moment warten S' noch, aber bleiben S' auf der Hut. Jedenfalls Nachtisch streichen, keine Getränke mehr.

GAST I Wo bleibt denn mein Beaujolais?

GAST II Ich weiß auch nicht, ich hatte doch noch etwas Krabbensalat ...

GAST I Das ist ja n Service.

GAST III *flüstert* Ich habe gehört, Schmidt-Pfeil soll verhindert sein, oder Verspätung, oder – was ist denn da los ...?

GAST IV Hmm, das dauert wieder ...

GAST V Wer?

GAST III Schmidt-Pfeil.

GAST V Ach so, Schmidt-Pfeil, Prost.

GAST III Ich habe leider nichts mehr ...

GAST V Tja ...

GAST III Irgendwas ist da faul, wenn Sie mich fragen.

GAST I Herr Ober!! Herr Ober, ich hatte doch noch eine Flasche Beaujolais ...

KELLNER Sie wollen zahlen?

GAST I Nee, wie kommen Sie denn darauf? Das ist doch eine geschlossene Gesellschaft ...

KELLNER Ja, Augenblick.

GAST II Komm, wir haun ab, da ist der Wurm drin ...

SEINE FRAU Ja, aber ...

GAST II Da drüben kassiern die schon.

GAST V Ich habe gehört, Schmidt-Pfeil hat abgesagt.

GAST VI Na und ...

GAST V Tja, ich meine – Schmidt-Pfeil ist doch immerhin – hier ... *Geldgeste.*

GAST III Na und ...

GAST VII Ja also, dann wolln wir mal, nicht wahr Käthe ...

KÄTHE *mit vollem Mund* Mmm, sofort ...

GAST VIII Was, vor dem Dessert gehts ihr schon?

GAST VII Tja, wir müssen noch, Sie verstehn ... Also, wiedersehn ...

GAST IX *vor einem großen aufgehäuften Teller* Ja, also dann ... *Schnallt Serviette ab.*

GAST X Roland, ich habe das Gefühl, da stimmt was nicht, wir gehn auch besser ...

GAST IX Ach was, wir sind eingeladen, jetz wird gessen.

VORSITZENDER *entfernt, pocht an sein Glas* Meine sehr verehrten ...

Ein paar weitere Gäste brechen auf.

GAST I Herr Ober, könnte ich bitte jetzt schon meinen Kaffee …

KELLNER Es tut mir leid, mein Herr, aber ich habe meine Anweisungen.

GAST I Ja aber, ich gehöre doch hier dazu, zu diesem Empfang …

KELLNER Ja eben …

GAST I Wieso, ja eben. *Kellner geht.*

GAST *zu Nachbar* Verstehn Sie das?

NACHBAR Ja, ich werde dann auch so langsam …

Weitere Gäste daneben verabschieden sich.

GAST I Ach so, ja, hmm, ja Herr Ober! Herr Ober, dann bringen Sie mir doch den Kaffee bitte ins Foyer, ich trinke dann meinen Kaffee unabhängig von dieser Gesellschaft, als Privatperson, draußen …

GAST IX Geben S' mir doch bittschön das Brot rüber.

EINER Er soll ja auch den Kulturförderpreis der Stadt Koblenz erhalten haben … Herrschaft, ich hatte doch noch etwas Kräuterbutter bestellt …

EIN ANDERER Tja, der Service hat spürbar nachgelassen.

GAST I Schmidt-Pfeil kommt nicht …

GAST III So ein Schwein …

GAST IV Mensch, dieser Schmidt-Pfeil, das ist ja das letzte. Tja, Schnuckimaus, ich glaube, wir werden dann auch …

GAST V Wie steht dann der Verband da …

GESCHÄFTSFÜHRER *zum Kellner* Herr Kratochwil, schnell abkassieren, die gehn ja schon alle …

GAST X Roland, los wir packens …

GAST IX Jetzt laß mich doch grad aufessen. Was hast es denn so eilig?

GAST X Nun schau doch!!! Wir gehn jetzt endlich. Schmidt-Pfeil kommt nicht, sagt dir das was?

GAST IX Naaa. *Ißt weiter.*

Eine Traube von Gästen drängt sich zum Ausgang. Der Kellner will einen Gast zum Zahlen bewegen.

GAST IX Wo denken Sie hin, ich bin eingeladen. Hier schaun Sie …

GESCHÄFTSFÜHRER Ja, aber Sie, das ist jetzt was anderes, weil da ist niemand da, der das Ganze hier zahlt.

GAST IX Das interessiert mich doch nicht, hier, klären Sie das mit meinem Anwalt. Guten Abend. *Reicht Visitenkarte und geht.*

GESCHÄFTSFÜHRER *leise* Scheiße …

Inzwischen ist der Saal deutlich leerer, der Vorsitzende redet immer noch.

GESCHÄFTSFÜHRER Das gibt ein Donnerwetter.

GAST X Roland, jetz mach doch endlich, reiß dich los, wenn du noch Hunger hast, können wir noch was essen gehn, die sind doch schon fast alle weg.

GAST IX Ah geh, laß mir mei Ruah. *Zum Kellner* Sie, i hätt no gern …

KELLNER Gibt nichts mehr.

GAST IX Wieso?

KELLNER Weils nichts mehr gibt.

GAST IX Holn S' mir den Geschäftsführer! *Nimmt den Rest einer angebrochenen Flasche, gießt sich ein.*

GAST X Na siehste!!! Los, wir gehn.

GAST IX *ißt weiter* Na geh halt schon derweil.

GAST X Also Roland, du bist unmöglich.

GESCHÄFTSFÜHRER *beim Vorsitzenden* Jetzt hörn S'auf zum reden und sagen S' mir endlich mal: Wer zahlt jetzt das Ganze?

VORSITZENDER Ja, ich habe bereits erklärt, eine wichtige Person des öffentlichen Lebens, Herr Schmidt-Pfeil …

GESCHÄFTSFÜHRER Was geht mich Ihr Dings an, wir haben über 4000 Mark Außenstände …

Kellner tippt den Geschäftsführer an und deutet auf Gast IX.

VORSITZENDER Ja aber, ich …

Hier sind fast alle Gäste, bis auf Gast IX und X sowie den Vorsitzenden, bereits weg.

GESCHÄFTSFÜHRER *zu Gast IX* Sie wollten mich sprechen?

GAST IX Wieso gibts jetzt nichts mehr? Was soll denn das?

GESCHÄFTSFÜHRER Ja, wollen Sie für das Ganze hier aufkommen?

GAST X Roland, du bist wohl wahnsinnig!

GAST IX *kauend* Wievui warn denn des?

GESCHÄFTSFÜHRER Wir sind bei zirka vier komma sechs.

GAST IX *zieht Brieftasche, sucht Scheckbuch.* Bringen S' mir doch bittschön noch a Crêpe Suzette und an Himbeersorbet, i richt derweil an Scheck her …

GESCHÄFTSFÜHRER Sie kommen also für den ganzen Empfang auf?

GAST IX Ja, warum net?

GAST X Roland!!

GESCHÄFTSFÜHRER Also gut, dann ist ja alles geklärt. Wir waren bei 4600 Mark ohne Nachtisch.

GAST IX Ah, na mach ma 5000, nachat stimmt der Laden wieder – und zum Sorbet bringen S' ma no an Champagner.

GESCHÄFTSFÜHRER Sehr gern …

GAST IX Sie, aber fei ja kein Sekt net, gel!

GESCHÄFTSFÜHRER Selbstverständlich.

Geschäftsführer und Kellner verschwinden.

GAST X Also Roland, du bist wohl total übergeschnappt, willst dich hier wohl als großen Mäzen aufspielen?!

GAST IX *leise* Ah geh, sei stad. *Greift zur Börse.* Da hast zwei Zehnerl, jetzt rufst sofort an Dr. Noske an, 470 47 40, des is sei Privatnummer. Er soll morgen glei als allererstes ganz in der Früh den Scheck sperrn. *Laut* Prost, Herr Brasch! *Zum Kellner* Und bringen S' mir doch bittschön noch an Espresso.

Ein Airportgespräch

HERR SÖDERBOHM Ja guten Tach, Herr Schmitz.

HERR SCHMITZ Ach, Herr Söderbohm, na guten Tach, wie geht es Ihnen denn?

HERR SÖDERBOHM Ja, es geht. *Lacht.* Naja, ich hab Geburtstag, wie wärs, kommen Sie vorbei?

HERR SCHMITZ Ja, äh, wann haben Sie Geburtstag?

HERR SÖDERBOHM Am 17. April.

HERR SCHMITZ 17. April, lassen Sie mich mal kucken. Ja, nein mein Lieber, nein mein Lieber, da kann ich nicht, 17. April da bin ich in Neuseeland.

HERR SÖDERBOHM Ach, da sind Sie in Neuseeland.

HERR SCHMITZ Haben Sie April gesagt oder war es März?

HERR SÖDERBOHM Nein April.

HERR SCHMITZ Moment, Moment, April, ja, neinnein, da hab ich mich geirrt, April geht ganz schlecht, April bin ich in Feuerland, und dann drüben in Brasilien, und dann muß ich mal schnell rüber nach Kapstadt, warten Sie mal …

HERR SÖDERBOHM Und wie wärs, wenn ich, äh, den Geburtstag einen Tag verschieben könnte auf nen Samstag, ja den 18.?

HERR SCHMITZ Hm, Moment, 18., ach ach, da bin ich auf den Kanarischen Inseln. Tut mir leid, da hab ich nen wichtigen Termin, ne, der läßt sich nicht ändern, nein, hab ich voll gebucht, voll gebongt, alles …

HERR SÖDERBOHM Ja, was machen wir denn da?

HERR SCHMITZ Ja und wie siehts nächstes Jahr aus? Sie haben doch nächstes Jahr wieder Geburtstag, mein Lieber.

HERR SÖDERBOHM Ja, das schon.

HERR SCHMITZ *blättert in seinem Terminkalender* Hm, oder wie wärs, sagen wir, Moment, am 17. Oktober? Können Sie doch auch feiern. Wie wärs?

HERR SÖDERBOHM Ja, das ginge schon. *Blättert in seinem Terminkalender.* 17. Oktober, aber da hab ich 'nen Termin.

HERR SCHMITZ Na, den sagen Sie ab. *Lacht.* Mein Lieber, freut mich, wo fliegen Sie denn hin?

HERR SÖDERBOHM Meine Maschine geht um 17 Uhr 10.

HERR SCHMITZ Na wohin denn?

HERR SÖDERBOHM Weiß gar nicht, hm, ja, also dann, ich muß mich beeilen. Wiedersehen. Tschüß dann.

HERR SCHMITZ Ja also, tschüß, ich freue mich, bis bald, mein Lieber, bis bald. Tschüß.

HERR SÖDERBOHM Tschüß.

Das Mitbringsel

OTTO Da, die Zuckerdosn, wie waarsn mit der?

ERIKA Geh Schmarrn, er is doch Diabetiker, des wäre taktlos.

OTTO Oder da, die Vase?

ERIKA Die is doch von eahna selber!

OTTO Was, die is vom Rüdiger Wolf?

ERIKA Freilich is die vom Rüdiger Wolf.

OTTO Greuslich gnua is' ja, aber des hätt ich jetz nimmer gwußt.

ERIKA De hams uns doch mitbracht, damals, gleich as erstemal, wie mas ham eiladn müßn.

OTTO Ahso, damals, wegam Andy.

ERIKA Ja, genau, damals, wies mitm Andy kommen sind, und da hams uns die Vasn mitbracht.

OTTO *schaut sich um* Mei, schwierig ...

ERIKA Warum hastn die Einladung überhaupts angnommen, de Beziehung war so schön eingschlafn, des hätts doch jetz wirklich net braucht.

OTTO Mei, es ist nimmer anders ganga. Die bohren und bohren, sie vor allem, i hab ja scho viermal abgsagt. Irgend wann waarn ma eh nimmer auskemman.

ERIKA Oder a Buch? *Sucht.* Da: »Sein bester Freund, Geschichte eines Schlittenhundes« ...

OTTO Naa, des hab i selber no net glesn, des bleibt da. Eher scho des da: »Allein ums Kap der guten Hoffnung«.

ERIKA Des hat an Fettfleck. Schad. Sonst schaugats noch aus wie neu.

OTTO Und da, wie waars mit dem Zinnteller?

ERIKA Ja, gib her, der ist guat, i packn ei.

OTTO Gel, der macht was her, also, i mach mi vollens fertig ...

ERIKA Jessas, Otto, da, schaug her, des geht net.

OTTO Wieso?

ERIKA Da is doch as Zeichen von der Sparkasse eingeprägt.

OTTO Was? Wo? Zoag her?

ERIKA Da.

OTTO Von wem ham mir denn den Teller?

ERIKA Den hat uns der Seiser mitbracht.

OTTO Ahso, na hat ern selber gschenkt kriegt.

ERIKA Des werd ich ihr aber bei Gelegenheit amal hinreibn. Jessas, wie spät ham mirs denn?

OTTO Ja, jetz müß ma nachad gehn, sonst schauts blöd aus, wenn mir scho so bald wieder hoamgeh.

ERIKA Ja hoffentlich geh ma bald, du hast doch allweil so a Sitzfleisch ...

OTTO Aber net beim Rüdiger Wolf, mit seine sauren Diabetesweine ... Also, was schenk ma eahna jetz?

ERIKA Ja, mei, ich weiß auch net, du hättst ja schließlich dro denka müassn, daß mir heut abend eigladn sin.

OTTO Ja, jetz is es zu spät. D Lädn san zua, jetz kriegn ma nix mehr.

ERIKA Des Tischfeuerzeug?

OTTO Naa, des kennens, des hams bei uns scho gsehn.

ERIKA Schad.

OTTO Des schaugt doch nach am Verlegenheitsgschenk aus, wo er doch jetz in Bauausschuß neikomma soll. Und wenn mir dann wirklich noch anbaun wollen, dann brauch mirn.

ERIKA Gel, aber den Anbau bringst heut amal wirklich zur Sprache, net daß dn wieder vergißt.

OTTO Naa, heut denk i gwiß dro.

ERIKA As Wichtigste vergißt allweil.

OTTO Jaja, i mach des scho. Da, des Zierkerzerl?

ERIKA Z kloa. Und vor am Nachtisch sagst as, gel.

OTTO Mei, der mit seine Nachtisch, wie kemman mir bloß dem Nachtisch aus ...

ERIKA Laßn halt steh. Da, de Spieluhr?

OTTO Bist du wahnsinnig, de hat 150 Mark kost, de kriagt er net.

ERIKA Irgend a Bild?

OTTO Ham mir koans. Du, i habs! A Rasierwasser. Da hab i no oans. So a 48 12, von der Oma, den Geruch mog i eh net. Herrschaft, wer hatn des jetz scho wieder obatzt? Was mach man?

ERIKA Füll halt a bißl Eau de Toilette dazua.

OTTO Moanst, des merkt ma net?

ERIKA Naa. Außerdem steht ja da Firmenname drauf.

OTTO Genau, des riacht halt aso. Ham mir irgendwo an kloana Trichter?

ERIKA In der rechtn Badschublad.

OTTO Ahja, da, guat, na füll is auf.

ERIKA Aber für sie ham mir dann immer no nix.

OTTO Jetz schaug halt a bißl ...

ERIKA Aber bevor er wieder seine Film auspackt, samma spätestens ganga. Er hat am Telefon angedeutet, daß er uns sein Urlaubsfilm vom letztn Jahr aa no zoagn wui.

OTTO *seufzt* Des aa no, mir glanga scho de Dias. Aber, was sagn mirn nachad?

ERIKA Du redst vom Föhn, und dann merk ich, daß ich Kopfweh hab. – Bist fertig?

OTTO Ja, glei hab is. – Und nachad kannst du no sagn, daß des wahrscheinlich von dieser Umwelt kimmt. Und i kannt dann sagn, daß i vielleicht as Licht am Auto hab brenna lassn, und dann kanntn mir uns zurückziehn.

ERIKA Ja, so ungefähr mach mas. Schaug, für sie hab i jetz aa was gfundn ... *Zeigt Pralinenschachtel.*

OTTO Oh jeh, die oidn Hund von Pralinen, de san ja scho guate zwoa Jahr alt.

ERIKA Aber noch originalverpackt, de kann ma durchaus noch essn.

OTTO Ja, pfuideifi, naja, isja wurscht, i muaß' ja net fressn. Wer hatn uns damals eigentlich de Pralinen bracht?

ERIKA Warn de net vom Dr. Kerstens?

OTTO Ahja, vom Dr. Kerstens san die. Wer woaß, wo der die Pralinen wieder herghabt hat.

ERIKA Kaaft hat er die sicher net ...

OTTO Ja, aber wer schenktn am Dr. Kerstens solchene Pralinen ...

Beim Sauerbraten

Rosa und Ernst Lichtblau und der Besuch Alfons Beizel sitzen im Salon um einen festlich gedeckten Tisch. Arnfried Edler v. Ecksteyn versucht, einen Sauerbraten mit herkömmlichen Mitteln zu tranchieren.

BEIZEL Bayern steigen ab.

ERNST So ...

v. Ecksteyns Bemühungen scheitern, er geht in die Küche.

BEIZEL Bayern steigt heuer ab.

ROSA Also, mir warn neulich wieder in der Oper drin, an Lohengrin hams gspielt, as Bühnenbild schauderhaft, mit so Laserstrahlen und so, gel, und statt am Schwan hams an Pinguin verwendet ...

ERNST Naa, des war ein Flamingo.

ROSA Geh red doch net, a Pinguin wars, weil die werden immer moderner da drin, und dieser Rodriguez, der hat an Ding, an Telramund gsungen, also des war kein Ohrenschmaus. Dem sein hohes C hat einfach keinen Pfiff. Der hat sich anghört, wie wenn er an Schnupfn ghabt hätt.

ERNST So an Stockschnupfn ...

ROSA Mei, er kommt vom Süden, die ham a ganz a anders Klima, die singen da meistens mehr im Freien, gel.

ERNST Obwohl, bei so ara Starbsetzung, ko ma eigentlich scho was verlangen, gel, mir ham über 120 Mark zahlt pro Kartn, Premierenabonnemaa.

ROSA Ja, aber nimmer lang, weil, wenn die so weitermachen, na kündigen mir. Schaugn S', mir warn im Ballett ...

ERNST An Nußknacker ...

ROSA ...und na ham mirn uns angschaugt, diesen Nurejew, gel, also, er ist ja schon eine Spitzenkraft, schon ein Könner, aber ich hab den Eindruck, der hupft auch nimmer so hoch wie früher.

ERNST I glaub, der hat des auch garnimmer nötig.

v. Ecksteyn tranchiert jetzt den Braten mit einem lauten Elektromesser.

ERNST Sehr schön, Arnfried. Sehr schön machen Sie des. Des macht er gut, gel.

BEIZEL *nickt* Jaja, aber ich glaub, Bayern steigt heuer ab.

ERNST Ja, scho möglich, aber mir warn ma heuer in Algerien in Urlaub, mir ham in am Firstclasshotel gewohnt, also, servicemäßig einwandfrei, mir ham an Blick aufs Meer ghabt, und auf der andern Seitn von der Terassn an Blick aufs Armenviertel ...

ROSA Also sehr malerisch ...

ERNST Da hat mas dann auch genau gsehn, wies da gebettelt ham und so, also, wirklich, sehr malerisch.

ROSA Aber die Gerüche.

ERNST Ja mei. Diese Gerüche. Da steigen also diese Gerüche auf, und dagegen unternehmens nix.

ROSA Daß ma da net irgend an Spray oder sowas einsetzt ...

ERNST Also ich muß sagn, da fahrn mir nimmer hin. Danke, Arnfried. Des kann er gut, des Servieren. Er ist aus bestem Hause, fast a Herzog.

ROSA Er is a echter Edler von Ecksteyn.

ERNST Mei, aber total verarmt. Zerscht hams eahm sei Burg weggnommen, und an Rest hat eahm as Finanzamt zwickt. Vom Ismeier Winfried hammern übernommen, der hatn vor uns ghabt.

BEIZEL Der Ismeier is doch pleite.

ERNST Genau, sonst hätt man garnet kriagt ...

ROSA Der Ismeier hätt ihn nie hergeben, weil er is so treu.

ERNST Arnfried, krieg ich noch a Kroquette, und geben S' am Herrn Beizel aa no oane. Sie mögn aa no, oder?

BEIZEL Mm. Danke. Also, wenn S' mich fragen, Bayern steigt heuer ab.

ROSA Tatsächlich? Also, mir ham uns extra wegen am Arnfried lauter Meißen kemma lassn, weil, was anderes rührt er gar net o. Er is a ganz a Feingsponnener.

ERNST In seiner Freizeit geht er immer ins Museum, weil, er is klassisch gebildet. Ah, Arnfried, geh, legen S' was auf, aber was leichts.

ROSA Und dann bringen S' as Sorbet.

ERNST Wie er sich bewegt, unnachahmlich. Der hat scho Manieren. Entfernt is er mit de Mittelsbacher verwandt, er hat scho an Stil, gel, a bißl lauter, Arnfried! Er selber mags lieber klassisch. Morgen gibts wieder an Mozart, gel Arnfried?!

ROSA Er hats scho gut bei uns. Er kriegt fast 1000 Mark im Monat, und essen darf er umsonst.

BEIZEL Jaja, das glaub ich. Aber eins is ganz klar: Bayern steigt heuer ab.

Herr Tschabobo

Hanna und Egon Stoiber sowie Bubi, Opa Stoiber und Besuch Romy und Herbert Schwalbe sitzen vor einem gedeckten Kaffeetisch.

HANNA Naja, mir ham ihn dann doch gnommen, weil er is ausgesprochen sauber. Also er wäscht sich, und er schwitzt auch gar net.

EGON Obwohl ma ja sonst vom Neger im allgemeinen sagt, daß er immer so transpiriert.

HANNA Nein, des is also jetz bei unserm garnet der Fall. Also, ma riecht fast garnix. Er ist auch aus bestem Hause. Sei Vater is irgendwie a König oder so, in Tschurangrati.

OPA Eine Art Häuptling oder Stammesfürst.

ROMY So. Und er is mitten aus Schwarzafrika?

EGON Ja, aber des war früher mal a Kolonie.

HANNA Obacht, i glaub, jetz kimmt er. Kommen S' rein, Herr Tschabobo, gleich gibts an Kaffee! *Tschabobo erscheint.* Also, des is Herr und Frau Schwalbe, und des is der Herr Tschabobo, unser Untermieter.

HERBERT Angenehm.

ROMY Sehr nett.

TSCHABOBO Guten Tag.

HANNA Nehmen S' doch Platz, Herr Tschabobo, mögen S' amal an Gugelhupf probiern? Des wern S' wahrscheinlich no net kenna, des is eine Spezialität.

EGON Des werns net kennen, da druntn, des gibts da gewiß net, bei dene.

HERBERT Na, an Gugelhupf kennens sicher net, woher solln s'n auch kennen, an Gugelhupf.

HANNA Gel, an Gugelhupf kennen Sie nicht, Herr Tschabobo, aber sowas wie a Gebäck, des gibts doch sicher auch bei Ihnen da drunten.

TSCHABOBO Ja, wir haben schon Gebäck, aber Gugelhupf gibt es nicht.

EGON Gel, an Gugelhupf kennens net. Er sagts ja selber.

OPA Obwohl der Neger ja zeitweise mit der deutschen Küche in Berührung kam, unter Lettow-Vorbeck. Speziell als Küchenpersonal. Davor wurde ja dort noch Menschenfleisch verzehrt. Nich wahr, Herr, ah, Tschabobo, bei Ihnen werden ja die Gerichte sagen wir mal mehr auf der Basis von Bananen entwickelt, und diesen Kokosnüssen, oder?

HANNA Jetz laßts halt amal an Herrn Tschabobo in Ruhe sein Gugelhupf probiern. *Schiebt ihm ein Stück hin.* Da, jetz beißen S' amal nei. *Herr Tschabobo beißt.* Es is koa Zucker drin, sondern nur a Süßstoff. Schmeckts?

Herr Tschabobo würgt den trockenen Kuchen im Mund.

HERBERT Für an Neger muß des doch hochinteressant sein, amal so an Gugelhupf probiern.

EGON Vor allem, wenn er'n no net kennt hat, vorher.

HANNA Essen S' ruhig auf, mir ham scho noch. Sie kriegen gern noch a Stückl, wenn S' wolln. Mei Mann vertragt'n net, ich eß sowieso kein Kuchen, und der Bubi hat zur Zeit seine Hamburgerphase. Was is, Herbert, Romy, mögts ihr no a Stück?

HERBERT Naa, dankschön.

ROMY Später vielleicht.

HANNA Aber an Hamburger kennen Sie schon, Herr Tschabobo?

TSCHABOBO *mit vollgeklebtem Mund* Mhm.

EGON Freilich kennt er an Hamburger, an Hamburger kennt heut a jeder, außer am Ostblock vielleicht. Aber de da drunten, de ham sicher an Hamburger.

HERBERT Natürlich hams Hamburger, sogar Cheeseburger. Ich kenn doch die Verhältnisse da drunten. Mir ham vorigs Jahr doch diese Pauschalreise nunter gmacht. 922 Mark, nach Kibi. Da hamsn immer am Strand serviert, vom Hotel aus. Kennen Sie vielleicht zufällig as Hotel Elfenbein? *Herr Tschabobo schüttelt den Kopf.* Da is sehr nett, da müaßatn S' direkt amal hifahrn. De Schwarzen, de da bedienen, sand sehr freundlich. Freilich, im Landesinneren, da hams kein Hamburger. Mir ham so a Safari gmacht, in so an Negerkral, und da hams kein Hamburger ghabt, weil der Hamburger muß ja tiefgefroren sein, und de ham ja kein Strom, drum essen ihn dort nur Leute aus besseren Kreisen.

OPA Also die Volksgrundnahrung ist nach wie vor Kokosnuß und Banane.

EGON Bananen san doch nix Schlechts, oder, Herr Tschabobo?

TSCHABOBO *würgt noch am Kuchen* Mmm ...

EGON Da, er sagts selber, Bananen sans gwohnt, de mögns.

HANNA Aber jetz is er scho mal da bei uns, der Herr Tschabobo, und bei uns, da kriegt er jetz an Gugelhupf. So, da nehmen S' jetz noch a Stück.

TSCHABOBO *macht abwehrende Geste* Mmm.

HANNA Sie brauchen Eahna nix denken, es is genug da. *Legt ihm noch ein Stück auf den Teller.* Er is ja so bescheiden, unser Herr Tschabobo. Is er gut?

EGON Is halt amal was anderes, gel.

TSCHABOBO *kaut mühsam* Mhm.

HERBERT Was's aa sehr gern essen da druntn, des is a so a grünes Ding, aso rund ...

ROMY Des san Kiwi.

HERBERT Naa, Mango.

EGON Ah, Mango ...

ROMY Naa, Kiwi.

OPA Ach so, Mango und Hirse ...

HERBERT Naa, a so rund und grünlich is es. Aber mehr rund.

ROMY Kiwi.

EGON Rohe Orangen oder Zitronen vielleicht.

HERBERT Naa, de essens net, Mango heißens.

ROMY Naa, Kiwi!

HANNA Fragts halt an Herrn Tschabobo, der muß es doch wissen. Ah, Herr Tschabobo, wie heißen jetz diese Früchte? Grün sans, und rund.

EGON Is des jetz Mango oder Kiwi?

TSCHABOBO Beides ist möglich.

EGON Ja, da hat er recht. Gar net blöd.

ROMY Trotzdem warns Kiwi.

HERBERT Naa, Mango.

HANNA Ah, Herr Tschabobo, Ihr Herr Vater is doch König.

TSCHABOBO Ja, so könnte man sagen.

HANNA Da hat ers sicher auch net leicht. Weil, früher war des was anders, aber heut is schwierig wordn.

EGON Sand Sie auch irgendwie politisch tätig?

TSCHABOBO Ja, etwas schon.

EGON Gel, ma muß allweil aufm laufenden sein ...

OPA Politisch ist man da unten lange nicht so interessiert wie bei uns.

EGON Ma hört ja selten was Gscheids von da druntn. Im Fernsehn, wenns was bringen, is des meistens nix Gscheids.

HERBERT Aber des Hotel, Elfenbein hats gheißn, des war so gut organisiert. Gel Romy. Der Strom is halt zweimal ausgfalln, aber des Hotel so anundfürsich, ja ... es is auch unter a deutschen Leitung.

OPA Ist Ihre Region schon christianisiert, ich meine, sind Sie bereits missioniert?

TSCHABOBO Wir haben einen katholischen Bischof.

HANNA Ah geh? Und die Protestantn, sin auch vertreten?

TSCHABOBO Wahrscheinlich ...

HANNA Ah, jetz amal ganz was anders, Herr Tschabobo, was treibt Sie denn eigentlich hier her zu uns, ich mein, was machen Sie so, beruflich, ich mein, genauer ...

TSCHABOBO Tja, äh, ich war längere Zeit in Cambridge und Yale, habe dann eine Assistentenstelle in Frankfurt angenommen bei Professor Horrowitz, und zur Zeit promoviere ich gerade über molekulare Spektralanalyse.

EGON Ah so, des is sicher hochinteressant. Da müssen S' wahrscheinlich viel arbeiten ...

TSCHABOBO Es geht.

HANNA Ah, Herr Tschabobo, mir ham da an ganz an persönlichen Wunsch. Wissen S', unser Bubi, der hat a neue Trommel kriegt. Und wie er ghört hat, daß Sie heut kommen, hat er gmeint, ob Sie net amal ihm a bißl was vortrommeln könntn, könnten S' net so a bißl Urwaldatmosphäre, ... fürn Bubi wärs halt a Mordsfreude. *Hält ihm eine Trommel hin.* Könnten S' net a bißl drauf musiziern, weil Sie können doch des ...

EGON Sonst hört mas ja bloß noch im Radio.

HERBERT Im Hotel ham mirs Tag und Nacht ghört. Mir hams as Fenster zugmacht, sonst hätt ma net schlafn können, gel Romy ...

TSCHABOBO I'm sorry, Madame, aber ich bin nicht vom Busch ...

HANNA Da, bitte, Herr Tschabobo, fürn Bubi ...

TSCHABOBO ... bitte, wenn Sie meinen ... *Nimmt die Trommel.*

HANNA So, Bubi, jetz paß auf, jetz gehts los.

EGON Jetz hörst as Tam-Tam.

Herr Tschabobo trommelt matt.

OPA Hochinteressant ...

EGON Sehr gut. Des hat er halt im Blut, der Neger.

Der Groschen

Ein paar Nachzügler verlassen die Oper, darunter Herr und Frau Söderbohm. Ein Bettler kauert am Treppenhaus zur Tiefgarage.

ANKE Wo bleibt denn Dr. Schmitz?

HORST Der is noch auf der Toilette.

ANKE Also, Othello im Frack, ich weiß nich.

HORST Aber der Tenor war Klasse, ne.

ANKE Naja, ich weiß nich ...

HORST *sieht den Bettler* Anke, haste ma'n Groschn?

ANKE Nöö, wozu?

HORST Naja, hier ... *Deutet auf den Bettler.*

ANKE Nö, n Groschn hab ich nich.

HORST *Geste zum Bettler* Moment. *Sucht.*

DR. SCHMITZ *kommt eilig* Tschuldicht, Kinners, aber das lange Sitzen ...

ANKE Also, wohin gehn wir denn nu? Französisch oder vietnamesisch?

DR. SCHMITZ Egal, Hauptsache, gute Küche.

HORST Ach, Herr Dr. Schmitz, haben Se nich grade was Kleingeld bei sich?

DR. SCHMITZ Moment. *Zieht eine pralle Geldspange heraus.* Hier, Zehner, genügt das?

HORST Nenee, um Gotteswillen, viel zu viel.

DR. SCHMITZ Ja, wozu denn?

HORST Na, hier ... *Deutet.*

DR. SCHMITZ Achsoo ...

ANKE Also Kinners, nu macht doch endlich, ich schlage hier Wurzeln ...

BETTLER Gehnga S' ruhig weita ...

HORST Nenee, das kriegen wir schon. Das wär doch gelacht.

BETTLER Macht doch nix, gehnga S'zua ...

DR. SCHMITZ *hat auch gesucht* Hier, zwei Mark?

HORST Nöö, zwei Mark is zu viel, n Groschen oder so.

DR. SCHMITZ Tja, n Groschn ...

BETTLER Is scho recht, lassn S' ...

ANKE Nu laßt doch diesen Mann in Ruhe, äh, sagen Se mal, hier soll son französisches Lokal sein, Le Brasserie Bertier, gleich um die Ecke ...

BETTLER Ja mei, naa ...

DR. SCHMITZ Nee, Groschen is nich, tut mir leid.

BETTLER Des macht nix.

HORST Tja, Pech. Also los, gehn wir. Ich würde vorschlagen Da Pipo ...

ANKE Ach nöö, die ewigen Italiener, kann ich nich mehr ab.

DR. SCHMITZ Dann gehn wir doch wieder ins Le Gourmet, essen wir provençale.

ANKE Au, Klasse, aber da kriegt man doch nie'n Platz.

DR. SCHMITZ Ich kenn Jean Claude. Der kriegt 20 Mark, und die Sache is gebongt.

HORST Tja, dann man ran, wir nehmen aber n Wagen, würd ich sagen ...

Der Heimweg

Heinz Bindel und James Grützner stehen im Eingang einer Villa. Frau Dr. Käfer verabschiedet die beiden. Von innen Kammermusik.

FRAU KÄFER Finde ich aber wirklich schade, daß Sie schon so früh ...

HERR BINDEL Ja, leider, Frau Dr. Käfer, aber ich muß an Herrn Grützner noch zum Flughafen nausbringen.

FRAU KÄFER Um diese Zeit, fliegt denn da überhaupt noch was?

HERR GRÜTZNER Des is a Sondermaschine, gnä Frau.

FRAU KÄFER Ja, aber da könnte ich Ihnen doch auch ein Taxi rufen ...

HERR GRÜTZNER Naa, gnä Frau, des is mir zu unsicher.

FRAU KÄFER Oder Ahnfried könnte sie doch genauso ...

HERR GRÜTZNER Vielen Dank, gnä Frau, aber des is wirklich net nötig.

HERR BINDEL Wissen S', wir können dann unterwegs auch noch das ein oder andere besprechen. Des is wirklich schad, Frau Dr. Käfer, aber jedenfalls, vielen herzlichen Dank für diesen schönen Abend, also wirklich ...

HERR GRÜTZNER Gnä Frau, dem kann ich nur beipflichten, Sie haben das alles so fabelhaft arrangiert.

FRAU KÄFER Ja, aber Sie haben doch kaum etwas gegessen.

HERR BINDEL Ja mei, gnä Frau, aber zur Zeit, wissen S' meine Linie.

FRAU KÄFER Aber Herr Bindel, grade da ist Naturkost das Allerbeste ...

HERR BINDEL Ja, schon, aber auch nur in Maßen.

HERR GRÜTZNER Helmut, ich glaub mir müssen jetzt dann schön langsam ... Gnä Frau, es hat mich sehr gefreut. *Gibt Handkuß.*

HERR BINDEL Ja, es war wirklich, Sie verstehn ...

FRAU KÄFER Nein nein, das Vergnügen ist ganz auf meiner Seite. Aber vielleicht kommen Sie bald mal wieder vorbei, wie wärs nächsten Dienstag, da geben wir eine kleine Soiree, Rüdiger Wolf liest aus seinem neuen Gedichtband.

HERR GRÜTZNER Ah, der Rüdiger Wolf.

FRAU KÄFER Ja, und dazu haben wir noch ne anatolische Volkstanztruppe eingeladen, das wird sicher hochinteressant, auch für Sie, Herr Grützner.

HERR GRÜTZNER Ja, das glaub ich.

FRAU KÄFER Da kommen Sie beide doch einfach wieder vorbei.

HERR BINDEL Ja, schön, wann haben Sie jetzt nochamal gsagt, gnä Frau, nächsten Dienstag?

FRAU KÄFER Ja, nächsten Dienstag, so ganz zwanglos, gegen 19 Uhr beginnen wir.

HERR BINDEL So viel ich weiß, gnä Frau, ist es doch der Vierzehnte ...

HERR GRÜTZNER Ja, das ist der Vierzehnte. Genau.

HERR BINDEL Auauau, da siehts ganz schlecht aus. Wissen S', wir baun jetzt doch auch in Ibiza, verstehen Sie, also, ich kanns versuchen, aber ...

FRAU KÄFER Und Sie, Herr Grützner, mit Ihnen kann man doch wohl rechnen?

HERR GRÜTZNER Gnä Frau, Messe, sie wissen was das für uns bedeutet.

FRAU KÄFER Naja, Sie werden ja sehen, ich würde mich jedenfalls freun.

HERR GRÜTZNER Also dann, Frau Doktor, nochmals Dank für Speis und Trank ...

FRAU KÄFER Oder kommen Sie doch am Achtzehnten zu unserem Hausmusikabend, das is n Wochenende ...

HERR BINDEL Ja, äh, sehr gern, äh, wenn sichs einrichten läßt, des kann ich Ihnen so aus m Hut nicht so genau sagen, was war am Achtzehnten, ja is äh ja, aber, prinzipiell sehr gern, gnä Frau.

HERR GRÜTZNER Ich wers mir auf alle Fälle vormerken, aber entschuldigen S', gnä Frau, daß ich jetzt a bisserl drängel, aber mein Flieger ...

FRAU KÄFER Oder Sie können auch mal einfach so spontan vorbeischaun, das werden oft die nettesten Abende.

HERR BINDEL Jaja, des mach mer amal, äh, ich hab glaub ich nix vergessen ...

HERR GRÜTZNER Heinz, jetz müss mers dann aber wirklich packen ...

FRAU KÄFER Tja also, ich will Sie nicht länger aufhalten.

HERR GRÜTZNER Gnä Frau, es war mir ein Vergnügen. Nochmals vielen herzlichen Dank.

HERR BINDEL Frau Dr. Käfer, ebenfalls, also, vielen tausend Dank für diesen unvergeßlichen Abend ...

FRAU KÄFER Na, nu übertreiben Sie mal nicht, äh, Ahnfried, begleiten Sie bitte noch Herrn Bindel und Herrn Grützner zum Ausgang.

HERR BINDEL Naa, also, des brauchts doch net.

HERR GRÜTZNER Vielen Dank, aber, also dann ...

FRAU KÄFER Nun beeilen Sie sich, sonst versäumen Sie noch Ihren Flieger.

HERR GRÜTZNER Ja, genau, also dann, wiederschaun ...

FRAU KÄFER Tschüß, bis bald.

HERR BINDEL Jaja, also, wiederschaun, äh und äh, wir bleiben auf alle Fälle in Kontakt. Also dann, wiederschaun ...

HERR GRÜTZNER Wiederschaun ...

FRAU KÄFER Tschüß ...

Ahnfried begleitet Grützner und Bindel zum Gartentor, hält das Gartentor auf, die beiden bedanken sich, Ahnfried geht zurück zum Haus, Bindel und Grützner sehen Ahnfried nach, Bindel rülpst, Grützner gibt einen Leibeswind frei. Beide stellen sich an die Gartenhecke und entleeren.

HERR GRÜTZNER I hobs am Schluß einfach nimmer ausghalten. I sog das ganz ehrlich, a so a gspinnerte Goaß ...

HERR BINDEL Und de Deppen, die allweil bei ihr umanand hocken.

HERR GRÜTZNER A so a bläde Hennen.

HERR BINDEL Naja, aber jetz ham mer uns amal wieder seng lassen, jetz brauch ma so schnell nimmer hi.

HERR GRÜTZNER Mir ham jedenfalls des unsrige getan. Den Auftrag ham mer so guat wia im Kasten.

HERR BINDEL Mei, aber ganz kimmst ihr halt net aus, aber des Fressen bei ihr is für mi allweil des schlimmste. Zerscht diese roten Ruam, pfui deifi ... *Rülpst erneut* ... und dann der braune Gsundheitsbaaz, was war denn des?

HERR GRÜTZNER Irgendso a Sojapampf. Aber des hob i ja scho vorher gwußt, i hob ma davor no zwoa Hamburger eipfiffen.

HERR BINDEL Ja, aber i sog das, i hob jetzt einen Kohldampf beinander, des is nimmer feierlich.

HERR GRÜTZNER Ja bestens, i hob im Greyhound an Tisch bstellt. Da freß ma jetzt an Mozart-Toast und an Salad Nissoise, un na schwoam mer den Sanatoriumsfraß wieder owa.

HERR BINDEL Genau. I brauch jetzt auf alle Fälle zerscht amol an Schnaps.

Die beiden gehen zum geparkten American-Car.

FRAU KÄFER *steht noch im Eingang und winkt* Tschüüüß.

HERR BINDEL Gnä Frau ...

HERR GRÜTZNER Ja, äh, nochmals ... äh ... *Beide steigen ein und fahren davon.*

Urlaub, Reisen und Verkehr

D'Anni hat auch gsagt, äh Englisch ist doch heutzutag keine Fremdsprache mehr. Sie selber sagt, also sie selber sprichts zwar nicht, sagt sie, aber Englisch spricht doch heutzutag fast a jeder.

Der Stau

Kurz vor Sonnenaufgang auf der Autobahn, normaler Verkehr, im Auto von Familie Löhlein: Oskar, Ingeborg und Heinz Rüdiger. Oskar Löhlein ißt am Steuer ein ›Raider‹. Aus dem Radio die übliche fröhliche Musik bis zum frühen Morgen.

OSKAR Wenn ma guat san, na samma nor vor Elfe da.

INGEBORG Mei, hoffentlich, weil, ab Mittag werds oiwei so hoaß. *Hält Oskar einen Thermosflaschendeckel mit Kaffee hin.* Magst no an Schluck …

OSKAR Mhm … *Schlürft.*

INGEBORG Obacht!! *Man sieht stehende Autos auf der Fahrbahn.*

OSKAR Ja was is des … *Bremst scharf.*

Der Wagen steht. Man hört Bremsen quietschen von Wagen, die hinten auffahren. Fast zwanzig Sekunden nur Motorenstandgeräusch.

BAYERN DURCHSAGE Hier ist Bayern 3, die Servicewelle von Radio München. Auf der Autobahn Salzburg im Raum Hofolding stehender Verkehr infolge mehrerer Auffahrunfälle. *B-3-Zeichen.*

INGEBORG Weils allweil so rasen.

Oskar bläst Luft durch die Backen und sieht auf die Uhr.

9 Uhr vormittags, gleiche Stelle, gleicher Stau. Oskar Löhlein steht mit Feldstecher im Auto und schaut aus dem Schiebedach nach vorne. Ingeborg steht neben dem Wagen und schaut zu Oskar auf. Heinz Rüdiger spielt im Straßengraben mit zwei Spielzeugautos Autorennen.

HEINZ RÜDIGER Tatü, tataa, brrmmbrmm …

Alle Motoren ringsumher sind abgeschaltet. Von Ferne undeutlich verschiedene Autoradios; Leute, die neben ihren Autos stehen, es scheint ein heißer Tag zu werden.

OSKAR I siehg nix.

Man hört entfernt ein Auto anlassen, alle steigen in ihre Wägen, einer nach dem anderen läßt sein Auto an, der LKW vor Löhleins bläst Oskar eine schwarze Dieselwolke ins Gesicht, Oskar setzt sich, Ingeborg und Heinz Rüdiger steigen ein, allgemeines Türenklappern, Wagenanlassen, Oskar kann fast eine Wagenlänge vorwärtsfahren, eine Zeitlang Motorenstandgeräusch, dann allmählich allgemeines Motorenabschalten.

11 Uhr, gleiche Stelle. Die Bayern-3-Durchsage wird wiederholt; es wird allmählich heiß. Eine provisorisch gedeckte Tafel am Boden des Löhleinschen Wohnwagens, die Türen sind geöffnet, Ingeborg und Oskar sitzen auf Campinghockern auf der Straße davor, Heinz Rüdiger hockt daneben auf der Leitplanke.

VOM NEBENAUTO Na, schmeckts?

OSKAR Ja mei, was soll ma sonst machn ...

INGEBORG Heinz Rüdiger, iß schön anständig!

OSKAR Salz!

Ingeborg reicht ihm das Salz. Der Mann vom Nebenauto wienert seine Motorhaube.

13 Uhr, flirrende Hitze. Familie Löhlein sitzt erledigt im Auto und brütet vor sich hin. Die rechten Seitentüren sind geöffnet. Oskar raucht eine Zigarette. Eine Fliege surrt an der Windschutzscheibe, von weiter weg hört man den folgenden Dialog.

STIMME I Was, in acht Stunden nach Italien? Donnerlüttchen!

STIMME II Freilisch. In sechs Stund fahr isch nach Venedisch. Isch hab jetz die hundertsechzisch Pe-Es-Maschin, des genücht eichendlich, frailisch, isch main, fizzisch Pe-Es mehr, in de Tii-Ausführung, is scho noch schpürbar besse, vor allem im middleren Beraisch un baim Übeholle, abe isch main, wann fährt ma sowas scho mal rischdisch aus, nä. Obwohl, mai Vedde, der hat de Tii – nä, der schafft Venedisch in fünf Stunne.

STIMME I Donnerlüttchen.

STIMME II Un im Verbrauch is braktisch kai Unnerschied, bloß im Raifeverschlaiß, aber wisse Se, isch bin kai Schbrinde, nä, isch fahr maine hunnerdachzisch Sache un des muß genüche. Des is a soliede Raisegeschwinnichkaid, un kai so Hedzerai. Un ma kommd doch züchich voran, nä. Also isch kann aufs Fluchzeuch direkt verzichte. Isch main, auf Kurzschdregge, ned im Inderkondinendalvakehr ...

STIMME I Komplett meine Meinung.

STIMME II Schau Se, isch fahr jetz für vier Dag nunne nach Kalabrie, nä, des sin hin un redur je zweidausend Killomede. Am Middwoch had mai Eldesde Gebottsdach, da mus isch zurück sai, weil, wisse Se, mai Frau, die liecht noch im Krangehaus, die hat an Audounfall gehabd, also schaue Se, mid am normale Fahrzeuch da schaff isch des niemals. Mid a nommale Bleschkisde brauch isch da gar nisch erst antrede.

Zwei vollbeladene Tramper marschieren zwischen den beiden Autobahnschlangen in Richtung Süden. Sie halten an Löhleins PKW.

TRAMP Eih Mann, haste ma Feuer?
Oskar hält wortlos seine Zigarettenkippe zum Fenster hinaus, der Tramp bedient sich. Okay dann, schön Tach noch. *Die beiden Tramper gehen weiter.*

STIMME II Sache Se mal, wie schbäd hammen Sie?

STIMME I Dreizehnuhrdrei.

STIMME II Aah is gud, dann wedd isch amal de Weddeberischt aischalde. Alsdann, a gude Rais noch.

STIMME I Vielen Dank, und Ihnen eine gute Fahrt.
Zwei Autotüren knallen, die Fliege an der Windschutzscheibe nimmt einen neuen Anlauf.

16 Uhr. Auf der leeren Gegenfahrbahn fährt ein junger Mensch mit seinem Cabriolet vorbei, aus dem laute Musik dröhnt; er beobachtet mit Genuß und Interesse den Stau. Familie Löhlein und andere Staumenschen schauen ihm mißbilligend nach. Oskar sieht auf die Uhr.

OSKAR Jetzt waar was z'essen recht.

INGEBORG Magst an Schwedenhappen ...

OSKAR Ja, is recht.
Ingeborg fängt zu suchen an, entdeckt ein zerlaufenes Eis, sucht weiter.

INGEBORG I finds net.

OSKAR Schaug halt unter de Tomaten, bei de Pfirsiche ...

INGEBORG Hab i scho.

OSKAR Oh mei ... *Geht zum Wohnwagen.*
Oskar und Ingeborg suchen jetzt gemeinsam. Heinz Rüdiger spielt Auto.

HEINZ RÜDIGER Tatü tataa, brmm brumm ...
Oskar und Ingeborg räumen verbissen den ganzen Kofferraum und den Wohnwagen aus.

OSKAR Am Schluß hast as vergessn.

INGEBORG Da is's ja.

OSKAR Wo wars jetz?

INGEBORG Zwischen de Zwiebeln.
Die beiden beginnen wieder einzuräumen.

19 Uhr. Familie Löhlein sitzt auf Campingklappstühlen an einem Campingklapptisch vor dem Wohnwagen beim Abendbrot.

HEINZ RÜDIGER Bappa, wann fahrn mir denn wieder?

OSKAR *haut ihm plötzlich unbeherrscht eine runter* Frag net so saudumm. *Von ferne Abendglockenläuten.* Salz!

Ingeborg reicht das Salz. Allgemeines Anlassen, Familie Löhlein sitzt im Dieselqualm des LKW.

Schnell, pack zamm.

Ingeborg kramt hastig das Essen zusammen, Oskar eilt ans Steuer. Läßt an. Der Stau fährt schon ein wenig. Oskar will losfahren.

INGEBORG Halt, halt, no net!!

Oskar wartet, ein Sportwagen mit Pirmasenser Nummer schert aus der linken Spur aus und klemmt sich zwischen den LKW und die Löhleins. Die Autos stehen wieder.

OSKAR Ja, Sie, wie ham mas denn!!

INGEBORG A so ein Büffel ...

Oskar hupt. Daraus entsteht kurzes allgemeines Hupkonzert. Dann schalten alle die Motoren wieder ab. Ingeborg räumt das Essen wieder her.

OSKAR Weilst allweil so trietschelst.

23 Uhr 30. Die Autobahn im Mondlicht. Familie Löhlein sitzt im Auto, gedämpftes Innenlicht. Oskar studiert den Autoatlas, Ingeborg schaut zu, Heinz Rüdiger döst vor sich hin.

OSKAR Und dann fahr ma da bei Vicenca, fahr ma links weg, auf der Landstraßn. Und daa, beim Trasumener See fahr ma wieder auf d Autobahn. Na spar ma an Haufen Zeit und Gebühren.

INGEBORG Genau, so mach mas. *Gähnt.*

OSKAR Un nachad, dad i sagn, fahr ma vier Dag eher wieder zruck, daß ma net in Stau neikemman.

INGEBORG Genau.

OSKAR Weil, durch den Stau hier, da ham mir jetz schon fast an ganzen Dag verlorn.

Der PS-Rock

1. STROPHE Mir ham an 8-Zylinder-Reihenmotor
und an Doppelscheinwerfer Halogen davor,
hab an Doppelvergaser, zwoa Ralleystreifen,
Aluminiumfelgen und Stahlgürtelreifen,
ham a Quarzuhr, a Drehstromlichtmaschin
und a Einspritzpumpn, daß ma schneller sind
180 PS, des is net zvui
und mir ham alle asselbe Ziel:

REFRAIN Fahr ma abi in Süden, wos wärmer is,
brech ma nei in des Ferienparadies,
fahr ma alle miteinanda zu gleichen Zeit
an des Allejahrwiederplatzl, des uns so gfreut,
fahr ma abi in Süden, wo d Sonna scheint,
fahr ma alle mitm Auto, des is uns a Freud,
fahr ma alle miteinanda zum selben Strand,
nachad samma im Urlaub wieda alle beinand.

2. STROPHE Mir ham an Superradio 4-Kanal
mit 6 Programmtasten, frei nach Wahl,
ham a Sportlederlenkrad und Schalensitz
und a Klimaanlag, daß ma net aso schwitzt,
ham an Amperemeter, an Drehzahlmesser
und a Dreiklanghupen, damit fahrt si's besser.
Unser Weg zurück zu der Natur führt heut auf einer breiten Spur:

... und glei nomoi! Haha, scho wirkli gel, aba scho ehrlich!

Die Kulturreise

FRAU MITTERWIESER Mir samma heuer nach Italien abi, ham mir amal so a Kulturreise gmacht. Gel, aber scho in Bozen ham mir so a Panne ghabt, na ja, irgendwie, a Reifen is uns platzt, ich glaub, vielleicht hams uns neigstochn ghabt, i woaß net. Na warn mir noch in Verona, und da ham mir a sehr gutes Kalbfleisch gessen, na samma runter dann da, da nach, wie heißts, Florenz, da ham mir aber nachad schlecht an Parkplatz kriegt, net, is ja alles verbaut da bei dene. Und in Perugia, da hat der Franz dann sein Durchfall kriegt, vom Obst, net, obwohl mir ja sonst die Lebensmittel alle selber dabeiham, weil, da drunten des is ja z gfährlich, net. Aber mei, und dann sammir, mir ham versucht, dieses Carabinieri da zu finden, da sin mir also ständig rumgfahrn, des war auch irgendwie, ich weiß aa net, die ham a schlechte Beschilderung. Und dann in Rom hams am Franz ja die Geldbörse rausgstohln, net – grad in Rom. Naja, naja, sonst is ja net schlecht da drunt, s nächstemal fahrn mir aber nach Spanien.

Vom Boden essen

Ein italienisches Straßenlokal. Otto und Ute sitzen am Tisch. Am Nebentisch sitzt eine Dame.

KELLNER So bitte, was darfs sein?

OTTO Prego, vogliamo due Calamari diabolo, e poi ...

KELLNER Irgendwas dazu?

OTTO Ja, äh, prendiamo una insalata mista e un poco di pane.

KELLNER Also zweimal Tintenfisch, gemischter Salat und Brot.

UTE Herr Ober, könnten Sie nicht hier ein bischen abwischen, das ist ja schauderhaft schmutzig. Sehen Sie mal. *Sie fährt mit dem Finger über den Tisch.*

KELLNER Sofort. *Wischt Tisch ab, schüttet Abfälle auf den Boden.*

UTE Wissen Sie, wir sind das nicht gewohnt, solchen Schmutz, bei uns in Deutschland gibt es Lokale, da könnte man direkt vom Boden essen. Sogar italienische Restaurants übrigens.

KELLNER Jaja, schon gut. Wir essen auf dem Tisch, gnä Frau.

UTE Ich sagte auch nur, man könnte ...

OTTO Sag mal, Knipsi, welchen Italiener meinst de denn bei uns?

UTE Na, zum Beispiel Rosario in der Türkenpassage.

OTTO Na, aber vom Boden essen würde ich bei dem auch nicht unbedingt.

UTE Ich sagte ja nur, man könnte. Außerdem gibt es ja auch noch deutsche Lokale – denke an Brunnhof oder Kirchsteiger.

OTTO Naja, da hast de recht, da blitzt alles.

UTE Igitt, Otto, kuck dir das an, dieser Köter, mitten zwischen die Tische, pfuii ...

Ein Straßenköter hat gerade sein Geschäft verrichtet, mitten zwischen den Eßtischen.

OTTO Ja, das ist eine Sauerei, dieses Vieh, pfui?

UTE Pfui, pfui, gehst du weg!

OTTO *steht auf und verjagt den Hund* Das ist ja allerhand, das ist ja allerhand. Das gibt es auch nur hier.

UTE Mir ist richtig der Appetit vergangen. *Fährt über den Tisch.* Hier sieh mal.

OTTO Möchte nicht wissen, wies in der Küche aussieht.

Der Kellner serviert am Nebentisch ein Gericht.

UTE Sieht aber ganz ordentlich aus ...

OTTO Bon appetito.

FRANÇOISE Merci.

OTTO Ich sagte gerade zu meiner Frau: Hier möchte ich nicht vom Boden essen.

UTE In Deutschland haben wir Lokale, da könnte man direkt vom Boden essen, so sauber ist dort alles.

FRANÇOISE Pardon?

UTE Sie versteht nicht.

OTTO In Germania habiamo restaurante possibile mangare, was heißt Boden?

UTE Terra.

OTTO Terra, hier ...

UTE Das ist hier in Italien nicht möglich, hier muß man auf dem Tisch essen. Tavola.

OTTO In Italia mangare tavola.

FRANÇOISE Pardon?

UTE Das hat se nich verstanden. Speak english? Very dirty here, not clean.

OTTO You must eat from the table.

FRANÇOISE Pardon, je n'ai pas compris.

OTTO French?

FRANÇOISE Oui.

UTE Laß mich mal: Ici al' Italy on n'est peu pas manger la ba – *Deutet.*

FRANÇOISE Où.

OTTO La ba – *Deutet auf den Boden.*

FRANÇOISE Ah oui, c'est pas bon.

OTTO Was heißt denn Schmutz?

UTE En Almagne on peu manger de la terre.

FRANÇOISE De la terre?

UTE Ouioui ...

OTTO Nein. Nonno. Man muß hier essen, manger la – *Klopft auf den Tisch.*

FRANÇOISE Ouioui, manger sur la table, oui.

OTTO Oui. Was heißt den Schmutz, compost?

UTE En Alemagne on peu manger de la terre.

FRANÇOISE Iiii, manger de la terre, uä, la ba, uä.

OTTO Nonnon, in Germania possibile. Nicht immer, aber manchmal, non sempre.

UTE Das versteht se nich.

FRANÇOISE Pourquoi vous mangez de la terre?

UTE No, nous ne mangeons pas de la terre, ma nous pouvons.

OTTO Wir müssen hier essen – *klopft auf den Tisch* – weil es hier nicht möglich ist – *deutet auf den Boden* – Schau mal nach, was heißt den Schmutz?

UTE Ich hab nur Deutsch-Italienisch.

OTTO Herrgott, wie erklären wir ihr das? Haben Sie n Wörterbuch?

UTE Avez vous une dictionaire Francaise-Italien?

FRANÇOISE Ouioui.

UTE Un moment. *Sieht im Deutsch-Italienisch Lexikon nach.*

OTTO *zu Françoise* Gleich, gleich, moment. Moment. Moment ...

UTE Ah, hier, moment. *Geht zu Françoise an den Tisch, sieht in Françoises Italienisch-Französisch-Wörterbuch nach.* La …

FRANÇOISE *liest* Ah, oui, ici c'est très sale par terre, oui, c'est vrai.

OTTO Jaja, genau. Imposible manger la ba.

FRANÇOISE Oui, c'est certement impossible …

UTE Ma, on Alemagne on peu manger de la terre …

FRANÇOISE Ah, par terre. Vous voulez dire par terre.

UTE Ah natürlich, par terre, par – *zu Otto* – par terre, sagt man.

OTTO Ah ja, par …

KELLNER So, meine Herrschaften, die Calamari sind da, wo soll ich servieren, wollen Sie auf dem Boden oder …

OTTO Machen Sie keine Witze, Herr Ober.

FRANÇOISE Bon appétit.

KELLNER Guten Appetit.

OTTO Merci.

UTE Merci.

Die beiden probieren.

OTTO Hmm, sehr lecker.

UTE So frisch kriegst de die nur hier in Italien …

OTTO Ja, bei uns sind se immer tiefgefroren. Also wirklich Klasse …

UTE *Seitenblick zu Françoise* Übrigens, in Frankreich sind die, was Sauberkeit anbelangt, auch nicht gerade pingelig …

Campingfreuden

CAMPER Also wir fahren praktisch jedes Jahr nach Jugoslawien, dann nach Istrien und auf an Campingplatz, ach das Camping das is so, man hat ein ungebundenes Leben, gel, es is, man hat sei Freiheit, man ißt, wann man will, wie man will, net, man braucht sich nicht umziehn dazu, da schaut kei Mensch danach, gel, bloß sagen wir halt, diese Campingplätze da drunten, die sind ja schmutzig, also ein Dreck, es is ja wahnsinnig, also man glaubt es kaum, net, dieser Sozialismus, es is, ja also die Toiletten sind verstopft, und die Leute habn ja reihenweise hamse diese Darminfektionen, alle Touristen praktisch, net, und vor allem die Deutschen, net, also wir habens ja schon ghabt, bevor wir überhaupt hinkommen sind.

Im Urlaub

Familie Stadler, Roland und Maria sowie die Kinder Bengt und Carmen sitzen im Ferienappartement in Jugoslawien. Es regnet. Maria kocht Tee, Roland liest im Reisebüro-Prospekt, Bengt und Carmen spielen ein Computer-Spiel.

BENGT Babba, wann fahrn mern wieder.

ROLAND Ah, sei staad, mir san doch grad erscht kommen, des hört scho wieder auf.

MARIA Jetz sei net so ungeduldig Bengt, mia san ma hier im Süden.

ROLAND Des is hier der Mittelmeerraum, des Klima is hier mediterran.

MARIA Mir san ja erst an fünften Tag da …

Es klopft.

MARIA Ja, herein!

Herr Kaschke steht triefnaß mit Schirm und Regenbekleidung in der Tür.

MARIA Ah, Herr Kaschke, kommen S' rein, mögen S' a Taß Tee, mir trinken grad an Tee.

ROLAND Mögen S' a Tasserl?

KASCHKE Neenee, lassen Se sich nich aufhalten, ich wollte Ihnen nur sagen, das mit dem Grillfest morgen, das fällt ins Wasser, also buchstäblich …

ROLAND Wieso des woas ma net. Vielleicht is morgen scho a tadelloses Wetter. Mia san je hier im Mittelmeerraum.

KASCHKE Tja, das wollen wir nicht mehr abwarten, wir streichen die Segel.

MARIA A geh, fahrn Sie scho, mei, des is aber schad.

KASCHKE Wir sind jetzt seit zehn Tagen praktisch ständig unter Wasser. Sogar die beiden Holländer fahrn.

ROLAND Was, die auch?

MARIA Mei, jetz hätten die Kinder so nett spieln können mitanand.

KASCHKE Wissen Sie, das ist wie verhext, voriges Jahr in Sylt, vor zwei Jahren Normandie, jedes Mal dasselbe. Also dann, n schönen Urlaub noch.

MARIA Ja, Ihnen auch.

ROLAND Mia halten derweil die Stellung.

KASCHKE Ja, und viel Spaß noch.

MARIA Und fahrn S' fei schön vorsichtig bei dem Regen.

KASCHKE In Deutschland ist n Traumwetter, jedenfalls laut Wetterbericht.

ROLAND Jaa, hier werds aa boid besser, mir san ja hier im Mittelmeerraum.

KASCHKE Ja, da wünsch ich ihnen viel Glück. Wiedersehn.

ROLAND Wiederschaun.

MARIA Wiederschaun.

KASCHKE Also dann … *Geht.*

MARIA Roland, an Tee zum Aufwärmen?

ROLAND Ja.

MARIA Carmen laß den Pullover an, sonst verkälst di noch. Daß die net amoi a Heizung da herin ham.

ROLAND Ja mei, des is der Mittelmeerraum ...

Roland sucht im Radio einen deutschen Sender, findet Sender mit Nachrichten, Maria schaltet den Mixer an.

ROLAND Pssst, hea auf, Wetterbericht!

Maria schaltet den Mixer ab. Während des Wetterberichtes aus dem Radio läßt der Empfang spürbar nach, Roland versucht nachzuregulieren, Wellensalat, es funktioniert nicht.

Wenn ich an Wetterbericht hör, kannst du doch net an Mixer anmachen.

MARIA Und wie is es Wetter?

ROLAND Angeblich schön. *Zu den Kindern* Jetz gehts amal runter vom Bett, herrschaftzeitn, da ist der Tisch, da werd anständig gspielt.

MARIA Mei, weils aa net naus können ...

BENGT Babba, wann fahrn mer den wieder?

ROLAND Du, gell!

Ein Gewitter. Der Raum ist fast dunkel. Man sieht einen Mann als Silhouette im Eingang stehen.

ROLAND Hier alles dunkel, kein Licht, no luce, finster.

MANN In ganz Dalmatien kein Strom, großes Katastroph.

MARIA Ja, un mit was soll ich hier kochen?

MANN Weiß nicht.

MARIA Gut daß ma Konserven dabei ham.

ROLAND Ja aber, sie müssen doch irgenwie wieder an Strom herbringen. Des is jetz scho an ganzen Tag!

MANN Tud mir leid. Rieca kein Strom. Opatja kein Strom, nix Strom.

ROLAND Ja aber, sagn S' amal, werd denn des Wetter wieder besser?

MANN Jajaja, schon, bald besser.

ROLAND Es muß ja, mir san ja hier im Mittelmeerraum.

MANN Jajaja, Mittelmeer.

Bengt und Carmen kommen durchnäßt zur Tür herein.

MARIA Ja um Gottes willen, Bengt wie schaugts'n ihr aus.

ROLAND Mei, die müssen ja auch amal naus.

MARIA Ja aber schau dir das an. Des is doch a Sauerei. Wenns wenigstens länger drauß bliebn warn ...

ROLAND Mei, bei dem Wetter jagt ma net amal an Hund naus. Da könnens garnet länger drauß bleim. Der oane Däne hat des aa gsagt, er sagt, so a Wetter hat er im Mittelmeerraum noch nie erlebt.

MARIA Da, des kriagt ma ja garnimmer raus, diesen roten Dreck, es nächste Mal ziehts eure Schuh aber draußd aus.

ROLAND Der Däne hat aber gut lachen, weil, der hat an Wohnwagen mit Heizung ...

Familie Stadler sitzt auf dem Bett eng zusammengerückt, es regnet, der Fernseher läuft. Ein jugoslawisches Programm. Roland steht auf, geht zum Apparat, schaltet ein anderes Programm ein, wieder jugoslawisch. Roland schaltet den Fernseher ab.

ROLAND Bei uns waar jetzt Sportschau ...

MARIA Was is, mach mer a Spiel?

Es regnet, regnet, regnet. Die Kinder sitzen apathisch rum, Roland liest den Reisebüroprospekt. Maria strickt.

ROLAND Wenn ma jetz a Video hätt ...

MARIA Was?

ROLAND I sog, jetz wenn ma a Videogerät dabei hätt ...

ROLAND *am Fenster* I glaub, des hellt jetz auf ...

MARIA Was, wo? *auch zum Fenster.*

ROLAND Da. *Deutet.*

MARIA Wo?

ROLAND Jessas, scho wieder. *Rennt aufs Klo.*

MARIA I siehg da fei nix, daß's heller werd.

ROLAND *aus dem Klo* Doch doch! Vom Süden her!

MARIA A Schmarrn. *Ein Kind niest.* Des hat no gfehlt. Was eß ma heut!?

ROLAND Mach halt a Bohnenbüchse auf!

MARIA Konserven san fast alle aus!

ROLAND Dann kauf aber fei ja nix mehr ei, vor allem koan Paprika!

MARIA Gehts da scho besser?
Statt Antwort die Klospülung.
Roland, was is, geht s da scho besser?

ROLAND Frag net so blöd.

BENGT Babba, die Dänen san jetz aa weg.

ROLAND Vo mir aus.

MARIA Warum fahrn an mia net?

ROLAND *kommt aus dem Klo* Mia kanntn scho fahrn, aber mia ham doch ois scho zahlt, mit allen Schikanen.
Carmen niest wieder.

MARIA Des hot no gfehlt.

Carmen liegt im Bett, Bengt sitzt apathisch rum, Maria schreibt Urlaubspostkarten, Roland sitzt wieder auf dem Klo.

ROLAND Hast am Rüdiger-Wolf scho gschriebn?!

MARIA Sowieso!

ROLAND Was hastn eahm gschriebn!?

MARIA Mei des übliche: erholsamer Urlaub un so ...

Klospülung. Roland erscheint.

ROLAND Hast aber scho geschriebn, daß mers schö ham.

MARIA Sowieso. Und so, mei, hammers ja eigentlich auch ganz schön ...

BENGT Des stimmt doch garnet, Mami.

ROLAND Du halst di da raus, Saubua! Jessas ... *Verschwindet wieder.*

MARIA Wie gehts? Nimm noch a Kohletablette!

ROLAND Des vergeht scho wieder.

MARIA Soll ich an Dr. Gropper auch an Gruß schicken?

ROLAND Freilich, mach!

BENGT Mutti, schau, da kommen wieder zwei Wohnwagen.

MARIA Du, da kommen wieder zwei neue Wohnwagen.

ROLAND Jaja, werst sehn, des werd jetz dann besser, mir san ja hier im Mittelmeerraum!

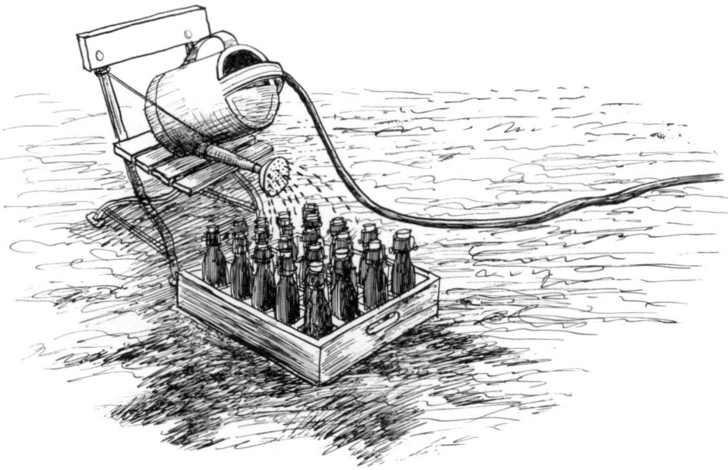

Ein Ostblockplayboy

HERR BERZELMEIER Mir samma heier nach Ungarn gfahrn, weil des Italien und des Spanien, des macht ein wirklich müde. Na samma nüba. Mir war ma zwoa Porsche und drei BMW. Also, mir warn ma insgesamt an Haufn Kubik. Der Ede hat glei amal an Christbaum angezündet und hat de ganzn Wartburg weggscheicht, geht ja net anders, weil de blockiern ja alles. Na samma in den Ort nei, wia hoaßt des glei wieder, ah ja, Budapest, genau, na sog i zu oam dadorten: Sog amal Chef, wos soll des sei, a Großstadt? Des soll a Großstadt sei? Des zerbräselt ja ois, des is ja wia a Sandkuacha. Habts es koa Geld zum investiern, oder wia is des da bei eich? Nacha samma obi zu dera Drecklacka, Plattensee, oder wia der hoaßt. Da war an unserm Tisch a so a Ostmensch ghockt, a Ostdeitscher, a ganz a gebildeter Typ, irgendwie Kernforscher oder so, was er war. Na sog i zu eahm, sag amoi, Meister, wiavui Scheine machst du so im Monat? Weil kannst du von dem, was du vadeanst, bloß an Trabant oder so an Scheißdreck kaffa? Des is ja garkoa Auto. Sog i, schaug mi o, i fahr jetzd an 9-28ger, weil des is ja vui rationaler, i fahr ja mit Normalbenzin. Und sonst, mir ham gor net bsonders aufgedreht. Ab und zu hat der Ede an Scheinwerfer gspuit, damits buckelt ham, aber den Hummer und den Kaviar und den ganzen Baaz hob i scho boid nimma sehng kenna. Die Weiba, de san da wia de Fleischfliang, weils nur auf Devisen aus sand, und des Kracherl, der Krimsekt, i hobn scho nimma oschaung kenna, mir hamman unterm Tisch abi gschütt, weil, glaubst as, i hobn scho nimma derbrunzn kenna.

Ein Energiesparer

Herbert Einweg fährt an eine Bahnschranke, die Schranke geht gerade herunter.

EINWEG *sieht zum Fenster raus* Herrschaftseitn, scho wieder zu. Wissen Sie, ich fahre jeden Morgen präzise zur selben Zeit weg, und jedesmal is hier die Schranke zu. Des is doch eine Energieverschwendung ersten Ranges, wenn man ständig bremsen muß, was da Energie verschwendet wird. Man muß doch heute scho mehr bremsen, als was ma fährt, dabei heißts doch freie Fahrt für freie Bürger. Oder? Ich bin ja durchaus energiebewußt. Ich fahr ja nur Normalbenzin. Is ja viel rationaler. Da spar ich vier Pfenning pro Liter, und was des Gute is, je mehr ich verbrauch, desto mehr spar ich dabei. Ich brauch pro Kilometer ungefähr an halben Liter, das heißt ich spar zwei Pfenning pro Kilometer, des san bei 30 000 Kilometer im Jahr san des 600 Mark und in zehn Jahren sans 6000 Mark, also drei Waschmaschinen und zwei Farbfernseher. Am sparsamsten wär mei Karrn ja bei 80 Kilometer, da braucht er bloß 38 Liter, aber ma derf ja bloß 50 fahrn. Was da Energie weggedrosselt wird. Genauso, wenn i an ara Schui vorbeischleich, im ersten Gang, weil ma nur 30 fahrn derf, was da an Energie verpufft! Überhaupt, dieses Drosseln is doch ein Wahnsinn. Schaun Sie, ich hab die 8-Liter-Maschin, damit könnte man locker 350 Pferde frei machen, und so muaß i jetzt mit 212 PS haushalten. Da steckt doch a energiefeindliche Ideologie dahinter. Genauso, schaun Sie, dieses Fahrzeug is optimal geeignet fürs Gelände so zum Fahrn, amal in am Naturschutzgebiet, an Berg nauf oder so, aber wo gibts denn des heut noch? Wo kann ma denn seinen Wagen heut no gscheid ausfahrn? Sie sehn ja, wies heutzutag ausschaut, ma steht scho bald mehr umanand, als was ma fährt.

Der Motor geht aus. Herrschaftseitn, is scho wieder so weit. *Steigt aus, geht zum Reservekanister.* Schad ums Benzin ...

Die Schranke geht hoch. Einweg füllt Benzin nach. Ein kräftiges Hupkonzert setzt hinter ihm ein.

Der 750-Kubik-Ledertyp

Einer der letzten Abenteurer, der kompromißlos die Freiheit lebt. Einer, der bereit ist, für diese Freiheit Opfer zu bringen.

LEDERTYP *kommt mit einer Kawasaki angefahren, bremst, spielt mit dem Gashebel, hupt,* Auffüllen, Meister!

TANKWART Tut mir leid, Benzin ist leider aus.

LEDERTYP Hast wenigstens an Schoko-Schocker da für mei Sozia?

TANKWART Wie? Schalten Sie doch bitte den Motor ab, man versteht ja nichts!

LEDERTYP Spinnst du, Meister, naa, nix. I mach grad an Aufwärm-Ritt mit meine neian Slicks, wei, mir müaßn heit no nach Murnau reitn, in des Unfallkrankenhaus, da liegt a Kamerad. Da Pat. A astreiner Ledertyp, 750 Kubik. Er hat an kloana Crash ghabt, gel. Mir san auf am Ritt durch an Naturschutzpark, na is eahm so a Birkhuhn ins Mäu nei gflogn, bei satte 160. Da Pat, gel, hat as Mäu voller Bluat und Federn ghabt, Sendepause, gel, no more sightseeing, na hat er an Lichtmast mitgeh lassn. Zwia Lendenwirbel brocha, Schädelbasisbruch, mei, halt des Übliche, gel, also in 0,3 Sekunden fast im Jenseits, gel, hahahaha. Jetz bsuach ma'n. I moan, er selber hat wenig davon, weil, er hat ja kein Bewußtsein zur Zeit, er liegt im Koma seit September vorigen Jahres. Aber, was bei uns zählt, des is a astreine Kameradschaft, und des full power, gel, also, wenn da Pat aufwacht, nachad stellt eahm da George, woaßt, unser Leader, der stellt eahm glei a neie 1000er Kawa sauber eigfahrn direkt vors Krankenhaus. Service, verstehst. Na wittert er Morgenluft, wenn er aufwacht. Mei, vielleicht is da Pat beim Herbstspeedway scho wieder dabei. Also, was ist jetz, mit dem Schoko-Schocker?

TANKWART Tut mir leid, aber hier ist geschlossen.

LEDERTYP Aja, macht nix. Sie werd sonst eh z fett. Wei, mächst net glaubm, wia schwaar des is, astreine 45 weibliche Kilo herzkriagn, da derlebst Sachen, ihre Vorgängerin – *deutet aufs Wammerl* – waar genau des gewesen, aber wir fahren auf Nürnberg aufi, hats mir glei dreimal gespiebm; jedesmal hab ichs kurz absteigen lassen müssen, da war mei persönliche Bestzeit im Eimer, verstehst; aber a fetts Wammerl, wennst hint drauf hast, des nimmt dir glei sämtliche Beschleunigungswerte, und ma merkts aa sofort im Verbrauch. Wei, ma muaß ja heut aa ans Benzinsparn denka. Des is derselbe Schwachsinn wia des mit de gedrosselten Motoren. So a gedrosselte Maschin des is ja ein Schub ins Leere, a richtige Energieverschwendung, wenn so a Maschin satte 220 Sachen macht, und nachad schaffts nur noch müde 180. Woaßt, Meister, i bin a astreiner 1000-Kubik-Rider, bei an so am Blödsinn, da mach i net mit. Des is doch a Wahnsinn. Also, habe d Ehre Meister. *Fährt donnernd los.*

As Abblendlicht

An einem Wirtshausstammtisch.

MANN Ja, heit hots oan dabaatzt.

FRAU Geh wos, dabaatzt hots oan?

MANN Jaja – a so an Ausflügler. Net. Er ist beim Schnapperwirt, is er vorbeigfahrn, ins Leitzachtal, gel, na hot er d Kurvn nimma dawischt, na hotsn obilossn.

FRAU Ah, geh, obilossn?

MANN Jaja, na hotsas dabaatzt, gel. Zwoa Kinda san dringhockt, net, de warn praktisch hi, net, d Frau de wo dringsessn ist, de hots praktisch aa vollkommen dabaatzt.

FRAU Geh, naa, des is ja furchtbar!

MANN Jaja, mei, wos soist sogn – er hot an Ding, ghabt, einen aah – Schädelbasisbruch, ge, oiso, es war nicht mehr vui los mit eahm, aba vier fümf Mäta, bois di obilaßt, net, nacha, na schaugst schlecht aus, gel.

FRAU Ja, des is ja klar, vier fümbf Meta, wanns di obilaßt, na bist ja praktisch dabaatzt.

MANN Jaja, er hot aa a ganz scheene Gschwindigkeit draufg habt, ge. Er is obigsaust, wie ein Propeller, ge. Unten nachad hotsn aufgschlogn, ge, nachad, direkt am Baam vorbeizischt, richtig neibohrt hot er si inn Erdbodn, net, und na hotsas praktisch ziemlich dabaatzt.

FRAU Ja oiso, is ja klar, i moan, des is ja wie ein Geschoß förmlich.

MANN Jaja, genau. Net. Obwoi, i muaß sogn, interessant is jetza: Ich hobs genau gsehgn: As Abblendlicht bei dem Wogn, des hot no vollkommen funktioniert, net. Der Blinka, da rechte und da linke Blinker, de san no ganga. Ge. Des Wesentliche an dem Wagn war noch in Ordnung.

Die Einkehr

Ein herrlicher Tag, Biergartenwetter, im Biergarten eines Ausflugslokals sitzt Klaus Dimpfl und dimpflt vor sich hin. Ulf und Wibke Kassebohm und Tochter Nina kommen auf drei Fahrrädern angeradelt, halten, und beginnen, sich an Dimpfls Biergartentisch niederzulassen.

NINA Pabba, kuck mal, hier is Klasse.

WIBKE Ulf, sperr dein Fahrrad ordentlich ab. *Stellt Picknick-Korb auf den Tisch, nimmt Tischdecke.* Ulf, bring bitte noch den Rettich aus der linken Satteltasche!

ULF Wibke, hast du die Brotzeittüchlein?

WIBKE Hach, ist das hier alles schmutzig. *Beginnt, den Tisch zu wischen.*

ULF *setzt sich* Tach.

DIMPFL Sie könnan Eahna ruhig hinsetzn, da is no frei.

ULF Sehr freundlich. *Will Brotzeit auspacken.*

WIBKE Halt, noch nicht, erst die Tischdecke ...

ULF *zu Dimpfl* Tja, ein Wetterchen ist das heute ...

DIMPFL Ja, schön is.

ULF Wissen Se, bei uns hier in Bayern ist auf das Wetter selten Verlaß.

DIMPFL Ah geh ...

WIBKE Wo ist denn die Rettichschneidemaschine?

ULF In der Kühltasche.

WIBKE Nina, hol mal eben die Rettischschneidemaschine aus der Kühltasche. Und bring gleich Spezi mit. – Ulf, reich mir mal eben die Pappbecher.

ULF Hier, da, Servietten ...

BEDIENUNG *kommt mit vollen Maßkrügen vorbei* So, wer kriegt da no was?

ULF Ja, hier! Geben Se mir mal ne Maß. Wibke, mein Geldbeutel ...

BEDIENUNG *stellt eine Maß ab* I kimm glei zum Kassiern.

ULF Zünftig is es hier, nicht wahr?

DIMPFL Jaja, sehr zünftig.

ULF Wir sind schon den ganzen Tag unterwegs. Son Wetter muß man ausnützen.

DIMPFL Ja mei ...

ULF Wir waren aufm Taubenberg. Ich weiß nicht, ob Ihnen dasn Begriff ist. Is ne urige Gegend.

DIMPFL I hob fuchzehn Jahr da im Holz garbat, i kenn an ganz guat an Taubenberg.

WIBKE Taubenberg is ne traumhafte Landschaft, das müssen Se sich unbedingt mal ansehn. – Ah, kennen Sie sich vielleicht aus hier mit dieser Rettichschneidemaschine?

Dimpfl begutachtet den Rettichschneider.

ULF Die hat bei Warentest am besten abgeschnitten, n französisches Modell.

DIMPFL I woaß net, i schneidn oiwei mitm Messer …

WIBKE Wissen Sie, Rettich muß immer hauchdünn geschnitten werden, sonst verliert er sein Aroma. Nina, kein Kaugummi vor dem Essen.

DIMPFL *nimmt den Rettich, zieht Messer aus der Tasche, halbiert den Rettich.* Schau mer halt amal …

WIBKE He, was machen Sie?

ULF Laß mal …

DIMPFL *schneidet eine Scheibe Rettich ab, beißt rein, spuckt aus.* Den könna S' wegschmeißn, der is holzig. *Schmeißt einen halben Rettich weg.*

ULF Na, hören Sie mal …

DIMPFL Der is holzig, glaub mas. *Wirft die andere Rettichhälfte weg.*

WIBKE Unmöglich. Den Rettich habe ich bei Tellermeier gekauft. Biologisch-dynamisch gedüngt. Was erlauben Sie sich eigentlich …

DIMPFL Ah geh, Schmarrn.

WIBKE Der Rettich hat eine Mark neunzig gekostet.

DIMPFL Vui z teier, da hams eich bschissn …

WIBKE *Zieht Tischdecke mit Brotzeit einen halben Meter von Dimpfl weg.* Nina, nimm dein Besteck! Ulf, komm …

Ulf rückt ebenfalls von Dimpfl ab.

DIMPFL Was habts jetz es da für a Wurscht? *Beugt sich zum Aufschnitt, nimmt ein Wurstrad.*

WIBKE Lassen Sie gefälligst Ihre Finger von unserer Wurst! Wer sind Sie denn eigentlich?

DIMPFL I schreib mi Dimpfl. *Riecht an der Wurst, beißt rein.* Ja, i woaß net, wo habtsn de her …

WIBKE Das geht Sie zwar nichts an, aber das ist ne einwandfreie Göttinger, Handelsklasse 1 ausm Supermarkt.

DIMPFL A geh, a Göttinger, jetza Moment … *Nimmt neues Wurstrad.* Da geh her, Blacky …

WIBKE Sie, Sie!! Ulf, sag doch was!

DIMPFL So Blacky, jetz probier amal … *Wirft dem Hund das Wurstrad hin.*

ULF Also, was erlauben Sie sich!

DIMPFL Stad sei! – Der Hund versteht was von ara Wurscht.

WIBKE Sie, Sie, also Ulf!! Tu doch was!

Alle sehen zu, wie Blacky das Wurstrad frißt.

DIMPFL Ja, des schmeckt eahm. Feines Wurschti, gel. *Greift flink nach neuem Wurstrad.*

ULF Hören Sie mal, das ist unsere Wurst!

DIMPFL Jaja, des woaß i scho. *Zum Hund* Die Wurscht is von de Herrschaften, gell, da … Eahm schmeckts trotzdem.

WIBKE Kaufen Sie sich doch Ihre eigene Wurst!

DIMPFL Da geh her, Blacky … *Füttert.* Jaja, des is was feines, feine Göttin-

[NOCH DIMPFL] ger. *Nimmt Ulfs Bier, setzt an.* Prost! *Setzt ab.* Heit is zünftig, ha?

ULF He, Sie …

WIBKE Ulf, das ist doch dein Bier.

ULF Los, pack zusammen, wir ziehen um.

DIMPFL Geh weida, kaaf da halt aa a Maß. *Trinkt nochmal lang und kräftig.*

ULF He, Sie Sie trinken an meinem Bier, guter Mann …

DIMPFL *setzt ab, wischt sich den Schaum vom Mund.* Ha, guat is. Geht doch nix über a frische Maß Bier. – Soso, na wards es heut scho am Taubenberg … Da is schee, ha?

WIBKE Das geht Sie nen feuchten Kehricht an. Nina, hol den Rettich, wir gehn annen anderen Tisch. Ulf, hast dus?

ULF Wiedersehn!

Die Kleinfamilie zieht empört ab, Ulf versucht noch, sein Bier zu retten, aber Dimpfl hat den Krug schon wieder angesetzt.

DIMPFL Jetz bleibts halt no da. I hobs eich doch gsagt, da ist no ois frei … *Trinkt kräftig weiter.*

Die Auskunft

Ein offensichtlich Einheimischer ist auf seinem Fahrrad mit Anhänger unterwegs. Eine Dame fährt in ihrem PKW langsam an den Einheimischen heran und will von ihm offensichtlich etwas wissen.

DAME Hallo, Verzeihung. Hallo, wissen Sie, wo hier die Desirée-Beauty-Farm ist?
Der Einheimische radelt ungerührt weiter. Die Dame holt ihn wieder ein.
Hallo? Ah, Sie ...
Der Einheimische radelt ungerührt weiter, die Dame holt ihn wieder ein.
Entschuldigung, Sie, ich hätte eine Frage ... *Schnauft* hach ...
Der Einheimische radelt ungerührt weiter, die Dame holt ihn wieder ein.
Laut Hallo, Sie, Verzeihung!!
Der Einheimische bringt sein Fahrrad zum Stillstand.
Entschuldigen Sie bitte, ich habe eine Frage. Kennen Sie sich hier aus? Ich suche die Desirée-Beauty-Farm ...

EINHEIMISCHER Ha, wia?

DAME Die Desirée-Beauty-Farm ...

EINHEIMISCHER Was?

DAME Die Desirée-Beauty-Farm. Wissen Sie, wo das ist?

EINHEIMISCHER Wem?

DAME Ich suche die Desirée-Beauty-Farm. So eine Art Schönheitsinstitut. Die muß hier sein irgendwo.

EINHEIMISCHER Ah so. Wo?

DAME Das muß hier ganz in der Nähe sein. Wissen Sie, wo das ist? Die Desirée-Beauty-Farm. Hier irgendwo ...

EINHEIMISCHER Der Mellinger, der war da, aber der is ja wegkemma, weil den hat ja der Großberger aufkauft. Des is ja scho drei Jahr mindestens her. Aber der Großberger, der hat ja dann aa pleite gmacht. Großberger Eisenwaren, net.

DAME Soso, ja, nein, ich möchte, ich suche die Desirée-Beauty-Farm.

EINHEIMISCHER Der alt Großberger hat si ja derrennt, und da Junior hat si net auskennt, net, no hats kemma miaßn, wias kemman ist. Da huift aa koa Spendiern, de scheinheilige Bruat, de miserablige ...

DAME *merkt, daß nicht viel zu holen ist* Ja, dann vielen Dank, Wiedersehn.

EINHEIMISCHER Der Ammesmeier Sepp hat aa gesagt, koan Kreuzer gibt er eahna, weils alle ausgsacklt ham vorher und nachad kamadn sie daher, hat er gsagt ...

DAME Ja, vielen Dank. Sie wissen also nicht, wo die Beautyfarm ist. *Will anfahren.*

EINHEIMISCHER Ja, i wers doch wissn, ja i war ja scho da, wo de alt Großbergerin, de Mistamsel, de verreckte, de hat ja des Ganze aufbracht. Da Mellinger hätt ja nia net verkauft, i war ja persönlich bei Gericht, i muaß doch wissn …

DAME Ja, schön, schön, guter Mann, ja, dann Wiedersehn.

Die Dame will anfahren, der Einheimische schiebt seinen Kopf noch tiefer in den PKW und rollt mit seinem Fahrrad mit.

EINHEIMISCHER Ja, na san Sie die Kusine?! Da Maxl hat mir scho verzählt …

DAME Ja, vielen Dank, Wiedersehn …

EINHEIMISCHER Ja, warum ham denn Sie dann nix gsagt?! Und was is mitm Martin? Sie ham doch des aa gwußt, wie s'n eigliefert ham, Sie hättn ja was sagn müaßn, und der Gunnetsrainer, der hat sie ja net auskennt in dera Sach. I war ja praktisch aa bloß als Zeuge, net.

DAME Soso, ja, also nochmals vielen Dank.

Die Dame fährt langsam, aber bestimmt an. Der Einheimische muß seinen Kopf zurückziehen und stürzt fast.

EINHEIMISCHER Sie! Ja, was is des! *Droht ihr nach.* Des hätt i mir glei denka könna, daß de Großbergernichtn aa so oane is. De wann ma nomoi kimmt! …

Touristikinformation

MODERATOR Und nun meine Hörer haben wir Herrn Edenkofler von der Informationsstelle Touristik in Südtirol am Apparat. Hallo Herr Edenkofler, hallo, Herr Edenkofler?

EDENKOFLER Jaja, ich höre ja schon.

MODERATOR Herr Edenkofler, Frage: wie siehts denn aus bei Ihnen unten, nach dem schrecklichen Attentat, jetzt?

EDENKOFLER Ja, es isch herrlich. Also das Wetter ist ganz hervorragend, schon die letzten Tage war es auch sehr guet ... und der Herbscht isch hereingebrochen ...

MODERATOR Nein, wir haben doch gehört, Herr Edenkofler, das Krankenhaus bei Meran ist doch in die Luft gesprengt worden ...

EDENKOFLER Der Wein steht wirklich guet, und das Laub, die Sonne, wo hineinscheint, Zimmerlen sein frei, also das ganze Eisacktal hat ja jetzt mehrere Zimmerlen frei, seitdem die Autobahn, da is es gar kein Problem mehr für Stammgäschte, e Zimmerle zum kriegen.

MODERATOR Nein, Herr Edenkofler, aber wir haben gehört, deutsche Touristen sollen verletzt worden sein.

EDENKOFLER Ja, ich han bloß ghert e bissel ganz leicht, aber jetzt isch ja die Zeit, wo man sich an Kachelofen hinsitzen tuet, wo man sichs gmietlich macht und e Weindele trinkt und nachher den Edelkaschtanien horcht und e bissle Muusig, nid ...

MODERATOR Ja, Herr Edenkofler, aber ich meine, man hat gehört, die Attentäter haben angekündigt, die Bahn in die Luft zu sprengen.

EDENKOFLER Ja, also ich glaube, wenn man pünktlich wegfahrt, dann kemmt man auch pünktlich an. Im Himmel isch no a jeder pünktlich kemmen. Eh, wenns eso sein soll, aber es isch wirklich herrlich wie selten. Die Temperaturen sein zwischen 18 und 21 Grad. Es isch also ...

MODERATOR Was sagt die Polizei dazu? Die Attentäter planen doch weitere organisierte Verbrechen, Herr Edenkofler?

EDENKOFLER Das Herbschtlaub gibt diese Beschaulichkeit wieder, wies jetzt im Herbscht isch und das Südtirol eintaucht in ein malerisches, pittoreskes Bild wie mers sehr selten ...

Detonation einer Bombe.

MODERATOR Hallo, Herr Edenkofler, hallo, hallo Herr Edenkofler? Ja so viel nun aus Südtirol, meine sehr verehrten Damen und Herren, und wir schalten jetzt um in unser Touristikinformationsbüro in San Sebastián im Baskenland.

Die Zukunft der Bahn liegt in der Luft

Eine stillgelegte Bahnstrecke, ein Prellbock, eine Bahnschranke, daneben ein Streckenwärterhäuschen, aus dem ein Streckenwärter kommt.

STRECKENWÄRTER Gell, hinterm Prellbock ist die Welt für Schienenreisende zuende. *Deutet auf den Prellbock.* War ja auch höchste Zeit, weil, wenn die Eisenbahn hier im Streckenabschnitt 14 weitergfahrn wär, hätts ja gar koa Zukunft mehr ghabt. Die Eisenbahn muß doch auf andere Verkehrsmittel ausweichen, wenns heutzutag mithalten will. Ich sage nur Omnibus, Flugzeug, von mir aus auch Luftballon oder Zeppelin, aber eins steht doch fest: Runter von der Schiene! Die Eisenbahn is der Tod von der Bundesbahn. – Schaun S' die Züge müssen doch nur noch fahren, weils immer no Leut gibt, die wo damit fahrn. Die vielen Senioren zum Beispiel, des war eine ruinöse Idee. Ma kann ja garnimmer in Ruhe stillegen, weil nur, wenn mir beweisen können, daß niemand mehr fahrt, kann man die Strecke auch einstelln. Aber die Leut san ja wahnsinnig, die fahren um jeden Preis. Was glauben Sie, was mir ham kämpfen müssen, bis die Strecke hier stillglegt worn is. Ich bin ein leidenschaftlicher Bahnbeamter und ich kenn mich in der Materie aus! Natürlich, es wird hier und dort rationalisiert, bitte, die Strecke hier is eingstellt wordn, und da, schaun S' die Schranke, die wird jetzt auch auf Vollautomatik umgstellt, des is natürlich schon eine Erleichterung, aber im Endeffekt is des doch alles nur Flickwerk. Die Zukunft der Eisenbahn liegt doch eindeutig in der Luft! Schaun Sie, die Bundesbahn is heutzutage praktisch eine soziale Institution mit einer eigenen Eisenbahn für ihre Angestellten. Aber welcher auch nur halbwegs normale Bundesbahnbeamte fährt heut noch mit der Eisenbahn? Er fliegt, net! Bitte, mir san jahrelang nach Sylt oder so gfahrn mit der Bahn. Was des uns belastet hat! Sowas verträgt kein Unternehmen. Diese Defizite, des müssen Sie sich amal vorstelln. Schaun Sie, ich würd gern amal, also ich wär gern bereit, auf Bahnkosten auch amal nach Ceylon fliegen, als Sparmaßnahme, des würde dann die Bundesbahn entlasten. Weil Fliegen is doch zeitgemäßer und preiswerter. Obwohl, mit dem Verreisen hab ichs jetz nimmer so. Ich habs ja hier inzwischen recht schön, seit diese lauten Züg nimmer fahren. Und jetz, wos Haus renoviert wird, is ja logisch, nach der Beförderung steht mir ja eine standesgemäße Unterbringung schließlich zu. Da, gleich hinterm Prellbock, da bau ich jetz mein Swimmingpool hin. Am liebsten fahr ich gleich gar nimmer weg. Ich versteh des sowieso nicht, wie die Leut allweil umanand fahren …

Mensch und Tier

D'Anni hat gsagt, also sie sagt, a Sittich ist doch am dankbarsten, aso a Vogel der hält ja mindestens seine fünf bis sechs Jahre.

Der Hundebesitzer

Karlheinz Halter, Hundebesitzer, sitzt mit seinem Schäferhund auf der Parkbank eines Kinderspielplatzes.

HALTER *gibt dem Hund ein Stück Wurst* Jajajaja, wo is er denn. Ja brav is er. – Am Mittag kriegt er allweil a Stück Wurscht, auch amal a Stückl Preßsack, also mehr was Leichteres, weil, er hat ja schon ausgiebig gefrühstückt. Also da legt er großen Wert drauf, da is er heikel. Zum Frühstück mag er sei Leber, leicht angedünstet, oder wissen S', was er auch mag? – A Marmeladenbrot mit Konfitüre. Net, und dann hat er auch schon a gute Laune. Gel, da sammir gut gelaunt. – Er hat eine Seele wie pures Gold. I sags Ihnen auch gleich, wies is, er is mir auch lieber wie praktisch a jeder Mensch. Weil er so an Charakter hat. Er besitzt eine solche Menschenkenntnis, also, a Mensch, den er ablehnt, an dem is was faul, da können Sie sich hundertprozentig drauf verlassn. Er ist a Vollschäfer, reinrassig, er ist ein echter Urenkel vom Onkel vom Hund vom Adolf Hitler, aus direkter Linie. Mir samma grad beim Gassigehn, gel, hier hat er seinen Auslauf, und er hat seine Büsche, obwohl er anundfürsich de Kinder net so mag. Wissen S', die Kinder können sich einfach net so einstellen auf so ein Tier. Die ham da kein Verhältnis. Die langen immer wieder hin, obwohl er dann schnappt. Net. Vor 14 Tag, auch hier, an dem Kinderspielplatz, er macht grad sein Geschäft, kommt so a Kind daher, direkt auf ihn zu. Er is so furchtbar derschrocken, aber dann is er fuchsteufelswild wordn. Des Kind liegt heut noch im Spital. Aber die Eltern von dem Kind ham dann auch selber zugeben, daß das Verschulden eindeutig auf seiten des Kindes lag. I sag immer zu de Kinder: Finger weg, ein Schäfer ist kein Spielzeug.

[NOCH HALTER] Er is ja auch sagenhaft treu. Er weicht einem nicht von der Seite. Er is immer bei mir, auch nachts kommt er immer zu mir ins Schlafzimmer. Und er hat einen untrüglichen Instinkt. Wen er net mag, der kann glei wegbleibn, da verlaß ich mich nur auf ihn. Genau wie er nur auf mich hört. Er leistet einen onbedängten Gehorsam. Also, wenn ich jetz zum Beispiel sag: »Faß!«, schaugn S', wie er aufmerkt, also ich mein, ich sag jetzt net »Faß«. *Zum Hund* Nicht »Faß«! – Gel, also »Nicht Faß«, aber ich könnte »Faß« sagen. Und wenn ich »Faß« sag, und auf Sie zeig, dann packt er Sie. Und net zu schlecht. I habs scho a paarmal erlebt, was er dann macht. – Natürlich nur, wenn ich »Faß« sag, aber i sag ja net »Faß«, Sie brauchen da garkeine Angst haben, i sag jetz net »Faß«. Ja brav is er, gel, ja, mir lassen uns von de Menschen net drausbringen …

Hindemith

Paul telefoniert mit seinem Freund Herbert.

PAUL Ah, hallo, grüß dich ... Du ich wollt dich bloß amal fragen – pfui, ja gehst du weg da, he, gehst du weg, ja läßt du des. – Nein, net du Herbert, Entschuldigung. Du ich wollt dich bloß fragen, weil wir fahren doch in Urlaub nach Spanien – pfui, ja gehst du weg da, he, was hast denn da an der Vitrine zu tun, gehst du weg, nicht da kratzen, gell – Herbert, Entschuldigung, ja, also paß auf: Wir fahren doch nach Spanien runter in Urlaub drei Wochen, jetzt wollten wir dich fragen, ob du nicht unseren Hindemith – Hindemith gehst du weg, haut da die Spreißel raus – Herbert, du paß auf, ich wollt dich nur mal fragen, wir fahren doch nach Spanien runter drei Wochen in Urlaub, jetzt wollt ich dich fragen, ob du – pfui, ja, gehst du weg, ja, Hindemith, hörst du net – ob du, Herbert, ob du, Entschuldigung, ja, ob du unseren Hindemith nicht drei Wochen – pfui, jaja, was machst du, jetzt is er schon wieder am Perser, ja Hindemith, gehst du weg da vom Perser, na – Herbert, Entschuldigung, du kennst doch den Hindemith, der is ja immer so lieb, drei Wochen nimmst du ihn uns vielleicht in Pension – he Hindemith, pfui, ja Herrschaft, pfui, ja gehst du weg da, Herrschaft – Entschuldigung, Herbert, jetzt muß ich – ja pfui, ja alles verschissen, ja Herrschaft – Herbert, ich ruf dich wieder zurück, gell. Was, du hast kei Zeit?

Das Terrarium

Otto und Martha Zapf, Sohn Heinz-Rüdiger sowie der Besuch Heimo und Ilse Friesecke stehen um ein Terrarium.

OTTO Proteidae hoaßns auf lateinisch. Also, die ganze Gruppe der Olme. Da unser is ja a Grottenolm.

MARTHA Aber auch mit Kiemen- und Lungenatmung gleichzeitig ...

OTTO De Olme san praktisch Dauerlarven ...

MARTHA Im Gegensatz zum Axolotl ...

OTTO Da Schädel is so mehr knorpelig, un de Gliedmaßen san zurückgebildet, also stark zurückgebildet ...

MARTHA Im Unterschied zum Axolotl ...

HEIMO Ja, aber wo ist denn das Tierchen?

OTTO Da drin.

MARTHA 710 Mark hat er kost, also fast a Farbfernseher.

OTTO Ja, da kimmt dann aber noch Zoll und Mehrwertsteuer drauf, er is ja importiert aus Südamerika ...

MARTHA Des Terrarium ham mir aber noch ghabt von dene Axolotl, diese Querzahnmolche, die uns dann eiganga san.

HEIMO Ja, aber wo ist denn das Tierchen, man sieht ja garnichts.

OTTO Aber da drin is er.

ILSE Wo? Ich seh nix.

MARTHA Da drin.

HEIMO Ich würde ihn gerne mal sehn.

MARTHA Ja, er is sehr scheu. Er is noch scheuer wie die Axolotl, die mir ghabt ham.

OTTO *klopft an das Glas.* Man erkennt ihn von hausaus schwer, der is wie a Chamälion. Ma muß a Auge ham.

ILSE Tut mir leid, ich seh überhaupt nichts.

OTTO Aber drin is er.

MARTHA Des merkt ma scho daran, weil am Morgen immer etwas von der Nahrung fehlt.

OTTO Er kriegt immer an Schilddrüsenextrakt mit Thyroxin, das mag er, eine Olm-Spezialnahrung quasi.

MARTHA Ja, aber mir hams noch von unsere Axolotl, also von unsere Querzahnmolche übrigghabt, die uns dann eiganga sind.

HEIMO Ach ja, die sind euch ja eingegangen.

OTTO Weil, die ham aa a Thyroxin kriegt, aber wenns Terrarium zu trocken werd, na wandeln sich die Kiemenlarven um in a lungenatmende Landform, sowas ähnliches wie an Furchenmolch, oder so ...

MARTHA Und de Landform vertragt as Thyroxin net, und des ham mir net gwußt. Im Wasser hams noch so fröhliche Balzspiele gmacht, vor der Paarung, halt, richtig süß ...

OTTO Aber mit Nachwuchs is nix mehr wordn, weils vorher eiganga san.

HEIMO Ja, aber ich würde ihn gerne mal sehn.

OTTO I dadn euch scho rausnehma, aber des derf ma net, des is schädlich, weil, der Grottenolm braucht die Feuchtigkeit, sei Lebenselixier is des quasi …

MARTHA Weil im Gegensatz zum Axolotl san des Dauerlarven, de wo Kiemen- und Lungenatmung ham.

ILSE Ah so. Schad.

OTTO Drum vertragn die auch des Thyroxin. Je, Herrschaft, heut is er aber arg scheu. Da unter dem Stoa sitzt er sonst aa manchmal immer gern.

ILSE Ganz schön warm is es hier bei euch.

OTTO Mei, er is a Mittelamerikaner, der brauchts fast subtropisch.

MARTHA Des war dann wieder der Vorteil vom Axolotl, weil der is Zimmertemperatur gwohnt. Jetz müß ma halt immer ziemlich heizn.

OTTO Und dabei die entsprechende Luftfeuchtigkeit, weil, da schlagt des Thyroxin besser an.

HEIMO Soso, interessant, aber wo ist denn jetzt dieser Olm, ich würde ihn gerne mal sehn …

OTTO *kriecht unter das Terrarium.* Von unten sieht man'n manchmal.

HEIMO *kriecht auch unter das Terrarium.* Wo is der denn?

OTTO Ja, i woaß aa net. Irgendwie is er grad weg. Er muß sich irgendwo verschloffn habn.

ILSE Also, ich halte das nicht mehr aus, diese Hitze is ja mörderisch, wie inner Sauna.

HEIMO Zieh deine Jacke aus, Schnuckimaus.

MARTHA Ja, i dad sagn, mir trinkn derweil an Kaffee, und schaugn nachher wieder. Vielleicht ham mir dann mehr Glück.

OTTO Mir sehn ihn manchmal auch tagelang net.

HEIMO Und dann noch die vielen Leute …

OTTO Ja, genau, des stimmt, er is sehr scheu.

MARTHA Also, i dad sagn, geh ma nüber an'n Kaffeetisch. Heinz-Rüdiger, für dich hab ich an Kakau …

Alle fünf setzen sich in Bewegung in Richtung Kaffeetisch. Heimo rutscht auf einmal aus.

HEIMO Autsch!! Sakrament …

OTTO Ja, was isn los?

ILSE *stützt Heimo* Is was passiert?

HEIMO Weiß auch nicht, ich bin ausgerutscht.

MARTHA Ja, um Gottswilln, so a Sauarei, ja, Heimo, was hastn da gmacht?! Otto, schau mal …

OTTO Ja, was is des …

ILSE Iiih!!

HEIMO Ja, sowas. *Wischt an seinem Schuh.* So eine Sauerei …

MARTHA Des war der Olm.
OTTO Ja, aber wie kimmt denn der da raus?
MARTHA Pfui Deifi, der ganze Teppichbodn total versaut.
ILSE Heimomäuschen, is dir was passiert?
HEIMO Nenee, Schnuckimaus, laß mal. Ich brauch was zum Abwischen.
OTTO Des versteh i net. Der war immer da drin. Wie der da rauskimmt, is mir ein Rätsel.
MARTHA Da, hast a Stückl Zeitung zum Abputzn ...
OTTO Aber hoffentlich net die heutige!
MARTHA 710 Mark im Eimer, ohne Teppichreinigung ...
ILSE Marthaschätzchen, denk dir nichts, wir sind haftpflichtversichert.
OTTO Ah so, seids versichert, ja, des könnt ma scho in Anspruch nehman.
HEIMO Schade, tut mir leid, ich hätte ihn wirklich gerne gesehn.
MARTHA Ja, schad, jetz könn man euch nimmer zeign.
OTTO Aber, wißts was, i hab a Foto da von eahm.
ILSE Tschuldigt, aber kann ich n Augenblick lüftn?
OTTO Ja, mach nur auf ...
MARTHA Jetz is ja wieder wurscht ...
OTTO *zeigt Foto.* Da, schaugts her, so schaut er normalerweis aus. A bißl größer, da aufm Foto war er no jünger.
HEIMO Ah ja, interessant. Sehr nett.
ILSE Zeig mal, Heimomäuschen. Süß ...
MARTHA Ja, gel nett. Der Grottenolm is a Verwandter vom Axolotl, vor allem in der Musterung ... *Schrubbt dabei den Teppichboden.*

Kultur, Kunst und Fernsehen

D'Anni hat gsagt, also, diese jungen Priester, die sind nimmer des, net, die reden daher wie die Studenten.

Kulturelles

Olaf Sven Unzengruber und Dr. Antje Perzborn-Legewie sitzen auf Unzengrubers Terrasse in der Abendsonne.

O.S. UNZENGRUBER Dieses globale Elend, diese schrecklichen Ereignisse von heute, der Hunger, auf der anderen Seite der Überdruß, das Übermaß, die Hybris des Homo sapiens heute, das muß einem sensiblen Beobachter doch zu denken geben.

DR. PERZBORN-L. Herr Unzengruber, soweit wir mit der Materie Ihres neuen Stückes vertraut sind, spielt sich aber die Geschichte des Bodo v. Wetterstein doch im Mittelalter ab.

O. S. UNZENGRUBER Unbestritten. Gerade weil wir das Stück ins Mittelalter verlegt haben, wollten wir besonders einen heutigen Bezug herstellen, insbesondere, was die Ökonomie betrifft. Schauen Sie: Melzer oder auch die schwangere Magd Theres, das sind vollblütige Menschen von heute, die gerade durch ihre Verlegung ins Mittelalter – oder in irgendeine Epoche halt – an Attraktivität und konkreter Aktualität gewinnen.

DR. PERZBORN-L. Ihr Stück subsumiert ja auch allerhand Themen der Jetztzeit. Also im hic et nunc werden heiße Eisen wie Schwangerschaftsabbruch und Eigentumsverteilung kritisch erörtert, und andererseits ...

O. S. UNZENGRUBER Ich glaube, Sie haben mich falsch verstanden, Frau Dr. Perzborn-Legewie, was heißt hier »subsumiert« hier wird überhaupt nichts subsumiert, hier werden Konflikte ausgetragen.

DR. PERZBORN-L. Aber realitätsbezogen, modern.

O. S. UNZENGRUBER Selbstverständlich realitätsbezogen modern. Wir haben uns gefragt: Ist Tragik heute noch tragbar? oder anders gesagt: Trägt Tragik heute überhaupt noch?

DR. PERZBORN-L. Eine hochinteressante Fragestellung. Diese Tragikthese könnte schon fast wieder Thema eines Ihrer nächsten Theaterstücke sein ...

O. S. UNZENGRUBER Ja, ich bearbeite diesen Stoff, äh seit zwei Jahren arbeitet dieser Stoff in mir, Sie wissen ja ...

DR. PERZBORN-L. ... aber mir scheint doch in Ihrem jetzigen Stück vor allem kurz vor der Peripetie – bei aller Tragik – doch ein gewisses gerüttelt Maß sozialen Engagements im Vordergrund zu stehen. Melzer, der Taglöhner, wird quasi zur Hauptfigur, zum Thesenträger.

O. S. UNZENGRUBER Melzer steht praktisch für das Elend der arbeitenden Bevölkerung, und wie Sie wissen, Frau Dr. Perzborn-Legewie, ist dieses Elend eines meiner Hauptanliegen, insbesondere im Kontext von Abhängigkeit, Verfall, Dekadenz und Miserabilität en gros, im metaphysischen Sinn, versteht sich.

DR. PERZBORN-L. Jaja, metaphysisch. Herr Unzengruber, in der Literaturszene gelten Sie ja schon länger als einer der großen leidenschaftlichen Vorkämp-

[NOCH DR. PERZBORN-L.] fer für die Unterjochten, Unterdrückten, Zukurzgekommenen, die, ich will es kurz sagen, leidende Spezies Mensch überhaupt.

O. S. UNZENGRUBER Sie haben recht. Ich bin der Advokat dieser Leidenden. Im Leiden steckt für uns sinnliche Menschen, uns Menschen mit Theaterblut, eine besondere Attraktivität. – Herrschaft, wo bleibt denn mein Whisky?! – *läutet eine Personalglocke* – Ah, durch die leidende, durch Unterdrückung abhängige Kreatur, die sich durchs Leben quält ...

DR. PERZBORN-L. In Ihrem Stück die schwangere Magd Theres, Herr Unzengruber ...

O. S. UNZENGRUBER Und nicht zu vergessen Melzer, ebenfalls lohnabhängig – die Unterdrückten lassen Symptome aufflackern, wie ich sie aus meinem Alltag nur zu gut kenne. Glauben Sie mir, ich weiß, wovon ich schreibe ...

DR. PERZBORN-L. Der kategorische Imperativ Kants zieht sich ja wie ein roter Faden durch all Ihre Werke. Mann kann also sagen, diese einfachen Menschen setzen eine Art Katharsis in Gang.

O. S. UNZENGRUBER Katharsis im Sinne von Abschreckung einerseits und andererseits der Mut zum Durchhalten. Mein Herz schlägt für die arbeitende Bevölkerung, ich mache da kein Hehl daraus.

Ein Butler serviert Whisky und Campari-Soda.

O. S. UNZENGRUBER ... auch wenn – Danke – auch wenn dies unbequem erscheint.

DR. PERZBORN-L. Und die Zukunftsperspektive liegt ja schon – vielen Dank – in der Gestalt des Edlen von Mornac.

O. S. UNZENGRUBER Achim! Verdammt, ich habe doch ausdrücklich angeordnet, drei Eiswürfel! – Diese Domestiken sind heutzutage gnadenlos dumm. Und dreist obendrein. Was stehn Sie hier noch herum?! Drei Eiswürfel, Sie hören wohl schlecht! In Worten drei, loslos, Mann, laufen Sie.

BUTLER Verzeihung, sehr wohl. *Geht.*

O. S. UNZENGRUBER Und um so eine Kreatur sollte man dann noch froh sein. Der einzige überhaupt akzeptable von 27 Bewerbern.

DR. PERZBORN-L. Ich kenn das, Herr Unzengruber. Ich habe in den letzten vier Monaten dreimal die Putzfrau wechseln müssen, entsetzlich. Dienstleistungspersonal heute ist eine einzige Katastrophe.

O. S. UNZENGRUBER Sehen Sie, Frau Dr. Perzborn-Legewie, auch unser Jahrhundert der sozialen Errungenschaften birgt Schattenseiten in sich. Glauben Sie mir: Daß ich gewisse gesellschaftlichen Prozesse ins 13. Jahrhundert verlege, hat seine Gründe.

DR. PERZBORN-L. Wie wahr, Herr Unzengruber. Nun zu Erfreulicherem, was man so hört, arbeiten Sie an einem neuen, globaleren Werk. »Weltall, Erde, Mensch« ist dem Literaten Unzengruber anscheinend thematisch zu eng geworden.

O. S. UNZENGRUBER Ja. Der Reibungsverlust, Materie an sich, Sie verstehn, Kosmos, Eschatologie, das Endgültige, das Universum, Totalität im Globalen, Sie verstehn, das Gigantische im Zwergenhaften und das wiederum ambivalent, nicht wahr ...

DR. PERZBORN-L. Sie meinen Mikrokosmos im Makrokosmos, das Universum im Sandkorn.

O. S. UNZENGRUBER Ja genau und umgekehrt, glauben Sie mir ...

BUTLER *serviert neuen Whisky.* Bitte, drei Stück Eis.

O. S. UNZENGRUBER Frau Dr. Perzborn-Legewie – jaja, schon gut – was ist der Mensch? Der Mensch ist ein Krümel im Angesicht des Universums. Dies hier ist ein Jammertal, um einmal den Prediger Kohelet zu zitieren.

DR. PERZBORN-L. Der Themenkreis klingt vielversprechend, also, auf ein gutes Gelingen Ihres neuen Werkes. CinCin.

O. S. UNZENGRUBER Glauben Sie mir, ich mache es mir nicht leicht, also, Prösterchen. Übrigens, waren Sie schon mal surfen?

DR. PERZBORN-L. Neinnein, aber in meinem Bekanntenkreis. Henzelberger surft auch schon.

O. S. UNZENGRUBER Henzelberger surft?

DR. PERZBORN-L. Ja, Henzelberger surft. – Er hat mir auf den Mainzer Literaturtagen zwei Stunden lang vom Surfen vorgeschwärmt. Das muß toll sein.

O. S. UNZENGRUBER Ich will es mal so sagen: Surfen entschlackt uns Kulturschaffende vom literarischen Ballast, äh, wenn Sie verstehn ...

DR. PERZBORN-L. Und wie ich Sie verstehe. Wir kreativen Menschen haben doch die schwersten Bürden zu schleppen.

O. S. UNZENGRUBER Wie wahr. Äh, noch ein Campari?

Schauspielunterricht

Ein betuliches Wohnzimmer, Herr Rösner und Herr Mechoff in Probenkleidung, Rösner als Apiani, Mechoff als Marinelli, Frau Menschel-Tietze beobachtet, soufliert und sortiert Rechnungen.

HERR MECHOFF Man hat Exempel, Herr Graf, daß sich Hochzeiten aufschieben lassen.

HERR RÖSNER Daß ich mit Ihnen darüber stritte! Genug, sagen Sie dem Prinzen, was Sie gehört haben: daß es mir leid tut, seine Gnade nicht annehmen zu können; weil ich eben heut eine Verbindung vollzöge, die mein ganzes Glück ausmache.

HERR MECHOFF Wollen Sie ihn nicht zugleich wissen lassen, mit wem?

HERR RÖSNER Mit Emilia Galotti.

HERR MECHOFF Der Tochter aus diesem Hause?

HERR RÖSNER Aus diesem Hause.

HERR MECHOFF Hm! Hm!

HERR RÖSNER Was beliebt?

HERR MECHOFF Ich sollte meinen, daß es sonach umso weniger Schwierigkeiten haben könne, die Zeremonie bis zu ihrer Rückkunft auszusetzen.

HERR RÖSNER Die Zeremonie? Nur die Zeremonie?

HERR MECHOFF Die guten Eltern werden es so genau nicht nehmen.

HERR RÖSNER Die guten Eltern?

HERR MECHOFF Und Emilia bleibt Ihnen ja wohl gewiß.

HERR RÖSNER Jawohl, gewiß? Sie sind mit Ihrem Jawohl, ja wohl ein ganzer Affe!

HERR MECHOFF Mir das, Graf?

HERR RÖSNER Warum nicht?

HERR MECHOFF Himmel und Hölle! Wir werden uns sprechen.

HERR RÖSNER Pah! Hämisch ist der Affe; aber – *Peinliche Anschlußpause.*

HERR MECHOFF Tod und Verdammnis! Graf, ich fordere Genugtuung.

HERR RÖSNER Das versteht sich.

HERR MECHOFF Und würde sie gleich itzt nehmen; nur daß ich dem zärtlichen Bräutigam den heutigen Tag nicht verderben mag.

HERR RÖSNER Gutherzig Ding! Nicht doch! Nicht doch! Nach Massa mag ich mich heut nicht schicken lassen; aber zu einem Spaziergang mit Ihnen habe ich Zeit übrig. Kommen Sie, kommen Sie!

HERR MECHOFF Nur Geduld, Graf, nur Geduld!

FRAU TIETZE Ja, das war im Ansatz schon mal nicht ganz verkehrt, ja, es schmeckt schon etwas nach Lessing. Aber jetzt müssen wir natürlich die Szene mal gründlich durcharbeiten.

HERR MECHOFF Er muß mehr Druck machen.

HERR RÖSNER Das war ja erst ne Kaltprobe.

FRAU TIETZE Jajajaja gut, also Kinders, jetzt gleich mal ran an den Speck, also, auf Position …

HERR RÖSNER Freundschaft und Freundschaft um das dritte Wort, mit wem red ich denn? Des Marquese Marinelli Freundschaft hätte ich mir nie träumen lassen.

HERR MECHOFF Ich erkenne mein Unrecht, Herr Graf, mein unverzeihliches Unrecht, daß ich ohne Ihre Erlaubnis Ihr Freund sein wollte. Bei dem allen, was tut das?

HERR RÖSNER Allerdings.

HERR MECHOFF Nun, so kommen Sie.

HERR MECHOFF Naa, Herr Rösner, des is unfair, wenn sie so weit hinten stehn, dann muß ich alles nach hinten sprechen.

FRAU TIETZE Jaja, Herr Mechoff, die exakten Positionen legen wir noch fest, aber wir müssen erst noch einen tieferen Einstieg in den Text, Herr Mechoff, Sie haben Ihre Figur noch nicht, Sie müssen sich diesen Marinelli einverleiben, nicht nur Text abliefern ...

HERR MECHOFF Ja mei.

FRAU TIETZE Wir müssen uns fragen, was will hier Apiani einerseits, und was will Marinelli?

HERR RÖSNER Apiani will heiraten.

FRAU TIETZE Ja richtig, sehr gut, Herr Rösner, Apiani will heiraten; was will Marinelli?

HERR MECHOFF Ja, i wuis verhindern.

FRAU TIETZE Ja, eben! Übrigens, nicht wui, sondern will, will, Herr Mechoff.

HERR MECHOFF Jaja, will. Des wui is mer so rausgerutscht.

FRAU TIETZE Lessing war kein Bayer, also auf auf, ich würde sagen, nochmal von Anfang ... *Sortiert wieder Rechnungen.*

HERR MECHOFF Man hat Exempel, Herr Graf, daß sich Hochzeiten aufschieben lassen.

HERR RÖSNER Daß ich mit Ihnen darüber stritte! Genug, sagen Sie dem Prinzen, was Sie gehört haben: daß es mir leid tut, seine Gnade nicht annehmen zu können; weil ich eben heut eine Verbindung vollzöge, die mein ganzes Glück ausmache.

HERR MECHOFF Wollen Sie ihn nicht zugleich wissen lassen, mit wem?

HERR RÖSNER Mit Emilia Galotti.

FRAU TIETZE Eine herrliche Szene, so dicht komponiert. Aber hier muß es knistern, Herr Rösner.

HERR RÖSNER Ja, hat es das nicht?

FRAU TIETZE Nein nein, das muß viel intensiver, aus der Tiefe, von innen, hier, schaun Sie, hier, Lessing verlangt hier den ganzen Schauspieler, das ist, verstehen Sie ...

HERR MECHOFF Ja, ja, da haben Sie recht, Frau Menschel-Tietze, aber schaun S' her, er steht scho wieder so weit hinten. Ich muß alles nach hinten sprechen.

HERR RÖSNER Höö, wieso ...

FRAU TIETZE Jaja, das ist schon gut so, an dieser Stelle führt Apiani die Szene, Apiani, straffen Sie sich! – Mensch Rösner, Haltung!

HERR RÖSNER *strafft sich.*

FRAU TIETZE Jaaa, nein, nein, doch nicht so ... Also bitte.

HERR MECHOFF Sie müssen noch heute abreisen.

HERR RÖSNER Wann sagen Sie, noch heut? *Geht zwei Schritte zurück.*

HERR MECHOFF Lieber noch in der nämlichen Stunde als in der folgenden. Die Sache ist von der äußersten Eil.

HERR MECHOFF Jetzt steht er scho wieder da, schaun S' wo ich hinsprechen muß.

FRAU TIETZE Herr Rösner, seien Sie doch etwas nett zu Ihrem Partner.

HERR RÖSNER Ja, aber Sie haben doch gesagt: »was, noch heute« zwei Schritte zurück.

FRAU TIETZE Jaa, aber mehr zur Seite.

HERR MECHOFF Ham S' es gehört, zur Seite, net nach hinten, sonst red ich mir noch hier an Wolf.

FRAU TIETZE Die Choreographie kommt ganz von selbst, wenn die Szene sitzt, wenn ihr die Situation ganz gefressen habt, Kinders.

HERR MECHOFF Ich hätt eigentlich auch lieber an Apiani gspuit.

HERR RÖSNER Nein, jetzt hab ich ihn schon gelernt.

HERR MECHOFF Ja, aber mir dad er vui mehr liegen, des aa eigentlich mei Rolle.

FRAU TIETZE Er würde Ihnen mehr liegen, er wäre Ihre Rolle, Herr Mechoff, doch bitte etwas mehr Sprachsensibilität ...

HERR MECHOFF Ja, ich habs noch drin, von wie ich bei di kleinen Verwandten gspuit hab, Thoma ...

FRAU TIETZE Haach, Mensch, vergessen Sie endlich Ihre Laienspielvergangenheit, hier sind wir bei Lessing.

HERR MECHOFF Jaja Lessing, des scho.

FRAU TIETZE Na also!

Sie spielen eine Zeitlang weiter.

FRAU TIETZE Stütze, Herr Rösner, Stütze, mehr Stütze. Apiani ist doch hochgradig erregt. Sie müssen diese Erregung mehr aus dem Zwerchfell nehmen, äh, aus dem Zwerchfell, mit Stütze, sonst bleibt der Griff zum Degen wirkungslos. Das verpufft dann: Körper und Sprache müssen eine Einheit sein. Felsenstein hat immer zu mir gesagt: Hildegard, merk dir eins: Stütze ist das A und O.

HERR MECHOFF Ja genau, er greift an, aber er muß mehr da vor zum Angriff, weil – mir gehört ja dann praktisch auch der Szenenschluß ...

FRAU TIETZE Egal von wo er angreift, er muß gut stützen ... Also, etwas weiter zurück, daß Apiani in Rage kommen kann.

HERR RÖSNER Bis wo?

FRAU TIETZE *sieht im Text nach.* Genug, sagen Sie dem Prinzen ...

HERR RÖSNER Genug, sagen Sie dem Prinzen, was Sie gehört haben ...

HERR MECHOFF Wollen Sie ihn nicht zugleich wissen lassen mit wem?

Das Telefon läutet

HERR RÖSNER Mit Emilia Galotti ...

FRAU TIETZE *hebt ab* Menschel-Tietze ...

[NOCH FRAU TIETZE] Ja ja, nen Antonius ja, ja, jaja soo, in Dinkelsbühl, ja, fabelhaft, ja, ich werde mal nachsehen ... tja ich denke drüber nach. Jaja, ich melde mich, hahaha, einstweilen, vielen Dank ... *Hängt ein.* Tschuldigt, Kinders, ich habe den Schluß nicht ganz mitbekommen, also, wo fangen wir an?

HERR RÖSNER Beim Prinzen.

HERR MECHOFF Nein, ich brauch den Satz davor, sonst komm ich net rein. Er is weiter hinten gstanden ...
Schiebt Rösner nach hinten.

HERR RÖSNER Genug, sagen Sie dem Prinzen, was Sie gehört haben.

HERR MECHOFF Wollen Sie ihn nicht zugleich wissen lassen mit wem?

FRAU TIETZE Herr Mechoff, das geht nicht.

HERR MECHOFF Was?

FRAU TIETZE Schaun Sie doch, wie Sie da stehen. Das ist unmöglich, Marinelli ist Kammerherr. Kammerherr! Das ist nicht irgendwer, das ist, das ist ... was machen Sie gleich wieder beruflich?

HERR MECHOFF Datenverarbeitung ...

FRAU TIETZE Tja, schaun Sie, Sie müssen wachsen, in diese Rolle hineinwachsen, atmen Sie mal tief durch.

HERR MECHOFF *schnauft* So?

FRAU TIETZE Gründgens hat immer ganz richtig zu mir gesagt: atmen, atmen, atmen und nochmals atmen. Schaun Sie, ein, aus, und ein, und aus ... Fühlen Sie mal.

HERR MECHOFF Meinen Sie, des werd was?

FRAU TIETZE Der Atem ist der Sitz der Seele. Ein, aus, und ein und aus.

HERR MECHOFF Jaja, des schon.

FRAU TIETZE Marinelli ist ein Schurke, aber ein Herr, ein Schurke von Kammerherr.

HERR MECHOFF Ich weiß schon, ich müßt alles beides spielen.

FRAU TIETZE Ja, aber bisher seh ich weder noch ...

HERR MECHOFF Ich glaub, des werd nix mit mir. Des hat koan Sinn.

FRAU TIETZE Aber Herr Mechoff, Sie mit Ihrer Begabung ...

HERR MECHOFF Meinen S' ...?

FRAU TIETZE Übung macht den Meister.

HERR RÖSNER Faust.

FRAU TIETZE Nein, Tell. Jaja, Herr Rösner, ja, also Kopf hoch! Solche Krisen macht am Theater jeder durch, das macht das Theater erst eigentlich aus.

HERR RÖSNER Ja, das stimmt.

HERR MECHOFF *seufzt tief durch.*

FRAU TIETZE *begeistert* Jaa!!

HERR MECHOFF Was war jetz?

FRAU TIETZE Jetzt haben Sie richtig geatmet, ganz spontan, von unten nach oben. Also, können wir wieder?

HERR MECHOFF Ja, mach mer weiter ...
HERR MECHOFF Himmel und Hölle, wir werden uns sprechen.
HERR RÖSNER Pah, hämisch ist der Affe, aber ...
HERR MECHOFF Tod und Verdammnis, Graf – Sie ham Ihr Hosentürl auf.
HERR RÖSNER Was?
HERR MECHOFF Ihr Hosentürl ...
HERR RÖSNER Ahja, danke ...
FRAU TIETZE Ja, was ist denn los?
HERR MECHOFF Nana nix.
FRAU TIETZE So geht das nicht. Hier wird gearbeitet, Kinders. Sie schmeißen die ganze Szene, Herr Mechoff ...
HERR MECHOFF Nein nein, also, Tod und Verdammnis, Graf, ich fordere Genugtuung.
HERR RÖSNER Das versteht sich.
HERR MECHOFF Und würde sie itzt gleich nehmen ...
FRAU TIETZE Jetzt greift er zum Degen, Marinelli ein Schritt zurück, Ausfallschritt Apiani, Apiani zieht, Marinelli Deckung. Jaa, nein, das ist noch zu zäh, nein, das braucht viel mehr Feuer, da müssen wir noch viel üben, Herr Rösner, also, gleich dieselbe Stelle nochmal ...
Die Streitszene Marinelli-Apiani auf dem Höhepunkt, es klingelt.
FRAU TIETZE Tja, Kinders, um mit Brecht zu sprechen, immer wenn's am schönsten wird ... Also, wir machen hier das nächste Mal weiter. Übrigens, Kinders, denkt auch an Meister Lessing: Kunst geht nach Brot, da kann ich auch nich drumrum.
HERR MECHOFF Jaja, da, ham S' an Fünfziger ...
FRAU TIETZE *quittiert.* Herr Rösner, was ist mit Ihnen?
HERR RÖSNER Ja, entschuldigen Sie, das ist heute im Augenblick ...
FRAU TIETZE Was, schon wieder! Also nun muß ich Ihnen sagen, jetzt ist meine Geduld am Ende.
HERR RÖSNER Ich hab gedacht, das nächste Mal ganz bestimmt ...
FRAU TIETZE Nein nein, so geht das nicht! Ich kann so nicht arbeiten. Sie sind jetzt die vierte Doppelstunde im Verzug.
HERR RÖSNER Aber ich könnte doch ...
FRAU TIETZE Nein! Aus! Vorbei! So geht das nicht. Es tut mir leid, Herr Mechoff, aber Sie verlieren jetzt ihren Partner, unter diesen Umständen habe ich keinen Apiani mehr für Sie.
HERR RÖSNER Aber ...
FRAU TIETZE Aus! Vorbei! Das haben Sie vorher gewußt, Herr Rösner. Es tut mir nur so leid für Sie, Herr Mechoff ...
HERR MECHOFF Ja, mei, wissen S' was, i legs eahm halt derweil nochamal aus.
FRAU TIETZE Nein nein! Nicht schon wieder. Das kommt doch nicht in Frage! Sie können doch nicht schon wieder für Herrn Rösner mitbezahlen.
HERR MECHOFF Mei, er kanns mir ja dann zurückzahlen, wenn mir engagiert san ...
Zieht Geldbeutel, Rösner nickt beschämt.

Der Auftritt

Auf der Bühne sitzt die Königin auf einem Thron, vor ihr steht ein Statist.

KÖNIGIN Sagt dem Herzog von Wellington, ich werde nicht eher ruhen, bis den ruchlosen Fallsboroughs sein Schicksal ereilen wird. Ich habe Nachricht von Engeland, Sir Douglas befinde sich auf dem Wege hierher, mit neuer Zeitung in dieser Sache ...

Das Geschehen auf der Bühne nimmt seinen Fortgang. Einmal eine heftige Unterbrechungssequenz. Der Ruf: Wache! Herr Mechoff in historischem Gewand ist gerade in ein intensives Gespräch mit dem Feuerwehrmann verwickelt.

MECHOFF Diesen Einfall hatte ja Fehling von Gründgens geklaut, und Pallmann fällt nun nichts Dümmeres ein, als diese Idee nochmals zu verbraten. Das weiß keiner mehr, aber das ist Plagiat.

FEUERWEHRMANN Jaja ...

MECHOFF Überhaupt, diese Newcomer Dorn, Flimm und wie sie alle heißen, da muß ich doch fragen, wo bleibt hier der Schauspieler? Wir sind es doch, die den Thespiskarren ziehen.

FEUERWEHRMANN Ja, und wie lang machen Sie des schon beruflich?

MECHOFF Kortner, Hilpert, Nölte, meinetwegen auch Pütz, das verstehe ich unter Schauspielerregisseuren.

FEUERWEHRMANN Sie san also praktisch in dem Geschäft scho länger dabei?!

MECHOFF Ich erinnere mich an eine Probe unter Pütz, es war »Danton«, nein, warten Sie, nein, es war »Minna«, es ging damals um die Frage: Tellheim und das Preußentum, aber Pütz hat sich nie am Schauspieler vorbeigemogelt.

FEUERWEHRMANN Gell, Sie san scho a alter Hase, Herr Mechoff, Sie ham scho a Routine drauf, des bewunder ich so an Ihnen.

MECHOFF Sagen Sie das nicht. Mit Routine ist das nicht getan, man muß jeden Abend sein Publikum aufs neue kriegen. Wissen Sie, das sind Schwingungen zwischen Zuschauer und ... Augenblick! ...

Mechoff rennt los und stürmt auf die Bühne.

MECHOFF Majestät, hier ist der Brief. *Überreicht einen Brief.*

KÖNIGIN Ist gut, entfern er sich. – Mein guter Graf, verweilen Sie doch noch einen Augenblick. Gar zu selten weilt ein Gast von solcher Artigkeit in meiner Runde. Das Gemeine macht sich breit ...

Das Geschehen auf der Bühne nimmt seinen Fortgang. Mechoff strebt dem Ausgang zu.

FEUERWEHRMANN So, Herr Mechoff, na hätt mas wieder für heut. Sie hams guat, Sie können scho hoam geh. Der Schinken dauert noch drei Stunden.

MECHOFF Wo denken Sie hin, ich habe noch zwei Sätze im vierten Akt.

Folterkammerführung

FÜHRER Meine sehr verehrten Damen und Herren, wenn Sie bitte folgen wollten, wir betreten jetzt die Folterkammer, äh, Ladies and Gentlemen, if you follow me, we are entering, äh, the chamber of torture, eh, here in the middle, wenn Sie hier im Mittelpunkt schauen wollten, hier ist das Rattenverlies, bitte, wenn Sie hier mal hinunterschauen wollen. Der Delinquent wurde dort hinabgelassen, verbrachte dort mehrere Monate, manchmal auch Jahre, je nach dem, wie die Konstitution war. The delinquent had to spend a lot of time in this, äh in this whole of rats. The rats accompanied him and sometimes it could happen that he was eaten up by themselves. Hier zur Linken, wenn Sie mal schauen wollten, äh, das ist eine der interessantesten und größten Peitschensammlungen Mitteleuropas: Nilpferdpeitschen, Peitschen aus Hölzern aller Schattierungen, bis zur ganz ordinären Haselnußstaude. Äh, ganz da oben auf der rechten Seite sehen Sie ein Prokrustes-Bett, benannt nach dem berühmten Erfinder Prokrustes. Ja, es tut mir leid, meine Damen und Herren, mit Elektroschock kann ich Ihnen natürlich nicht dienen, äh, aber bitte, wenn Sie hier noch auf die linke Seite schauen, noch, äh, eine Möglichkeit, teeren und federn. Das war doch, eh, der Schlager des 15. Jahrhunderts. Eh, to tar and to feather was one of the most popular, äh, äh, ways of torturing. Äh, ja, das wär das Ende gewesen, meine sehr verehrten Damen und Herren, äh, äh, sollten Sie sich …

TOURIST Ja was is denn dieser Pfahl da?

FÜHRER Dieser Pfahl ist zum Pfählen, eine Uraltmethode, die bei den Assyrern angewendet wurde. Wir kommen zum Ende, meine Damen und Herren, äh, unser Folterstüberl steht Ihnen nach Beendigung der Führung, äh, bereit. Eh, dort gibt es Leberkäs, eine kleine Erfrischung, wenn Sie etwas zu sich nehmen wollen. – Naja, das muß ned sein, nicht nötig, no, ja. *Münzen klimpern.* Vielen Dank, ha, thank you very much, thank you, thank you, haha, dankeschön, sehr nett, sehr freundlich, dankeschön.

Der Individualist

Herbert Einweg, Individualist, liegt in einer idyllischen Waldlichtung unter seinem Chevy-Blazer. Die Motorhaube und die Heckklappe sind geöffnet. Einweg angelt mit der Hand nach einem Schraubenschlüssel.

EINWEG *ächzt* So. – Mach mern wieder zua. *Kriecht unter dem Wagen vor.* Der Ölwechsel waar scho seit 4000 Kilometer überfällig. Im Winter hab i a 10/30er ghabt, jetz nimm i wieder a 20/50er, des kaf i allweil in so am Großeinkaufscenter, so a Discountladen. Sie, da spart ma fei doch allerhand. *Füllt Öl nach.* I bin ja schließlich koa Ölscheich, oder, diese Araber, die machen Kohle, da bist als einfacher Angestellter direkt a Depp, ein Waisenknabe. Jetz hams wieder Oberwasser, da drunt im Orient. Weil, a paar tausend Jahr war ja da druntn Ebbe, gell. A paar Kameltreiber, a paar Dromedare, und sonst zuadraht. *Schließt Motorhaube.* Obwohls früher ja a Hochkultur warn. Mecht ma net glaubn, aber da war scho was los, da drunt, gell, i hob mas angschaut, diese Ausstellung von dem Tut-Ench-Amun, so a Kaiser, des hoaßt, er war ja eigentlich nur a Prinz, aber i muaß sagn, des warn Hundling, de ham Kultur ghabt. *Ächzt.* Des war a Stil, des war damals direkt, kannt ma sagn, epochemachend. *Wirft alten Ölofen in Wassertümpel.* I hoaz jetz nur noch mit Holz und Brikett, die Ölofenzeit ist restlos passé. Dann hams so kloane Figurn aus Gold und so Käfer, so Skarabäus, ois echt Gold, ham die scho gmacht. *Fegt seinen Wagen aus.* Und dann hams so Schalen ghabt, auch aus Gold, da warn dann de Innereien drin von de Opfertiere und von de Prinzen. Und dann hams so Weiber ghabt, angeblich Priesterinnen, Sie, da war was los. Des sieht mer ois an dene Abbildungen, direkt pornographisch. *Wirft Matratze dem Ofen hinterher.* Des is dann alles ausgstellt, in de Vasen hauptsächlich. So a kloans Sofa hams auch ausgstellt, auch vom Tut-Ench selber, des war sei Lieblingssofa, sein Lieblingskanapee, obwohl er wahrscheinlich nie draufglegn is, weil des war aa ois aus purem Gold. Ja, de ham scho glebt, de Hund, obwois immer Zahnweh ghabt ham, damals. Schmerztabletten hats no koane gebn, gega solchene Sachen warns hilflos. *Leert Aschenbecher aus.* Was s damals gessn ham, mei des is auch kaum überliefert, wahrscheinlich mehr Obst und so Südfrüchte. Nüsse ab und zu ... *Sieht sich um.* So, na ham mer ois. Naa hoit, hoit, de hätt i fast vergessn. *Wirft vier abgefahrene Reifen aus dem Wagen.* De ham guat ghoitn. Mit dene hob i 60000 Kilometa owigradelt ... Jetz fahr i dann nach Italien nunter. Um diese Jahreszeit herrlich. Schaug i mi a bisserl um. Auf den Spuren Roms, Venedig, Florenz und so, mei, i mag halt diese alten Kulturvölker, wei, de ham echt was drauf ghabt, ehrlich. Wissen S', da bin ich ein Individualist, i schaug mir des gern o, diese Paläste und so. Kirchen weniger, aber so Paläste. *Steigt in sein Auto.* So, na ham mirs wieder. Aber Sie, wenn diese Tut-Ench-Amun-Ausstellung amal bei Eahna in der Nähe is, ein Tip, genga S' nei. Des is was für Individualisten, des is sagenhaft, wirklich brillant, ehrlich ...

Fährt los, wirft im Wegfahren eine leere Fanta-Büchse aus dem Fenster.

In der Buchhandlung

KUNDE Grüaß Gott, Fräulein! Ich hätt gern ein Buch!

BUCHHÄNDLERIN Ja, guten Tag, was hätten Sie sich denn da gedacht?

KUNDE Ja, es is aso, wissen Sie, mei Kusaa, der Alysi, er hat Geburtstag, jetz hammer uns gedacht, mei, Sie verstehn? Ein Paperback, des is halt doch – äh – zu dünn, net? Des, macht doch net viel her! Jetz hammer uns gedacht, halt doch irgendetwas, was etwas hermacht, verstehen Sie?

BUCHHÄNDLERIN Ja, also haben Sie irgendeine Vorstellung von einem Inhalt?

KUNDE Ja, mei, es is aso, also der Alysi hat ja die Zeit nicht, verstehen Sie, also wenn er reinschaugt – äh – nachher sogn mer amal, er möchat lacha ... lachen, verstehen Sie?

BUCHHÄNDLERIN Ja, also gut, da hätte ich hier zum Beispiel eine Jubiläumsausgabe von Wilhelm Busch.

KUNDE Hähähä, jo mei, hähä! ... Na, der Alysi is scho 40 Jahre, wissen Sie! Nein, nein, kein Kinderbuch, hähä, ja der Struwwelpeter und so ... ich kenn mich aus, hähä! Nein, nein, es soll etwas sein, sagn mer mal, etwas Repräsentatives. Der Alysi ist altdeutsch eingerichtet. Jetza sagn mer mal so: wenn man hereinkommt, man kommt beim Alysi, von der Diele kommt man herein, jetzt wenn man ins Wohnzimmer kimmt, daß man es vielleicht auf einen Tisch legen kann oder so, daß man halt dann gleich das sieht, und bevor mer Kaffee trinkt oder so, daß mers halt auch sieht. Verstehn Sie, das wärs gewesen.

BUCHHÄNDLERIN Ja also, hier – da hätten wir noch etwas anderes, das wäre eine Ausgabe von Immanuel Kant, das wären sozusagen 1300 Seiten, ein Buch, das durchaus zeigen würde ... das Niveau verbreitet, nicht wahr? Und das sofort demonstriert, in welcher Haushaltung man sich da befindet.

KUNDE Hä, ja, eh, ja, des klingt net schlecht, net? Emanuel Kant, ja, jetzt, was sagt dieser, äh, Kant, dieser Emanuel Kant aso?

BUCHHÄNDLERIN Immanuel Kant beschäftigt sich mit der hermeneutischen Fundamentalonthologie als Analythik der Existenzialität des Denkens, des Wesens vom Sein, nur in etwas anderer Art als Heidegger ... aber ich würde doch sagen, in einer etwas spezifizierten Art und Weise.

KUNDE Hä, ja, hähä, ja, do werd, hä, do werd er schaugn, der Alysi! Ja, ob er jetz natürlich, äh, hm, vielleicht ham S' doch was anderes, sagn mer mal ein Tierbuch, hähä, oder sowas, wissen S' schon, gel, Tierbuch oder so, äh. Aber wissen S', Fräulein, genauso schwer, net? Also, und auch so an grünen Einband!

BUCHHÄNDLERIN Ja, also da hätte ich an Tierbüchern hätten wir hier ein Buch, eh, das ist eine Beschreibung der Fauna und Flora der letzten 500000 Jahre, in einigen Passagen sehr elektrisierend beschrieben, mitreißend sozusagen und sehr veranschaulichend.

KUNDE Ja, ja, des klingt net schlecht, net?

BUCHHÄNDLERIN Ja, wissen Sie, also hier wird zum Beispiel eine Beschreibung des Aussterbens des Mastodon sehr spannend geschrieben. Ich würde sagen, also durchaus ein gewichtiges Werk, das über die letzten 500000 Jahre geschrieben wurde.

KUNDE Ja, ah, ja, Fräulein, wie sagen Sie, äh, wie hoaßt der Mast-, der Mast-, äh, der Mastdarm ... eh, Mast-?

BUCHHÄNDLERIN Mastodon! Mastodon, das war sozusagen der Flegel der ausgehenden Eiszeit ...

KUNDE Ja, hahaha, also Sachen, ein Treibauf, gel? Hähähä, Mastodon, ein Treibauf, hähähä, ja, das klingt nicht schlecht! Fräulein, wissen S' was? I glaub, des nehm i ...

Zeitschriftenvertreter

Ein Vertreter rechnet mit einem Händler gerade über verkaufte und nicht verkaufte Exemplare der Nationalzeitung ab.

VERTRETER Ja wieso ham denn Sie die Zeitung so weit da hinten? Da siehts ja koa Mensch. Koa Wunder, wenns dann net kauft werd. Ham S' as selber scho mal glesn? Des is fei hochinteressant. Weil, da kommen auch de anderen Tatsachen mal ans Licht. Sonst, sagens, sieht mas bloß im Fernsehn, und da sagens, is des eine primitive Greuelpropaganda. De sagen, des is zwar schon auch bedenklich irgendwie, daß es Opfer gegeben hat, irgendwie, aber no vui schlimmer is des doch dann, wenn des aa no dargestellt wird und wenn ses dann aa no ausposaunen, und des no im Fernsehn, wos a jeder sieht. Daß des einseitig is, des is doch überhaupts keine Frage für an intelligenten Menschen, schreibens, weil de zeigen des ja immer nur aus der Sicht von de Opfer. Ma müaßad des doch auch amal aus der Sicht der SS sehn, weil de hams ja aa net leicht ghabt, und de warn ja aa direkt betroffen irgendwie. Was de geleistet ham, davon red koana. Weil, die Vorgänge damals, de warn sehr kompliziert. Des soll ma doch de Leut überlassen, de wo was davon verstehn. Zum Beispiel der Begriff »Reichskristallnacht«, den hats ja im Dritten Reich gar net gebn, schreiben de. Des is eine nachträgliche Erfindung. Und außerdem heißt des auch net Nazi, sondern Nationalsozialist. Da sieht ma, wie die mit der Sprache umgehn. Des, was wirklich passiert is, davon red gar koana. Und des is jetz aa interessant, de schreibn da zum Beispiel, daß des Auschwitz, des is ja gar net in Deutschland, des is ja in Polen, des is in Polen, net in Deutschland, wer weiß denn des denn? Daß da Fehler gemacht wurden, des gibt ja jeder zu, aber, bitte – und des schreiben die auch – was war denn im alten Rom? Oder in Babylon? Davon red koa Mensch mehr, bloß bei uns wird ständig im Dreck gewühlt. Da sagens, da muaß jemand dahinterstecken, weil, sonst tät des ja koan Mensch mehr interessiern, weil, erfreulich is des nicht. Und fürn Fasching, sagens, is des Programm denkbar ungeeignet, und geschmacklos, wenn ma so was bringt, grad im Fasching. Und sie sagen auch, sie sagen auch, sie san auch de einzigen, die sowas Ungeheurliches schreiben, ja, wieviel nehmen ma jetzad?

HÄNDLER Danke, brauche nichts, kein Interesse bei der Kundschaft.

VERTRETER Ja, dann nehmen S' doch wieder Pornos, die gehn immer. Besonders de aus Skandinavien und de vo de Linken. Des san de besten.

Gebrauchslyriker

Im Regieraum eines Tonstudios sitzen Hupsi und Berti, daneben ein Tonmeister. Im Aufnahmeraum steht Desiree vor dem Mikrofon und singt.

DESIREE *singt* Bis dahin, bis dahin war mein Leben ohne Sinn, bis dahin war mein Leben so leer ...

BERTI Is doch sinnlos mit dem Wammerl. Die bringt doch keinen vernünftigen Ton raus. Null groove, echt zum Vergessen.

HUPSI Nanaa, also i find, des is im Ansatz scho recht dufte. Und mir liegen damit aa voll auf am derzeitigen Trend. *Drückt Sprechtaste.* Ah, Desiree, an kleinen Moment.

DESIREE War das gut so?

HUPSI Jaja, Desie, alles okay bei dir.

DESIREE Is was nich in Ordnung?

HUPSI Naa, Desie, bei dir is alles okay. Einfach riesig. Ehrlich. Es war wega uns.

BERTI Wie die des »Leben ohne Sinn« singt, des hat koan drive, glaub mas.

HUPSI Geh, Berti, mir ham doch no koan Hall drauf. Und de Public-Relation lauft scho fullpower auf Hochtouren. Da Alfredo sagt, er macht uns den Markt heiß. Jetz müaß ma de Sache nauspushen. Und wenns ganz Scheiße werd, na tean mas auf de B-Seitn.

DESIREE Was ist denn, Kinders, ich habe heute nochn Date, ich mußn Interview geben.

HUPSI Jaja, mir können wieder. Ah, wennst bei »Leben ohne Sinn« a kleines Bißl mehr power gibst ...

DESIREE Aber dann kommt das lonely feeling nich so raus.

BERTI So eine Arschgeige ...

HUPSI Des macht nix, Desie, a kleins bißl mehr drive, dann is es top. Ehrlich. Also, mir können ...

DESIREE Okay, ready ...

TONMEISTER Band läuft.

DESIREE *singt* Bis dahin, bis dahin war mein Leben ohne Sinn, bis dahin war mein Leben so leer ...

HUPSI Satt, jetzt hat ses drauf ...

DESIREE *singt* Doch dann kamst du, ja duuu, mit deinem Bausparvertrag daher, und du, ja duu, du sagtest zu mihier ...

BERTI Des geht doch net. Des haut naus.

HUPSI Was?

BERTI Des »Bausparvertrag«, des bremst, vom Text her. Des kannst beim Grand Prix net verkauffn.

HUPSI *drückt Sprechtaste* Halt, Desie, an kleinen Moment ...

DESIREE Wasn jetzt schon wieder?

HUPSI Glei. – Naa, des find i net, Berti. Woaßt, i find, des bringt eine neue Dimension. Und des liegt genau aufm Trend. De meisten Texter weigern sich, aus am romantischen Dings heraus, des Heutige praktisch zu bringen. Des sagt der Alfredo auch, woaßt, er sagt, du muaßt bedenken, mir ham heute 20 Millionen Bausparer, daran kann der Musikmarkt net einfach vorbeigehen.

BERTI Aber »Bausparvertrag«, des is so i woaß net.

HUPSI Wieso, des geht doch. *Summt:* Bausparvertrag ... Astrein. *Drückt Sprechtaste* Du, Desie, kannst du des »Bausparvertrag« ein kleines bißchen softer bringen?

DESIREE Aber Hupsi, das ist doch die Message. Das muß knallen!

HUPSI Des schon, aber es braucht a bißl an groove, verstehst ...

DESIREE Okay, I try it ...

HUPSI Also, Lady, come on, Band läuft ...

Die Tür geht auf, und Alfredo federt herein.

ALFREDO Hi, Männer, na, wie läufts?

HUPSI Klasse. Servus Alfredo. Knockt ehrlich, satt.

BERTI A Riesenidee, des mit dem Bausparvertrag.

ALFREDO Nich wahr? Männer, ich sags euch, diese Scheibe läuft auf der glasklaren Profitour. Voll aufm Trend. 50000 Singles würgen wir damit mindestens rein.

DESIREE Was ist Kinders, macht mal, denkt an mein Interview. – Alfredo, Bussi!

ALFREDO Bussi, darling.

HUPSI Okay, mir hams wieder, Desie, und denk an »Bausparvertrag« – soft, aber mit a bißl groove.

DESIREE Wo steigen wir ein?

HUPSI Bei »Du mit deinem Bausparvertrag«, okay?

DESIREE Okay, I'm ready ...

TONMEISTER Band läuft ...

DESIREE *singt* Doch dann kamst du, ja duu
mit deinem Bausparvertrag daher,
und du, ja duhuu, du sagtest zu mir:
wir bauen uns ein Häuslein fein,
  Häuslein klein, Häuslein mein,
dann ziehn wir in unser Häuslein ein,
  Häuslein fein, Häuslein mein,
soll niemand andres drinnen sein,
  wie du allein, wir zu zwein,
wir wohnen in dem Häuslein fein,
  Häuslein klein, Häuslein mein,
Hey hey hey hey, Häuslein fein,
  Häuslein mein, Häuslein dein,
Häu-Häu-Häuslein klein, klein aber mein ...

HUPSI Des pfeift ein, ha?

BERTI Aber sie kann doch net »mein« singen, des muaß »unser« heißen.

HUPSI Geh, Berti, du redst daher wie a Oberlehrer. De Betonung liegt doch auf »ein«! »Unser Häuslein« klingt doch net. »Häuslein mein«, des fetzt ganz anders. »Häuslein mein« hat an ganz andern drive.

BERTI Abers is unlogisch.

ALFREDO Da hat er recht. Logischer wäre »unser Häuslein«.

HUPSI Halt, Desie, mir ham grad an trouble, geduldige dich ...

DESIREE Aber Kinders, die Zeit ...

HUPSI I woaß, dei Interview. Glei ham mirs.

ALFREDO Sag mal, Desimaus, hast du irgendn Problem mit dem Text?

DESIREE Nee, der Text is klasse. Weißte, ich brauch diesen internationalen touch, und der is hier voll da.

ALFREDO *zu Hupsi und Berti* Na also.

DESIREE Wieso?

ALFREDO Neenee, is alles okay, darling.

HUPSI *in einem kreativen Anfall* Na mach ma halt aus »Häuslein mein« »Häuslein klein«.

BERTI Ja, des geht. Mach ma »klein«, dann is logisch.

ALFREDO Aber »Häuslein klein« klingt so nach wenig ...

HUPSI Geh, Alfredo, von dene 20 Million Bausparern san mindestens 19 Millionen Kleinsparer, vergiß des net, und außerdem groovt's ...

ALFREDO Okay, machen wir »Häuslein klein«.

HUPSI *drückt Sprechtaste* Ah, Desiree, a winzige Textkorrektur. Mir machen statt »Häuslein mein« jetzt »Häuslein klein«, gel.

DESIREE Okay, »Häuslein klein«. Vor oder nach »Häuslein fein«?

HUPSI *an Alfredo und Berti* Davor, oder danach??

ALFREDO Vor ...

BERTI Vor, natürlich!

HUPSI Vor »Häuslein fein« natürlich.

DESIREE Also »Häuslein klein, Häuslein fein«?

HUPSI Baby, you got it. Riesig! Also okay, so mach mas. Ready?

DESIREE Okay, ready ...

TONMEISTER Band läuft ...

DESIREE Bis dahin, bis dahin
war mein Leben ohne Sinn,
bis dahin war mein Leben so leer
doch dann kamst du, ja duu
mit deinem Bausparvertrag daher
und du, ja duu,
du sagtest zu mir:

Wir bauen uns ein Häuslein fein,
    Häuslein klein, Häuslein fein
dann ziehn wir in unser Häuslein ein,
    Häuslein klein, Häuslein fein
soll niemand andres drinnen sein
    wie du allein, wir zu zwein,
wir wohnen in dem Häuslein fein,
    Häuslein klein, Häuslein fein
Heyheyheyhey Häuslein fein, Häuslein dein, Häuslein mein,
Heyheyheyhey Häuslein fein, Häuslein klein aber fein ...

Und wieder war ein deutscher Hit geboren.

Nachtstudio

In einem Rundfunkstudio sitzen Moderator und Professor Sonnblum. Im Senderaum langweilt sich Fräun Zacharias. Ein Techniker kommt dazu.

TECHNIKER Bitte da hineinsprechen, in dieses Mikrofon, und ungefähr soviel Abstand ... Hier, wenn dieses Rotlicht aufleuchtet, dann Obacht, weil das wird dann gesendet. Und da ist das Telefon.

MODERATOR Psst, der schlaft no. I sags eahm dann. Fräun Zacharias, geh, bittschön, machen S' mir doch gschwind a Tass Kaffee, extra stark, schwarz, ohne Zucker, ich hab eine furchtbare Nacht hinter mir, ich hab von gestern noch einen solchen Schädl auf ...

ZACHARIAS Erst nach der Ansage. An Augenblick noch ...

MODERATOR Ja, aber dann bittschön gleich. Und Sie, mögn Sie aa an Kaffee, hallo, Herr, ah ... Herr Professor ...

SONNBLUM *wacht reflexartig auf* Sonnblum.

MODERATOR Herr Sonnblum, auch a Taß Kaffee?

SONNBLUM Ja, bringen S' mir auch a Tassn.

TECHNIKER Achtung, Studio bereit.

MODERATOR Studio bereit.

TECHNIKER Ist der Professor wach?

MODERATOR Ja.

TECHNIKER Achtung, wir gehn auf Sendung ...

MODERATOR So, Herr Professor, jetz geht's los. *Gähnt.*

SONNBLUM Ja, is denn dies jetz ...

MODERATOR Psst, Ruhe!

ZACHARIAS Meine sehr verehrten Damen und Herren, in unserer Sendereihe »Das Nachtstudio« präsentieren wir Ihnen heute einen neuen Studiogast. Am Mikrofon plaudert mit Ihnen, wie gewöhnlich, Rudi Bückner in unserer Sendung: Zu Gast im Studio. Wir wünschen gute Unterhaltung.

MODERATOR *plötzlich dynamisch* Einen schönen guten Abend, meine sehr verehrten Damen und Herren, liebe Nachtfalter, draußen, unterwegs, zuhause, oder ... ich möchte jetzt hier nichts Anstößiges sagen, also zuerst mal die Zeit: Es ist jetzt genau sieben Minuten nach Mitternacht, und neben mir sitzt als Gast im Studio Professor Sonnblum. Professor Sonnblum wird Ihnen ... guten Tag, Herr Professor ...

SONNBLUM Guten Tag, ich habe ...

MODERATOR Professor Sonnblum ist Enzyklopädist und wird Ihnen sämtliche Fragen beantworten, die Sie bewegen; Fragen, die Sie heute im Laufe dieser Sendung, in den nächsten vierzig Minuten an ihn richten. Hier ist unsere Telefonnummer: neunundfünfzig-nullnull-achtundzwanzig und vierundvierzig, ich darf wiederholen: neunundfünfzig-nullnull-achtundzwanzig und vierundvierzig. Professor Sonnblum freut sich auf Ihre Fragen. Zunächst aber erstmal ein bißchen Musik!

TECHNIKER Okay, gestorben ...

MODERATOR *sackt zusammen* Mensch, so eine Scheiße, ich bin no halb blind. Auf der Herfahrt hätt i beinah a Kind zammgfahrn. *Reibt sich die Schläfen.*

SONNBLUM Ah, sagen Sie, is des da der Apparat?

MODERATOR Fräun Zacharias, was macht der Kaffee?

ZACHARIAS Is in Arbeit ...

Das Telefon läutet.

SONNBLUM *hebt ab* Ja, Hallo? – Hallo, hier Sonnblum? Augenblick. – Für Sie, Herr Bückner ...

MODERATOR Ja? – Du, Schnecki, i hab jetz koa Zeit, i ruf di z'ruck, wenn der Schmarrn aus is, okay? Servus derwei.

Fräulein Zacharias serviert den Kaffee.

SONNBLUM Mir bitte mit Milch und Zucker ...

ZACHARIAS Ach, hätten Sie auch einen wollen? Für Sie hab ich jetzt gar keinen ...

MODERATOR *zündet sich eine Zigarette an.* Rauchen Sie, Herr Professor?

SONNBLUM Danke, nein. Ich bin passionierter Nichtraucher.

MODERATOR *trinkt* Ah, so a Kaffee tut guat.

SONNBLUM Sagen Sie, wie ist denn das Echo so gewöhnlich?

MODERATOR Kommt drauf an, wer da is. An Paul Breitner ham mir as letztemal daghabt, da is uns direkt as Telefonnetz zammbrochn ...

TECHNIKER Achtung, wir senden!

MODERATOR *strafft sich* Meine Damen und Herren, es ist inzwischen null Uhr elf in unserer Republik und Professor Sonnblum freut sich auf Ihre Fragen. Bitte denken Sie an unseren Studiogast. Hier noch einmal die Telefonnummer: neunundfünfzig, nullnull, achtundzwanzig, vierundvierzig, neunundfünfzig, nullnull, achtundzwanzig, vierundvierzig. Ganz einfach anrufen, den Herrn Professor fragen, Professor Sonnblum antwortet zu allen Lebenslagen. Hahaha ... Einstweilen wieder Musik.

SONNBLUM Ja, sagen S' amal, da ruft ja überhaupts kein Mensch an. Was is n da los?

MODERATOR Ja mei, Herr Professor, um die Zeit, i sags Ihnen ganz ehrlich, um diese Zeit, i dad aa nimmer anrufen.

SONNBLUM Ja aber, wieso bin ichn dann überhaupts ...

MODERATOR Mei, wart ma's ab, meistens kommt dann doch no oana daher ...

TECHNIKER Achtung, Sendung!

MODERATOR Psst, null Uhr vierzehn, meine Damen und Herren, und Professor Sonnblum, unser Studiogast, ist allzeit bereit ...

SONNBLUM Sie könnten mich zum Beispiel fragen ...

MODERATOR Unsere Telefonnummer ist nach wie vor fünf, neun, null null, zwoacht und zwomal die vier.

SONNBLUM Sie könnten ja zum Beispiel fragen, wie hoch der höchste Berg der Welt ist, des is der Nanga ...

MODERATOR *überrollt Sonnblum* Ich wiederhole: fünf neun, null null, zwoacht und die doppelte vier, meine Damen und Herren ...

SONNBLUM ... oder auch sonst noch einiges, wenn Sie ...

MODERATOR Kontakten Sie Professor Sonnblum!

SONNBLUM Sie, wieso ruft denn da niemand an? Also ich versteh des nicht, daß da überhaupts kein Interesse besteht von seitn der Bevölkerung.

MODERATOR Ja, heut is Montag, im Vertrauen gsagt, heut is a ganz a schlechter Tag.

SONNBLUM Ich hab jetz extra meinen Urlaub unterbrochen wegen dieser Sendung; ich bin extra vom Gardasee hier in dieses Nachtstudio ... *Das Telefon läutet.*

MODERATOR Na, sehng S', Herr Professor, da ...

SONNBLUM *hebt ab* Hallo? – Hallo? Ja, hallo, hier Sonnblum?

STIMME Ja ...

SONNBLUM Ja, hier is der Professor Sonnblum.

STIMME Ja ...

SONNBLUM Ja, was ist denn?!

STIMME Ah, wie spät ist es denn bitte?

SONNBLUM Ja jetz is es ... ja, wie spät?

MODERATOR Null Uhr siebzehn.

SONNBLUM Es is null Uhr siebzehn. Wieso?

STIMME Danke. *Hängt ein.*

TECHNIKER Scheiße, ich hab vergessen, den Anruf zu senden. Aber jetzt: Achtung!

MODERATOR Null Uhr siebzehn, liebe Nachtfalter, neunundfünzig, null null, achtundzwanzig und vierundvierzig, Professor Sonnblum sitzt neben mir und freut sich auf Ihre Fragen. Er hat schon einige beantworten können, und dennoch, es ist die Nummer neunundfünfzig, null null, achtundzwanzig und vierundvierzig, wer Fragen hat, wählt diese Nummer ...

TECHNIKER Okay, wieder Musik ...

MODERATOR Ich habe gerade Herrn Professor Sonnblum während der letzten Zwischenmusik eine Frage stellen dürfen, und ich fragte ihn: was hat denn son Professor für ein Lieblingsgericht? Das würde doch unsere Hörer sicher auch mal interessieren. Und der Professor sagte mir, er hätte eine besonders starke Zuneigung zu Reisauflauf mit Zimt.

SONNBLUM ... und dazu Zwetschgenkompott ...

MODERATOR Ja, meine Damen und Herren, Zwetschgenkompott, Sie haben es soeben selbst gehört, wenn Sie weitere Fragen haben, nach wie vor neunundfünfzig, nullnull, achtundzwanzig und vierundvierzig, und ab gehts wieder mit Musik: Die Appletrees!

SONNBLUM Marillenkompott geht auch ... Sie, ich muß mich doch schon sehr wundern, wieso fragt denn da niemand. Haben denn diese Leute überhaupts keine Fragen? ...

ZACHARIAS Herr Professor, möchten Sie vielleicht n Käsebrot?

SONNBLUM Ja, also störn Sie mich doch nicht, wenn Sie mich schon so sehen hier! Ich kann doch jetzt kein Käsebrot, ich kann doch hier nicht mit vollem Mund beantworten!

MODERATOR Sie moants ja net so. Tean Ses mir her, Fräun Zacharias. Mensch, war ich gestern angflaschlt, also dermaßen abgefüllt ... *Beißt in das Käsebrot.*

ZACHARIAS Da is ja ne Live-Sendung genau das Richtige ...

MODERATOR Naja, jetz ham mirs dann bald überstandn ...

TECHNIKER Achtung!!

MODERATOR *mit vollem Mund* fünf neun, null null, zwoacht und die vier vier ... die bewährte Nummer, meine Damen und Herrn, wenn Sie irgendeine Frage haben, Professor Sonnblum ist unermüdlich für Sie da, und das Telefon läuft heiß. Fragen Sie Professor Sonnblum, wählen Sie fünf neun, null null, zwoacht und die vier vier ... *Beißt wieder gierig in das Käsebrot ...*

TECHNIKER Okay, gestorben, Musik ... *Dann plötzlich erregt* Achtung, ein Anruf! Ich gehe auf Sendung!

SONNBLUM *hebt ab.* Ja, hallo, hier Sonnblum. Hallo hier Sonnblum!

STIMME Ja, Sie, ich hätt da eine Frage ...

SONNBLUM Ja, bitte?

STIMME Weil, des hätt mich schon lang interessiert ...

SONNBLUM Ja, also fragen Sie doch ...

STIMME Aah, wieviel verdienen Sie so im Monat?

SONNBLUM Ja, ich habe verschiedene Bezüge. Insgesamt dürfte das ungefähr ... *Wirft wütend den Hörer in die Gabel.* Eine Unverschämtheit! Sowas fragt ma net. Ich komm hierher in dieses Nachtstudio und da werd ich gefragt, wie spät es is und was ich verdien.

MODERATOR Null Uhr und ... Pssst!!

SONNBLUM Diese Leute nicht, des is ja ...

MODERATOR Meine Damen und Herren ...

SONNBLUM ... eine Ungezogenheit, ein ein eine ... ich ...

MODERATOR fünf neun, null null ...

SONNBLUM ... unterbreche doch nicht extra meinen Urlaub ...

MODERATOR zwoacht, vier vier ... ist die Telefonnummer ...

SONNBLUM ... um mir dann diese Pöbeleien ... so eine Ungezogenheit ...

MODERATOR *schreit Sonnblum an.* Halts Maul!! Maul halten!!

TECHNIKER Okay, gestorben, Musik!

Grüß Gott, Herr Polt!

Im Kolonialwarenladen. Ein Kunde mit reichlichem Warensortiment steht an der Kasse. Frau Schmelzer addiert.

FRAU SCHMELZER So, 34 Mark 80 alles zusammen. Ham mers dann, der Herr?
KUNDE Könnt ich bittschön eine Tüte haben ...
FRAU SCHMELZER Des kost aber 20 Pfennig.
KUNDE Ja, dann muß es so gehn ... *Lädt sich seine Waren auf.*
Gerhard Polt steht mit einem Joghurt als nächster an der Kasse.
FRAU SCHMELZER Ah, grüß Sie Gott, Herr Polt.
POLT Ja, Grüß Gott ...
FRAU SCHMELZER Wie gehts immer, Herr Polt?
POLT Ja, dank schön, geht scho.
FRAU SCHMELZER Machen S' wieder mal was im Fernsehn, wann kimmt n wieder amal was?
Der Kunde geht.
KUNDE Wiederschaun ...
FRAU SCHMELZER Ja, Wiederschaun. Ich habs mir neulich erst wieder anghört, oder naa, im Fernsehn wars, fei sehr nett ...
POLT Ah ja, das freut mich ...
FRAU SCHMELZER Gestern hob i aa wieder nei gschaugt. Irgend a Krimi wars, war fei großartig.
POLT Ah so ...
FRAU SCHMELZER An Schluß hob i nimmer ganz mitkriagt, weil mir gengan um zehne spätestens ins Bett, außer am Wochenend, da nehmen mir solche Sendungen ganz mit, aber meistens is es dann Sport ...
Eine weitere ältere Kundin geht auf Polt zu.
KUNDIN Ah, sagn S' mir amal, äh, san Sies, oder san Sies net?
POLT Ja ja, i bins.
KUNDIN Gel, i hob ma glei denkt, daß Sies san.
FRAU SCHMELZER Jaja, er is es.
KUNDIN I hob ma glei denkt, wia i Sie gseng hab: is ers jetzt oder is ers net, aber i hob recht ghabt, oder? Sie sans.
POLT Jaja, i bins scho.
FRAU SCHMELZER Jaja, er is es, leibhaftig. Rosa, Gusti, schaugts amal her, da is er!! So Herr Polt, was ham mir denn jetzt, Herr Polt?
POLT Ein Joghurt bitte.
SCHMELZER Ah ja, ein Joghurt fürn Herrn Polt, mach 74 Pfennige, Herr Polt, brauch ma a Tütn, Herr Polt?
POLT Naa, des kann i a so nehmen.
SCHMELZER Dean S' es her, i duas Eahna in a Tütn, na tragn S' es leichter, ham mers dann, Herr Polt?
POLT Ja, des wärs.

Rosa und Gusti schauen in den Laden.

SCHMELZER Da schaugts her, des is er.

GUSTI Ah, wer?

SCHMELZER Da, des is er, den mir neulich im Fernsehn, hab ich n euch zeigt.

GUSTI Ah ja, im Fernsehn, genau ... *Verschwindet wieder.*

ROSA Sehr nett .. *Verschwindet ebenfalls.*

POLT Also dann ...

SCHMELZER So, Herr Polt, hätt mers dann.

POLT Ja, dann ham mirs.

SCHMELZER Also dann, Herr Polt, bis zum nächsten Mal, Herr Polt, da herin, oder im Fernsehn mal wieder, hahaha.

Alle lachen. Polt geht.

SCHMELZER *zum nächsten Kunden.* Wissen S' wer des war? Des war fei der Herr Polt.

KUNDE Welcher Herr Polt?

Im Kreislauf des Jahres

D'Anni hat gsagt, also ihr persönlich, sagt sie, ises wurscht, ob einer evangelisch oder katholisch ist, d'Hauptsach is, er geht in d'Kirch.

Die Büttenrede

Erwin Wurster sitzt im Schlafanzug in seinem Schlafzimmer. Neben ihm ein Spiegel und seine Frau mit Lockenwicklern unter einer Trockenhaube.

WURSTER Ja, also, Sie müssen sich vorstellen, davor, also vor mir, war der Tünnes und der Scheel dran, die Garde hat einmal paradiert, und dann komm ich. Natürlich mit Narrenkappe und Ornat, das müssen Sie sich jetzt alles dazudenken, ich habe jetzt nur das Narren-Szepter dabei, mit dem ich dann beim Stimmungslied die Rittergilde dirigier. Also ich fange mal an. Es geht los mit meinem klassischen Begrüßungs-Vierzeiler ... Den mach ich jetzt seit sieben Jahren, also der kommt immer bombig an. Also: Liebe Närrinnen und Narren – da ist der erste Tusch – den wart ich ab, dann gehts weiter folgendermaßen:

Wir lassens heut besonders krachen,
Wir bringen heute was zum Lachen,
Für alle die da unten hocken,
Wenns kracht, dann bleibt kein Auge trocken.

Da is dann der nächste Tusch und der Applaus. I wink dann ab und sag: Nicht nötig, meine Damen, und dann lachens nochmal und klatschen noch mehr. So, wenn der Applaus vorbei is, na mach ich weiter und da kommt die eigentliche Rede. Da sag ich folgendes: Verkehrte Ladies und umgekehrte Geleemänner – da lachens dann wieder – *Hier liest er ab:* Ich kanns noch net ganz auswendig, jetzt warten S', sitz ich im Lokal, da tuns dann einen Hummer ins heiße Wasser. Dann frage ich den Hummer: Seit wann bist du denn ein Roter? – Da wieherns dann, die Leute. – Dann sagt der Hummer: Nein, ich bin kein Dummer, obwohls den Roten jetzt auch langsam heiß wird. An der Stelle kommt a Tusch: dadaa, dadaa, dadaa. Und die Leute applaudiern. – Im Lokal mir gegenüber sitzt mein Opa, und hustet ständig. Sag ich: Opa, was hustest denn, sagt der Opa: des kommt vom schwarzen Pfeffer sag ich: aber Opa, der Pfeffer is doch weiß. – Dann lachen die Leute, des wart ich ab, dann sag ich: sagt der Opa zu mir: ja, der Pfeffer is weiß, aber ich weiß des doch garnet. Tusch: dadaa, dadaa, dadaa, und da lachens dann wieder. – Dann, dann hab ich eine Weltreise gemacht, mein Opa war inzwischen gestorben, da lachens vielleicht a bisserl, dann ist mir am ersten Tag die Frau abhanden gekommen. Sagt mein Kabinennachbar: seien Sie doch froh, wenn die Alte weg ist. Sage ich: Naja, wer weiß. – Da lachens wahrscheinlich brüllend. Am nächsten Tag is die Alte von meinem Kabinennachbar ebenfalls weg. Sagt er: soviel Glück auf einmal, da is was faul dran. Da brüllens dann vor Lachen.

[NOCH WURSTER] Den hab ich schon mal gebracht, der is wahnsinnig angekommen, es geht aber noch weiter, passen S' auf: Am dritten Tag kommt ein Walfisch und spuckt die beiden Alten wieder an Deck. Sinniert mein Nachbar: Ja des würde ich jetz gerne wissen, hat der arme Fisch nun wegen deiner oder meiner Alten gekotzt? – Da gibts wieder Gelächter obwohl, was meinen Sie, des »gekotzt« is vielleicht a bisserl hart, aber wenn ich gespuckt sag, naja ich weiß nich – gespuckt is vielleicht aa net schlecht, aber des gekotzt kommt vielleicht besser an. Na, ah ja, ich habs, da mach ich ausspucken. Sagt er also: hat der arme Fisch jetzt deine oder meine Alte ausgespuckt? – Da lachens auch, doch, des müßt auch gehn. – Sag ich zu meinem Schiffsnachbarn: Jedenfalls der Fisch hat Geschmack, des merkt mer. – Da brüllens dann vor Lachen, Sie werden sehn, also, da muß ich länger warten, da kommt dann auch noch a Tusch rein, dann gehts weiter. – War ich im Gefängnis, frag ich meinen Zellennachbarn: Ja was haben Sie gemacht? Sagt er: Ja ich hab eine Sau geschlachtet. Frage ich: Wieso sitzen Sie dann hier? sagt mein Zellennachbar: Ja die Sau war zufällig meine Alte. Hahahahaha, der is gut, der is ganz gut, der is glänzend, also, des wird auch wieder a so a Höhepunkt. Da lachen dann die Leute wahnsinnig. Jetz muß ich also n bißchen länger warten, bis die ausgelacht haben, da kommt übrigens auch wieder ein Tusch rein. Dann sag ich: ich selber bin ja auch ein Sträfling, wissen Sie, ich hab einen Safe ausgeräumt, und Sie werden sich jetzt fragen, wieso sitzt der Mann, ja, ich kanns Ihnen verraten, ich hab die Alarmanlage zuerst ausgeräumt, weils heißt doch immer Safe di first. Das gibt wieder einen Lacher. Dann sag ich: Ja und jetzt bin ich natürlich in Sicherheit. Da lachens natürlich wieder. Aber wenn unser Staat so weiter macht, dann ham se vielleicht schon bald kein Geld mehr für das Wasser und Brot da herinnen. – Das is einer von meinen Spitzengags, des is also, ha, ich muß auch immer lachen. – Dann war ich bei der Bundeswehr. Mir sitzen grade beim Essen, fragt der Kompaniechef: Meine Herren, hat einer von Ihnen Bohnen gegessen? Sagen wir alle: nein, nein, nein, warum? Ja, dann hat sich doch eben grade ein Schuß von meinem Maschinengewehr gelöst. – Des is auch einer von den todsicheren Ankommern. Wissen S' und, äh, es geht noch weiter, warten S' – ja, sagt mein Freund Heinz: jetz is wieder Pilzsaison, was is, gehst mit in den Wald? Sag ich zu meinem Freund Heinz: Pilzsaison is bei mir das ganze Jahr. Ich brauch nur meine Socken ausziehn, da hab ich Fußpilz soviel ich will. Den sogenannten Champignon Pedalis. – Da brüllens dann wieder. Wissen S', den Champignon Pedalis muß ma richtig setzen, weil, sonst hörns des garnicht. Die Leute toben dermaßen, des muß mer abwarten. Aber ich hab da schon ein Gefühl daür, wissen S'. – Dann bin ich zum Pfarrer gekommen.

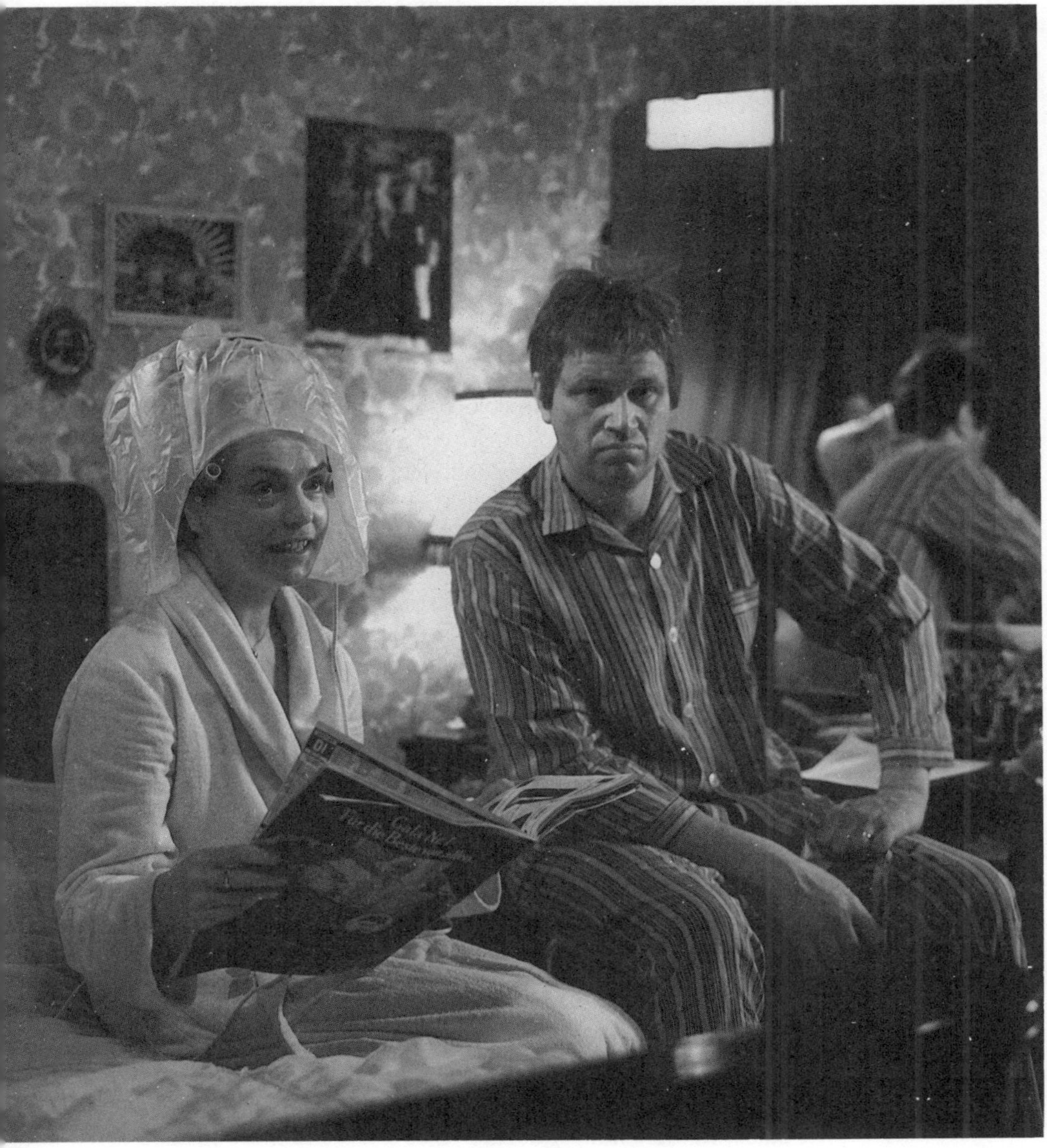

Sagt der Pfarrer zu mir: ja Sie, Ihr Sohn ist vielleicht dumm, der hat noch nicht einmal gewußt, daß Jesus tot ist. Sag ich zum Pfarrer: Ja, Sie sind gut, Herr Pfarrer, ich habe noch nicht einmal gewußt, daß er krank war. – Wissen Sie, des mit dem Pfarrer is schon heikel. Ich laß auch die ganzen Schwulenwitze weg, obwohl die besonders ankommen. Aber der Prälat Munzinger sitzt da unten und dann, ich bin ja auch, ich mein, ich sitz dann mit ihm wieder an einem Tisch bei der Wahl zur Narrengilde, naja, das geht so dahin, wissen S', ich mach, ich trage nicht alles vor, wo komm ich da hin, wenn ich jetzt schon alles verrate. – Am Schluß kommt halt dann das Lied, net, das Stimmungslied. Des is dann der Höhepunkt, also, da marschiert dann die Rittergilde auf, und dann gehts los: ein Vorspiel: Ranpfdadadada, ranftdada, da sing ich:

Wenn draußen der Kamin auch stinkt,
das Narrenvolk trotz allem singt –

jetzt singt die Rittergilde mit, passen S' auf –

Alaaf, hellau, alaaf, hellau,
der Schnaps schmeckt uns auch ohne Frau.

Des dirigier ich dann immer mit. Jetz kommt die zweite Strophe:

Das Narrenschiff geht niemals unter,
wir bleiben heiter, froh und munter.

Jetz wieder mit der Rittergilde eben: Alaaf, hellau ...
eine kleine Abwechslung ham mer da drin:

Der Schnaps schmeckt jetzt auch meiner Frau.

Ja, da lachens dann wieder. Dann fordert man die Leute alle zum Schunkeln auf, obwohl des kommt, der eigentliche Schunkelteil kommt erst in der Mitte, aber da, da könnens sich schon mal einschunkeln, wissen S'. Dann kommt die dritte Strophe und die geht dann aa so:

Und ist die Alte endlich voll,
dann wird der Abend doch noch toll.

Gell, der Text is guat, der Rüdiger-Wolf hat mir dabei geholfen. Der hat der Sache noch den letzten Schliff gegeben. – Ja, und jetzt kommt dann praktisch die Aufforderung zum Schunkeln. Da ruf ich dann: Und jetzt alle, mach mer alle mit, und hoch gehts. – Und dann springens alle auf, und die Rittergilde schunkelt vor, ich dirigier des Ganze, gell, und dann gehts: Humpf humpf, bubiba, dumpf, rumpf, trallala. Des kimmt dann drei Mal: humpf humpf, bubiba, dumpf, rumpf, trallala. – Ja, und wenn mer des ham, dann kommt nochmal die Rittergilde mit dem Refrain:

Alaaf, hellau, alaaf, hellau,
der Schnaps schmeckt uns auch ohne Frau.

Des kann mer dann variiern. Singt mer:

Der Schnaps schmeckt manchmal auch der Frau

oder dann singt mehr:

alaaf, hellau
der Schnaps schmeckt meiner Alten auch,

oder, und so, des kann mer dann beliebig, des is dann je nachdem von der Stimmung abhängig. Aber Sie wern sehn, des wird ein bombiger Abend, also sowas kommt immer an.

Im Schatten des närrischen Szepters

Ein schäbiger Nebenraum eines Ballsaales. Nebenan ein Faschingsball auf Hochtouren. Stimmungssumpfmusik. Max Heubl, Faschingsprinz in vollem Ornat, sitzt angeschlagen auf einem Barhocker, Anneliese Roth, Prinzessin, kümmert sich um ihn. Herr Donisl, Veranstalter, betritt das Separé.

HERR DONISL Herr Heubl, mir waarn soweit, es kann losgehn.

HERR HEUBL Ach, laßts ma doch mei Ruah.

FRAU ROTH Mir kommen gleich, Herr Donisl – ham Se sich übergeben müssen, Herr Heubl?

HERR HEUBL Ah, es is grauenhaft.

FRAU ROTH Sie müssen aufpaßn, wenns Ihnen schlecht is. Des schöne Gwand. *Putzt Heubel.*

HERR HEUBL Ach, laßts mir doch mei Ruah. Wo is mein Magenpulver? *Roth reicht ihm ein Glas.* Wo sam mir denn grad eigentlich?

FRAU ROTH Des is – *liest nach* – der Ball heißt »Wir schlumpfen in Hypinesien«. Des san so Bankangestellte.

HERR HEUBL Was für eine Ansprache soll ich halten? *Rülpst.* Irgend eine Rede?

FRAU ROTH Nur Eahna Standardwitz, oa Stimmungsliad und a paar Grußworte. Da, des is die Liste von dene, de wo Sie grüßen müssen. Lassen S' aber bittschön koan aus. Net daß wieder Beschwerden gibt.

HERR HEUBL I bin doch net dene eahna Trottel! *Greift nach der Liste.* Her damit. Herrschaftseitn, is mir schlecht.

FRAU ROTH Drei Tag no, na ham mirs überstanden. Mir ham aber heut fei no drei Auftritte, und oana wo da Bürgermeister mitwirkt.

HERR HEUBL Wer, wia, welcher?

FRAU ROTH I woaß net, wia der hoaßt, der dritte Bürgermoaster is.

HERR HEUBL Ah so. Der soll halt dahoam bleibm. Der ganze Fasching is doch eine Farce.

Ein Gardewammerl schaut herein.

WAMMERL Herr Heubl, mir müaßn, im Saal rasens. Und sonst schaff ma aa de andern Auftritte nimmer. Und heut wollt ma doch alle a bißl eher hoam …

HERR HEUBL Jaja, i kimm glei. Nehmts daweil Formation ein. I muaß no meine Unterlagen studiern. *Liest Grußbotschaften.* Was, und de soll i alle grüßn? Von wem?

FRAU ROTH Geh, reden S' doch net, Sie sollen grüßen.

HERR HEUBL Ja, aber von wem?

FRAU ROTH Geh, von niemand. Der Vorstand von der Bank selber hat uns doch den Auftrag gebn, mir solln den Vorstand von der Bank grüßen.

HERR HEUBL Aber des san ja so vui, was des kost …

FRAU ROTH Des werd pauschal abgerechnet.

HERR DONISL *erscheint wieder.* Also, Herr Heubl, was is denn jetz? Ham S' denn den Tusch net ghört? Jetz treten S' doch endlich auf! Mir laufen ja d Leut davon.

HERR HEUBL I kimm glei, Herr Donisl, ich studier nur noch meine Unterlagen.

FRAU ROTH Er muß noch de Grüße sortiern.

HERR DONISL Guat, daß es sagn, fast hätt ichs vergessn, ich hab noch a paar Grußbotschaften.

FRAU ROTH De san fei nicht in der Pauschale drin.

HERR DONISL Ja, i woaß, de wern extra berechnet. Aber jetz schicken S' Eahna, weil in ara Viertelstund kimmt scho unser Stargast, da brauch ma de Bühne …

HERR HEUBL Also, Fräulein Roth, pack mas, geh ma naus. *Steht auf, fällt hin.* Herrgott, is mir schlecht.

FRAU ROTH Mir ham heut scho den 15. Auftritt, und jedsmal Sekt. *Hebt ihn auf und putzt ihn.*

HERR DONISL *sieht auf die Uhr.* Es is jetz 23 Uhr 47. Um 23 Uhr 49 san Sie auf der Bühne, sonst mach ich Sie regreßpflichtig. Immer dasselbe mit dene Faschingsprinzen.

HERR HEUBL *hat sich inzwischen gefangen.* Auf gehts!

FRAU ROTH Halt, vergessen S' net Eahna Szepter, Herr Heubl.

HERR HEUBL Meine Brille? Wo is meine Brille?

HERR DONISL Was, ein Prinz mit Brille?

FRAU ROTH De hat er nur zum Lesn. D Leut lachen immer, weils moana, des is a Witz …

HERR HEUBL Meine Brille …

Frau Roth, Herr Donisl und Herr Heubl suchen die Brille, das Gardewammerl erscheint wieder.

WAMMERL Herr Heubl, was is denn, mir stehnga scho lang in Formation. Ham S' den Tusch net ghört?

FRAU ROTH Glei, es geht no net. Sofort.

HERR HEUBL Meine Brille!

HERR DONISL Gehngan halt Sie schon derweil naus, Hoheit, und sagn S' halt irgendwas, i schick eahm dann nach. Schnell, gehngas, mein Gott …

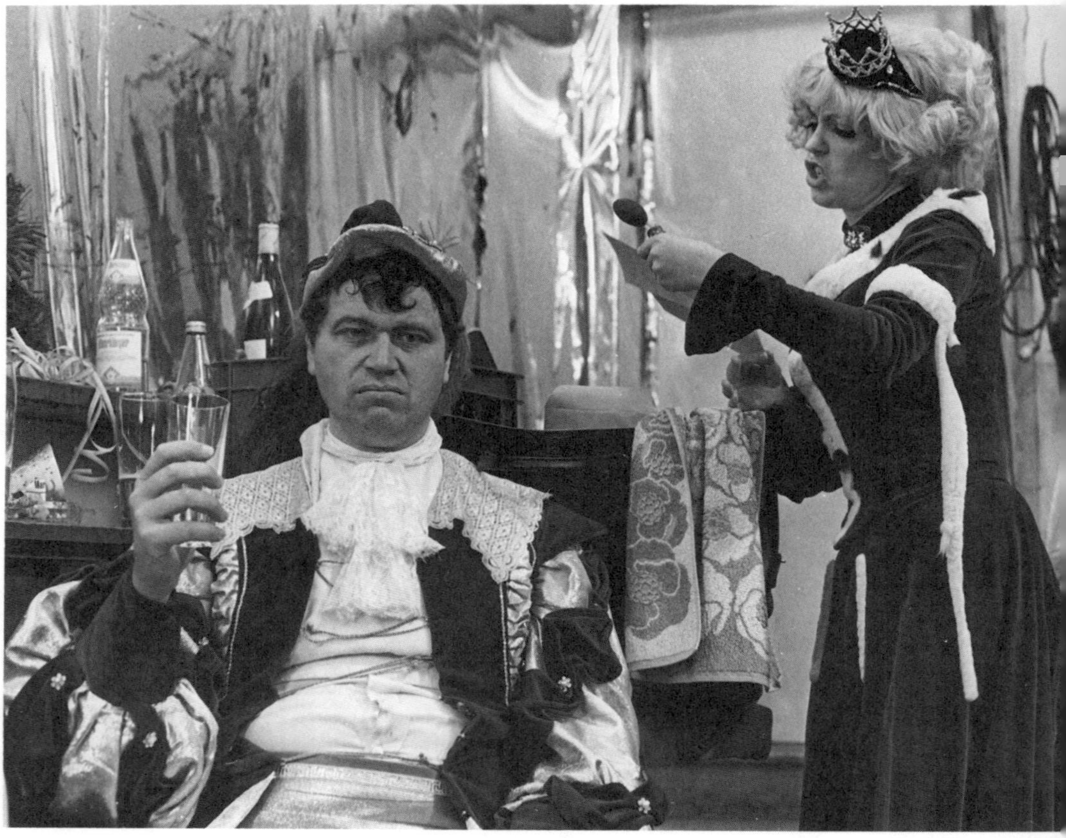

FRAU ROTH Naa, i geh net alloa naus. Mir san a Prinzenpaar, mir gehn nur zu zwoat naus.

HERR DONISL Ich mach Sie regreßpflichtig. Da, scho wieder ein Tusch!

HERR HEUBL Meine Brille, ich kann sonst net grüßn ...

HERR DONISL Na grüßen S' halt pauschal, des is mir wurscht, aber jetz schaugn S', daß nauskemman.

FRAU ROTH Herr Heubl, i glaub aa, mir müaßn jetz.

HERR HEUBL Der Fasching is doch eine Farce. *Geht los, Herr Donisl drängt das Paar auf die Bühne, Herr Heubl dreht sich noch mal um.* Ah, wo san mir?

HERR DONISL Hypinesien!

FRAU ROTH Hypinesien!

HERR HEUBL Ah so. *Geht auf die Bühne, neuer Tusch.*

Das Prinzenpaar betritt die Bühne. Sie grüßen und singen das Stimmungslied

HEUBEL UND ROTH Heut haun wir auf die Pauke, bis die Pauke kracht,
Wir wollen einen heben die ganze lange Nacht,
Wir hauen auf die Pauke, bis ein jeder lacht,
Wenn die Alte auch vor Ärger in die Hose macht,
Wir hauen auf die Pauke die ganze lange Nacht.

Herrn Heubel ist es mittlerweile so schlecht, daß er in die Bühnenecke kotzt. Die Prinzessin singt mit dünner Stimme allein weiter.

FRAU ROTH Erst ein Schnaps, dann ein Bier,
Noch ein Schnaps, noch ein Bier,
Ein paar Jägermeister mal so zwischen rein,
Noch ein Schnaps noch ein Bier,
Zwei mal zwei sind schon vier.
Hörn wir auf und trinken ein Glas Wein.
Ei, der Wein, der schmeckt fein,
Schenk mir noch ein Glasl ein,
Wenn die Flasche leer ist, schmeiß die Flasche weg.

Herr Heubl hat sich wieder gefangen, wischt sich den Mund ab und singt im Sitzen wieder mit.

Mach ne neue auf und trinken einen drauf,
Nur nach Hause gehen hat noch keinen Zweck ...

Nikolausi

SOHN Nikolausi …

VATER Hehehe, der Kleine, hehe, nein, das ist nicht Nikolausi, das ist Osterhasi, hehehe hehe.

SOHN Nikolausi …

VATER Hehehe, nein, das ist nicht Nikolausi, weißt du, jetzt ist ja Frühling. Es ist ja jetzt nicht mehr Winter, hehehehe.

SOHN Nikolausi …

VATER He, nein, he, das ist Osterhasi, weißt du, Osterhasi mit den Öhrli, hehehe, der bringt Gaggi für das Bubele, hehehehe, jaja.

SOHN Nikolausi …

VATER He, nein, also nein, nein, weißt du, das handelt sich hier nicht um, äh, um, um Nikolausi, das ist Osterhasi, net das ist ein Osterhasi, kein Nikolausi, gell?

SOHN Nikolausi …

VATER Ja also, nein, jetz hör doch mal zu, net, wenn ichs dir scho sag, das ist, es handelt sich hier nicht um ein Nikolausi, sondern um ein Osterhasi net. Jetzt sieh das doch mal endlich ein.

SOHN Nikolausi …

VATER Ja also, ja Rotzbub frecher, ja wie soll ichs dir denn noch erklären, also sowas nein, gleich schmier ich dir eine, net.

SOHN Nikolausi …

VATER Ja Herrschaftszeitenmalefitz, jetzt widerspricht er ständig, net. Jetzt jetzt hör doch amal zu, wenn ich schon sag, äh äh Nik … äh O … ähäh, das ist Osterhasi, net …

SOHN Nikolausi …

VATER Na, das ist kein Nikolausi, net, jetzt, also, wenn einer mal sich in einen Gedanken förmlich hineinverrennt, dann ist er ja wie vernagelt, net.

SOHN Nikolausi …

VATER *schreit* Ja, also so, ja also du Rotzbub, net, das ist ein Osterhasi, das ist kein Nikolausi, Osterhasi, verstanden, O-ster-ha-si!!!

SOHN Nikolausi …

Advent

Ein idyllischer verschneiter Bauernhof in Oberbayern, Spätnachmittagsstimmung, es wird bald dunkel, im Bauernhof sind die Lichter an, in der Stube blaues Fernsehlichtflimmern.
Die sakral-gedämpfte Reporterin steht dem besoffenen Gschwendtnerbauern im Hof gegenüber.

GSCHWENDTNER Advent, Advent,
ein Lichtlein prennt,
Advent,
hein Lichtlein preennt ...
Gschwendtner gönnt sich wieder einen Schluck Bier, rülpst, torkelt.

REPORTERIN Ja, das war sehr schön, und nun schreitet der Herr des Hofes, Herr Gschwendtner, auf uns zu und nun gleich die Frage: Äh ... Herr, ah ...

GSCHWENDTNER Ja?

REPORTERIN Herr Gschwendtner, Advent scheint ja auch im Oberbayrischen ...

GSCHWENDTNER Ja.

REPORTERIN ... eine alte, uralte Tradition zu sein.

GSCHWENDTNER Ja, des is wahr, Advent, net, des is quasi a so, ein Advent, net, ohne einen Advent, des waar praktisch so gut wia überhaupts kein Advent. Und drum, mir könnens auch kaum mehr derwarten.

REPORTERIN Das ist hochinteressant, was Herr Gschwendtner uns hier erzählt, und was ist nun das Typische an dieser typisch bayrischen, uraltchristlichen, äh Tradition?

GSCHWENDTNER Ja, mei, es is doch aso, net, sagen mir amal, mir könnens halt kaum mehr derwarten, weil, bis mir allweil Abfend feiern, net, mir ham also a Ding, as Fruahjahr, net, is dazwischen, nacha hamma an Fruahsommer, net, na gehts in Sommer nei ...

REPORTERIN Herr Gschwendtner, äh ...

GSCHWENDTNER Wia? *Rülpst.*

REPORTERIN Neinnein ...

GSCHWENDTNER Was is?

REPORTERIN Nichts.

GSCHWENDTNER Is was?

REPORTERIN Nein, ah ...

GSCHWENDTNER Wos wolln S' denn nachad? Oiso, ah, an Summa hamma scho ghabt, net, nachad kimmt da Spatsumma, des geht ja quasi bis in Herbst, net, und nachad is allwei no a Zeitlang hin, gell, bis daß ma sagn kunnt, daß asoweit is, und wenn ma nachad an Abfent ham, ah, nachad sagt ma si, ja jetzad, net, jetzad gehts quasi, also jetzt sammer so weid, daß bald is und mir könnens ja kaum mehr derwarten, net, weil mir scho ganz unruhig und nervös san – bis soweit is.

REPORTERIN Ja, das ist verständlich, äh. Sie haben hier in alter Tradition, gibt es wahrscheinlich irgendwelche spezifische Backwaren an Advent. Gebäck? – *Peinliche Pause* – Oder gibt es was Besonderes, was Sie in diesen festlichen Tagen zu sich nehmen?

GSCHWENDTNER Ja mei, gell, mir trinken an Abfent, also, da essen mir – an Schweinsbratn gibts, net, und an Knödel, wie anundfürsich sonst auch, mir trinken ein Bier, ah, i trink allweil praktisch, ich hab also, mir ham also des in dem Sinn jetz nicht – aber Abfent, sagen mir mal, is doch, ah – die Zeit der Erwartung. *Trinkt.*

REPORTERIN Schön. Sehr schön Advent heißt: Erwarten. Und worauf richtet sich eigentlich die Erwartung, Herr Gschwendtner?

GSCHWENDTNER Ja mei, des is aso, net, wenns so weitergeht, nacha samma bald im Fasching drin, net, und dann, des is ja doch eine Zeit, wo man sich darauf besinnt, net, weils ja nachad doch Ernst wird. Und des is, man muß sich schon Gedanken machen, ich mein, warum man auch, sagen mir mal, vom Herzen des kimmt, und mir also doch des auch ernst nehmen.

REPORTERIN Ja, wir wollen diese Andacht nicht zerstören, und nun singt uns Herr Gschwendtner noch eines dieser herrlichen inbrünstigen Adventslieder.

Die Reporterin gibt Gschwendtner einen Fünfzigmarkschein.

GSCHWENDTNER *verstaut das Geld und singt dabei* Abfeend, Abfeend,
hein Lichtlein preent ...
Sie, des tuat ma leid, i muaß jetz nei, d'Sportschau fangt o ...
Abfent, hein Liecht-lein ...
Er stolpert und fällt hin. Sacklzementzefixhallelujahimmiarschundzwirnvarreck!!!

REPORTERIN Wir bedanken uns, und damit geben wir zurück ins Studio.

Die Weihnachtsgratifikation

RENTNERIN He Sie, hallo, hallo, wo bleibt denn meine Weihnachtsgratifikation? He, ja Herrschaft, hallo, es geht um meine Weihnachtsgratifikation. Ja Herrschaft, ist da niemand da? Meine, meine Weihnachtsgratifikation zu Weihnachten. Ja, Sie, wo bl … Sie, hallo, meine Weihnachtsgratifikation. Ich, ich erhalte eine Weihnachtsgratifikation von 14 Mark 80, wo, ich meine, wo ist denn die?

Sylvesterfeuerwerk

Die Betonbrüstung eines Balkons, dahinter Familie Bäumel. Sylvesterglocken läuten.

GUDRUN Mit was fang man o, mit de Bluestars?

KARL Naa, de Skyflowers nehm ma ... Maurice, Feuerzeug!

GUDRUN San des de mit de langa Stecka?

KARL Naa, doch, ja schick dich!!

GUDRUN Maurice, da!

Familie Bäumel brennt das Feuerwerk ab. Gudrun packt aus, Sohn Maurice steckt die Raketen in Flaschen, Karl zündet. Niemand schaut den fliegenden Raketen nach, ein einstudierter Ablauf, der keine Ablenkung zuläßt.

KALR Jetz de Orange-power-squirrel ...

GUDRUN Da san fei bloß zwoa da.

KARL Ja, her damit. Maurice, los, weiter ...

GUDRUN Jetz de Sunchryslers oder de Voyagers?

KARL Is wurscht, her damit.

GUDRUN Jetz san nur no Bluestars da.

KARL Und der Kanonenschlag fürn Schluß. Ja, Maurice, was is denn ...

Das Feuerwerk wird diszipliniert abgebrannt.

GUDRUN Da, des is da letzte.

KARL Ah so ... *zündet Kanonenschlag an.* Okay, dann ham mirs wieder für heuer.

Alle drei gehn ins Wohnzimmer. Der Kanonenschlag detoniert.

Tonis Tristesse

GIUSEPPE Was is los mit dir heute, Toni? Du sagst kein Wort, bist du müde?

TONI Weißt du, sag ich dir, hab ich erlebt Weltkrieg zweimal schon, Revolution fünfmal, Autounfall fünfzigmal, weiß nicht, vielleicht hundertfünfzigmal, aber manchmal im Leben ist stinklangweilig.

Von den letzten Dingen

D'Anni hat gsagt, also wenn ihr Mann praktisch später gstorben wär, hätt sie eine höhere Rente, aber sie sagt, so machts ihr auch nichts aus.

Katastrophen

FRAU AMRISWIL Diese Hausrat, die ist ja gegen Diebstahl und gegen Brand, also, wenns innen brennt, aber ihm ist ja das ganze Haus abgebrannt.

HERR BREZELMANN Ach ja?

FRAU AMRISWIL Wissen Sie, und dann hat er noch beide Beine verloren, und nicht versichert, also, schauderhaft ...

HERR BREZELMANN Ah geh ...

FRAU AMRISWIL Jaja. Albert, mein Bruder Albert, Sie wissen, der mit den Herzgeschichten, er ist jetzt leider auch schon tot. Herzversagen, Exitus. Also, Albert hatte ihn gewarnt.

HERR BREZELMANN Soso ...

FRAU AMRISWIL Er hatte schon vorher diese Gefäßverengung und jetzt ohne Beine, keine Rente, das ewige Sitzen, ständige Kreislaufbeschwerden, und dieses chronische Bronchialleiden ...

HERR BREZELMANN Jaja ...

FRAU AMRISWIL Meine Mutter hatte dieselbe Bronchitis, jahrelang. Ständige Beschwerden. Aber umgekommen ist sie ja, wie Sie wissen, bei diesem scheußlichen Autounfall ...

HERR BREZELMANN Ah ja, genau ...

FRAU AMRISWIL Der Beifahrer ist heute noch querschnittgelähmt. Übrigens sind seine Rentenansprüche ebenfalls abgeschlagen worden.

HERR BREZELMANN Naa?

FRAU AMRISWIL Der Mann sitzt mittellos da, mutterseelenalleine, mit fünf Kindern.

HERR BREZELMANN Geh, fünf?

FRAU AMRISWIL Seine Frau ist ihm nämlich auch noch durchgegangen, hat alles an Wertgegenständen mitgehen lassen.

HERR BREZELMANN Ah, ja?

FRAU AMRISWIL Sie is nach Amerika, aber dort hat sie ihren Gehirntumor gekriegt. Was man so hört, liegt sie jetzt seit zwei Monaten ohne Bewußtsein, wenn sie überhaupt noch lebt ...

HERR BREZELMANN Ja, so ...

FRAU AMRISWIL Übrigens, Gustaf ist zum zweitenmal beim Staatsexamen durchgefallen. Aus. Der Arme kann nicht wiederholen. Der ist praktisch erledigt. Gerade jetzt, wo er diesen riesigen Kredit aufgenommen hat. Ein richtiger Pechvogel. Seit er sich das Auge ausgestochen hat, ist er sowieso nur noch ein halber Mensch.

HERR BREZELMANN Jaja ...

FRAU AMRISWIL *schnuppert.* Sie, das riecht hier ... Um Himmelswillen, mein Schmorbraten!

HERR BREZELMANN Was?! Ja um Gotteswillen! Das ist ja fürchterlich, ja entsetzlich!! Schnell, schnell, laufen Sie, des is ja eine Katastrophe!! A Schmorbraten, des is ja die Tragödie.

Eine Bekehrung

Ein idyllisches verschlafenes Dorf. Ein Mormone sucht ein Haus, wo er missionieren kann.

MORMONE Ah, Hapflinger, let's try it here. *Klingelt.* Ah, it's really hard to get people convinced.

HAPFLINGER *öffnet.* Ja, Grüaß Gott, was, waswas, was is los?

MORMONE Ah, Sie sin Mister Hapflinger? Guten Morgen, Mister Hapflinger, es geht um Ihre Existenz.

HAPFLINGER Ja ah, ah, wia, was?

MORMONE Ja, ich möchte nur sagen, ah, daß die letzten Tage sind angebrochen, Mister Hapflinger, und deshalb bitte ich Sie, daß Sie hier links unterschreiben. *Hält Formular hin.*

HAPFLINGER Ja, ah, ah ja äh, was, ah wowawowawos wia? Welche?

MORMONE Ja, es ist also folgendermaßen: Sie können unterscheiden zwischen Himmel, ah, Hölle, oder Fegfeuer, Mister Hapflinger, ich würde Ihnen auf alle Fälle Himmel rekommandieren. Sie können jetzt den Hölleprospekt sehr günstig von uns bekommen, hier sehen Sie alles gut illustriert, hier ist Luzifer, Satan, und, ah, some other devils, and Sie werden gezwickt und, ah, wie sagt man, gestoßen und Sie werden schmachten bei Hitze und bekommen nix zu essen und und auch nix mehr zu trinken, und drum werden Sie in die ewige Verdammnis hineinkommen, und das können Sie hier, wenn Sie hier unterschreiben bitte wollten.

HAPFLINGER Ja, aber i, i bin doch bereits ah religiös net wahr ...

MORMONE Ja, ha, das wird sehr oft behauptet, Mister ah, Hapflinger, aber trotzdem, ah, Herr Hapflinger, Sie können unterschreiben oder nicht, das, äh, wenn Sie nicht unterschreiben, das geht auf Ihr Konto.

HAPFLINGER Ah, ja, ah, ja, äh, also, wo, wo soll ich denn da ...

MORMONE Hier, ah, gleich bitte, links unten ...

HAPFLINGER Also nachad ... *Unterschreibt mühsam.*

MORMONE Dankeschön, Mister Hapflinger, für Ihre Bestellung. Sie können Nachnahme oder auch in Vierteljahresraten bezahlen. Den ersten Band unserer Enzyklopädie erhalten Sie Anfang nächsten Monat. Ich wünsche Ihnen einen schönen Tag noch ...

Die letzte Ölung

Ein Krankenzimmer, in einem Bett liegt eine alte Frau am Tropf, im anderen Bett die Oma Röhrl, daneben stehen Ottmar und Siglinde Lemp, geborene Röhrl, und Sohn Manfred. Ein Pfarrer spitzt zur Tür herein.

OTTMAR Glei, Hochwürden. Glei hammas. I sag S' Eahna, wenns soweit ist.

SIGLINDE So, Oma, brauchst keine Angst nicht zu haben, gel. Weil, der Doktor sagt auch, des kann jetzt sehr schnellgehn, hat er gsagt, und wega de Forsythien brauchst du garnichts zu befürchten, Manfred, laß die Finger davon, des is kein Spielzeug.

Manfred spielt am Tropf von der alten Frau herum, hört auf.

OMA Aah, ääh, i woit no ...

SIGLINDE Jaja, is scho recht, Oma, gel, die Forsythien ham mir jetzt umgetopft, gel, ja, umgetopft ham mir se, ja, umgetopft, und wega dem Perserteppich ham jetz mir gsagt, mein Gott, da gehn jetz halt mir derweil a bißl drüber, gel, mir ham gmeint vorsorglich, gel.

OMA Aah, uääh, i woit noo ...

SIGLINGE Ja, ja, Oma, is schon recht, Oma, ...

Ottmar gibt ein unverständliches Zeichen.

SIGLINDE *leise* Wie?

OTTMAR *flüstert* Schlafzimmer.

SIGLINDE Ah ja, Oma, und wega dem Schlafzimmer, hat der Onkel Albert gsagt, er tät sich schon fürs Schlafzimmer interessiern, hat er gsagt, rein vom Stil her, weißt ...

OMA Aah, ääh, i woit no ...

SIGLINDE Ja, und auch überhaupts, es geht alles in Ordnung, des sagt auch der Notar, es geht alles in Ordnung, alles so, wie du unterschrieben hast, Oma. Ja, und mit de Möbel auch, gel, ja, Oma ...

OMA Aah, aah ...

SIGLINDE Des Sparbuch und die Pfandbriefe, des is ja auch alles sicher hinterlegt, und die Forsythien ham mir auch umgetopft, umgetopft, und mir gießen auch schön fleißig, Oma ...

Der Pfarrer spitzt wieder herein.

OTTMAR Moment, Hochwürden, glei ham mirs. Sie sehn ja. – Ja Manfred, hörst du schlecht, weg da, laß des.

SIGLINDE Und auch wegen der Wohnung, Oma, ham mir gsagt, des is ja gar kein Problem, wegen der Wohnung, ich mein, wenn du zurückkommen solltest – des ist überhaupt kein Problem, da brauchst du dir garkeine Gedanken zu machen, gel.

OMA Aah, i woit no sagn ...

SIGLINDE Ja, Oma, is schon recht, Oma, ich mein, medizinisch und auch notariell bist du in den besten Händen, Oma, gel, schau und jetzt

[NOCH SIGLINDE] ham mir dir auch den Herrn Kaplan kommen lassen, für deinen inneren Frieden ... *Gibt Ottmar ein Zeichen.*

OTTMAR *geht zur Tür und holt den Pfarrer.* Jetz gehts dahin. Wenn S' jetzt bittschön Ihr Amt versehen wollten, Hochwürden.

OMA I wollt no, i wollt no sagn, daß ...

SIGLINDE Ja, Oma, mir wissens schon. Also, wiedersehn derweil ...

OTTMAR Servus Oma, bis bald. *Zu Manfred* Sag schön Wiedersehn.

SIGLINDE Geh zu, du Stoffel ...

OTTMAR Ja, was is, hörst du schlecht?!

PFARRER Ich darf doch um Ruhe bitten.

OTTMAR Ja, mir san scho ganga.

SIGLINDE Servus Oma, und, denk dir nix.

OTTMAR Also, laß dirs gut gehn, Oma.

Ottmar, Siglinde und Manfred ab.

OMA *noch einmal bei Kräften.* De Saubagage, de miserablige. Aber de erben nix! *Wieder schwach und sanft.* Ois kriagt d Kirch, Hochwürden, i hab ois da Kirche vermacht ...

PFARRER *packt sein Ölzeugs aus.* In nomine domini ... *Er segnet und ölt.*

Beileidsmänner

Rüdiger Wolf, Emanuel Wiemer und Klaus Ungnadner im Büro der Bavaria-Assekuranz AG, Abteilung Trauerhilfe. Wolf präsentiert eine Spesenabrechnung, Wiemer steht am Spind und zieht sich um: hellen Cordanzug aus, schwarzen Traueranzug und Krawatte an.

WOLF Da, des is de Übernachtung in der Pension Anni in Villingen, wo mir den Herrn Gattinger beerdigt ham.

UNGNADNER Gleich zwei Eier im Glas, und a Orangensaft, scho a bißl üppig. Und des da, diese 37 Telefoneinheiten, de können S' selber zahln.

WOLF Naa, des war alles a Dienstgespräch ...

UNGNADNER So, mit wem ham S' da telefoniert?

WOLF Des war a Gespräch mit der Versicherungszentrale, weil, der Herr Wiemer hat aa nimmer gwußt, wie der gheißn hat, den mir da in Bad Hersfeld ham beerdigen müssn.

WIEMER Müller hat er gheißn.

WOLF Ja, schon, aber an dem Tag san zwei Müller beerdigt worn, an Vornamen ham mir braucht.

UNGNADNER Naja, Schwamm drüber. Der IC-Zuschlag geht in Ordnung, sonst hätten S' des Mühldorf nimmer gschafft.

WOLF Und da, die Euroflor-Rechnung, der Friedhof in Marktredwitz, der war so unheimlich außerhalb, des war dermaßen schwierig mit ara Kranzbestellung, also die Kondolenz-Accessoires hab i über Euroflor abwickeln müssn.

UNGNADNER Naja, okay, was ham mir sonst noch an Sonderauslagen?

WOLF Da, der Herr Wiemer und der Herr Rösner ham a Taxi braucht, sonst hättens es nie mehr gschafft.

UNGNADNER Ja, apropos schaffen, Herr Wolf, mir ham da eh a Reklamation von unserer Versicherungsfiliale in Rinteln, weil, bei der Beerdigung vom Herrn Horstmann ist überhaupt kein Beileidsmann erschienen, obwohl von der Zentrale ausdrücklich angeordnet, dieser Horstmann hat ja an Umsatz in Rinteln in de letzten sieben Jahre immerhin verdreifacht, wie kann denn sowas passiern?

WOLF Aber Herr Ungnadner, da ham mir doch in Bruchsal den Herrn Ding, wie hat er gheißn, ah, Herr Wiemer, wie hat der gheißn, der die Kaskofiliale in Bruchsal so dynamisch aufbaut hat?

WIEMER Eppinger?

WOLF Ja, genau, Eppinger, den ham mir da beerdigt, wie hätt mir denn des schaffn solln? Der Rösner war ja grad in Urlaub ...

UNGNADNER Ja, Herr Wiemer, da hättn Sie ja schon vorausfahrn können, oder?

WOLF Nanaa, unmöglich, des war a Anordnung von der Zentrale, zwei Beileidsmänner mindestens.

WIEMER Der hat uns doch den Lebensversicherungsstand wieder saniert.

WOLF Um a Haar waar der Dr. Buschmann persönlich hingfahrn.

UNGNADNER Naja, in Zukunft lassen S' sich da was einfalln. Also, gehn ma de Route für de nächste Woche durch: Als erstes fahrn Sie jetz nach Murnau. Ein gewisser Dr. Koch, sagen S' halt irgendwas von dynamischer Aufbaupersönlichkeit und so, mehr das Übliche halt, dreißig Prozent mehr Umsatz, gel, in Murnau hoaßt des was. Ein Kranz, zwei Trauergebinde, des reicht. De Beerdigung is um 10 Uhr 30, nachad müssen S' aber sofort über Eilzug Direktanschluß Stuttgart-Sindelfingen, umsteign Böblingen an 14 Uhr 41, des is a ganz a wichtige Beerdigung, da, ham S' de Grabredn, dean S' as noch mit a paar persönliche Details garnieren, der Mann heißt Riegele und war in der Bankenbetreuung.

WOLF San beide Redn vom Dr. Buschmann?

UNGNADNER Ja freilich, von wem denn sonst? Sie übernachten in Böblingen in der Pension Stauffenritter.

WOLF *skeptisch* Stauffenritter?

UNGNADNER Is alles scho vorbestellt, dann übermorgen ham mir neben am Herrn Schlaffer, da brauch ma nur einen Beileidsmann, in Köln-Rösrath, ham mir noch an aktuellen Sterbefall grad reinkriegt in Erftstadt, des is auch mehr so a Routinesache, a einfacher Außendienstler, i dad sagn, da kann der Herr Wiemer amal allein hinfahrn, gel, aber vergessn S' fei ja net, drauf hinzuweisn, daß der letzte Gang von der Bavaria-Assekuranz begleitet wird, Kranz undsoweiter, des Übliche halt, normaler Trauerschmuck ...

WOLF Ja, aber sagn S' amal, Herr Ungnadner, wenn ich da in Köln-Rösrath bin, na schaff ich ja unmöglich de Feuerbestattung vom Dr. Klinger in Hannover, des is doch a ganz a wichtige Angelegenheit.

UNGNADNER Ja, san Sie wahnsinnig? Beim Dr. Klinger seiner Beerdigung, da ham doch Sie nix zum suchn, Sie müssn glei weiter nauf zum neuen Friedhof in Möhl.

WOLF Ja, aber ...

UNGNADNER Der Dr. Klinger is, vielmehr war doch im Vorstand. Und Vorstandsmitglieder wern doch grundsätzlich nur vom Vorstand persönlich beerdigt, da ham doch Sie nix zum suacha. – Da, ham S' Ihre Unterlagen, gute Fahrt, und bringen S' nix durchanander. Wiederschaugn ...

Wiemer nimmt noch eine Packung Trauerbinden aus dem Spind.

Feuerbestattung

Ostfriedhof. Krematorium. Ein Beamter steht im Eingang. Ein Trauerpaar geht auf den Beamten zu.

SIE Sie, entschuldigen S', die Beerdigung Meisinger Raimund, um 14 Uhr 30, samir da richtig da hier?

BEAMTER Ja, Moment, wer? *Sieht auf Liste nach.*

SIE Meisinger Raimund, Referend a. D. Um 14 Uhr 30 waar die Feuerbeerdigung, hats gheißn.

BEAMTER Ja, da sans scho richtig im Prinzip, aber es kann a Zeit dauern, weil, da is anscheinend a Prominenter dran. I sags Eahna dann, wenns soweit is. *Gähnt.*

ER Wie spät ham mirs denn?

SIE Woaß net.

ER *sieht auf die Uhr.* Scho fünf nach halb. *Pause.*

SIE *sieht sich um.* Ja, sag amal, san mir die einzigen?

ER Ja mei, anscheinend. Der Gustl hat net komma kenna, weil heut is ja Werktag.

SIE Aber de Tante Gerlinde hätt ruhig komma kenna, sie hat ja schließlich scho de zwoa Buidln kriagt vom Bappa.

ER Wahrscheinlich is dagegen, daß er verbrennt werd.

SIE Mei, wer ko si heutzutag no a Grab leisten ...

ER Aber von der Firma hättns scho oan vorbeischickn könnan, er war ja schließlich 34 Jahr dabei, und er hat nie auf d'Uhr gschaut.

SIE Oder wenigstens a Danksagung in irgendeiner Form.

ER Und der Rüdiger Wolf is aa net da.

SIE Oh mei, der Rüdiger Wolf ... *Pause.*

ER *sieht auf die Uhr, zum Beamten* Sie, wie lang dauertn des noch?

BEAMTER Da drin halt oana scho de dritte Rede. Des werd a Prominenter sei.

SIE Mei, Volker, ob mir des no schaffn?

ER Ja, es wird knapp. Weil, a Stund, hats gheißn, muaß ma eher da sein, a Stund mindestens.

SIE Mitm umziehn werds dann wahrscheinlich nix mehr.

Ein Trauergast geht auf die beiden zu.

TRAUERGAST Entschuldigen Sie, ist hier der Trauerfall Dr. Zimmermann?

SIE Naa, mir san Meisinger, 14 Uhr 30, aber es dauert noch, weil da is a Prominenter drin.

ER Warum, san Sie aa 14 Uhr 30?

TRAUERGAST Neinnein, 14 Uhr 40, Dr. Zimmermann.

SIE Mei, um gottswilln, des werd si ois verschiebm.

TRAUERGAST *zum Beamten* Sagen Sie, wie lange dauert das denn noch?

BEAMTER Schwer abzusehn. Da is jetz a Prominenter drin und danach kimmt Meisinger.

TRAUERGAST Soso, vielen Dank. *Geht.*

ER Mein Gott, des werd knapp. *Zum Beamten* Sie, können S' mir bittschön net wenigstens sagen, wie lang des ungefähr noch dauert?

BEAMTER Ja, jetz is des Requiem, nachad red no oana, und na kimt no a Posaunensolo. *Geht wieder.*

ER Dankschön. – Hast du as Sonnenöl einpackt?

SIE Ja freilich. Und an Mückenspray.

ER Du, jetz werds aber allmählich wirklich knapp.

SIE Guat, daß beim Bappa koana red.

Akner, ein zukurzgekommener junger Mensch, erscheint mit einem großen Kranz und blickt sich suchend um. Er entdeckt den Beamten, der gerade wieder erscheint.

AKNER Für Meisinger, von der Firma Stoiber.

Der Beamte nimmt den Kranz und verschwindet, Akner geht.

ER Des war oana von der Firma.

SIE Hams doch seiner gedacht. Des is a 200-Mark-Kranz.

ER Ja, er war ja immerhin 34 Jahre dabei und er hat nie auf d'Uhr gschaut.

Der Beamte erscheint wieder.

SIE Sie, tschuldigens, was steht denn auf dem Kranz?

BEAMTER Irgendwas mit Dank für 34 Jahr, de wo er dabei war ...

SIE Dankschön. Ah, Sie, Herr, war des Trompetensolo jetz scho?

BEAMTER Nanaa, der red no. Des muaß a Prominenter sei, des hört ja garnimmer auf.

ER Wissen S', mir müaßn heut no nach Mallorca fliegn, mir ham so a Reise gebucht. Eine Stunde vor Abflug müß ma spätestens da sein.

SIE Und mir ham ja mit dem Ableben vom Bappa ja gar net gerechnet ghabt. Des is auf oamal so schnell ganga. De zwoa Wochen, ham mir uns denkt, san auf alle Fälle no drin.

BEAMTER Wies halt allweil is. *Geht.*

ER Ja des stimmt. *Geht zum Eingang und lauscht.*

SIE Spuins scho?

ER Naa, es werd no gred.

SIE Also, des Umziehn, des könn ma jetz total vergessn. Da könn ma grad froh sei, wenn mas no schaffn.

ER Ja, auf uns wart der Flieger net.

Man hört von innen ein Posaunensolo.

ER Vierzehn Uhr dreiundvierzig. Is aa höchste Zeit worn.

SIE Sie, Herr, wie lang kann denn so a Solo no dauern?

BEAMTER Des is a Corelli, der dauert im Schnitt drei Minutn.

ER Mein Gott, des werd knapp.

BEAMTER Wann geht denn Eahna Flieger?

ER Um viere ...

SIE Sechzehn Uhr drei.

BEAMTER Ham Sie a Musik bstellt?

SIE Naa, Gottseidank net.

ER Is aa koana da, der wo red.

BEAMTER Ja, dann dürften S' des scho no schaffn. An guten Flug wünsch ich jedenfalls.

Ein Schwall mit poppigen jungen Menschen strömt aus dem Krematorium.

ER Ja, danke.

SIE Na ziehn ma uns halt erst in Mallorca um.

ER Ja, genau, mir ham ja ois dabei ...

Seebestattung

Leo Wasberger und Gerda Bemmerl in einem Bestattungsunternehmen. Im Hintergrund präpariert Frau Menzel einen Kranz.

HERR WASBERGER Grüß Gott, gnä Frau.

FRAU BEMMERL Ja, Grüß Sie Gott, Sie also, vorige Woche is mein Bruder Fritz, is bei am tragischen Unfall, wissen S' beim Surfen, also mit dera Surferei, meine Schwägerin is also nervlich vollständig, man kann sie praktisch überhauptsnet ansprechen, wissen S', und deswegen hab ich mir gedacht, weil einer muß es ja machen ...

HERR WASBERGER Des is sehr vernünftig, gnä Frau, da ham Sie vollkommen recht, einer muß es ja machen.

FRAU BEMMERL Ja eben, sehen Sie, des hab ich dann auch gsagt, ich hab gsagt, vollkommen unvernünftig, was muß der alte Depp auch ausgrechnet bei am Gwitter umanandsurfen, und des war dann auch prompt die Quittung ...

HERR WASBERGER Es passiert ja auch ständig was.

FRAU BEMMERL Ja, also, des nur nebenbei, also, ich hab dann jedenfalls gsagt, zu meiner Schwägerin, Gerti hab ich gsagt, denk dir amal nix, laß des mich jetzt machen, weil mit ihr is ja nix anzufangen im Moment, und ich hab ja schon unsern Vati beerdigt, des war damals allerdings a bisserl einfacher, weil, des war des Trauerinstitut, des Trauerinstitut war damals ans Altersheim angegliedert, Quietas ham die gheißn, des war ursprünglich so a Zaunfabrik, Zäune und so, Quietas ...

HERR WASBERGER Ahja, Quietas, Kreitmaier Straße ...

FRAU BEMMERL Ja genau, Kreitmaier Straße, genau, Sie die ham des fei sehr ordentlich gmacht, aber der Fritz war ja in keinerlei Sterbeversicherung, gell, er war ja erst fünfunddreißig, zwoa Autos hams ghabt, an Opel und an Kombi, aber an die naheliegenden Dinge denkens ja net, jetz muaß ma natürlich schaun, wie man sich da finanziell zurechtfindet, weil, es war ja auch kein Betriebsunfall, also des kann ma beim besten Willen net, ja sonst wärs natürlich a klarer Versicherungsfall worn ...

HERR WASBERGER Ja äh, wie Versicherungsfall ... äh, gnä Frau, äh besteht irgend a Familiengrab oder sowas?

FRAU BEMMERL Ach hörn S' auf, garnix hams, ghabt hättens eins, des hams auflassen. Zwei Autos hams ghabt, aber jetz müssens sich fei schwer einschränken ...

HERR WASBERGER Jaja, so a Todesfall zieht doch immerhin allerhand nach sich.

FRAU BEMMERL Ja wem sagn Sie des, ich muß ja auch noch die Autos verkaufen, den Opel und den Kombi, weil sie is ja überhaupts nicht mehr belastbar, weil bisher hat des ja alles der Fritz gmacht für sie.

HERR WASBERGER Ja, schön, gnä Frau …

FRAU BEMMERL Sie hat a Nervenköstüm wie Spinnweben.

HERR WASBERGER Ja, schön, gnä Frau …

FRAU BEMMERL Garnet dran zu denken, wenn der früher gstorben wär, der is ja Ralley gfahrn, und solchene Sachen, des hat die sich fei alles bieten lassen …

HERR WASBERGER Ja, schön, gnä Frau, beim Surfen sagen Sie is es passiert.

FRAU BEMMERL Ja, des war a Sommergwitter, d Leit ham noch an Kuchen gessn, die ham n noch gsehn, wia er gsurft ist, und auf einmal ein Schepperer, also furchtbar …

HERR WASBERGER Ja, furchtbar, äh also, äh, ist der Leichnam Ihres verstorbenen Herrn Bruders geborgen?

FRAU BEMMERL Jaja, schon, des hat ein Vermögen gekostet, de ham hinglangt, mein lieber Schwan …

HERR WASBERGER Ich weiß, sowas ist nich ganz billig, aber alle diese Kosten sind im Grunde standardisiert, gnä Frau, aber um der Sache näher zu kommen, gnä Frau, ham sie sich schon irgendein bestimmtes Arrangement vorgestellt?

FRAU BEMMERL Jaaa, ganz a normale Beerdigung halt.

HERR WASBERGER Aha, Beerdigung, schön, ja, also, da haben mir hier also die Kategorie eins bis vier, wobei natürlich jede Kategorie ihre eigenen Dekors und eigene Sets hat, Sie können allerdings ohne weiteres untereinander kombinieren, Sie können so also zum Beispiel in der preiswerteren Kategorie römisch drei beerdigen und des Zypressenset aus der Kategorie eins dazubuchen, wenn Sie hier einmal die Preisliste kurz einsehen wollen … *Frau Bemmerl liest.* Dann erhebt sich noch die Frage – mit Musik, ohne Musik, Livemusik oder Musik vom Tonband, ein ganzer Musikzug, oder nur Harmonium oder Hammondorgel oder so was …

FRAU BEMMERL *gibt Prospekt zurück.* Naa, Sie, da brauchen mir garnimmer weiterreden, des siag i scho, des is ja Wahnsinn, des is ja, des is, des is ja dann praktisch alles, was Sie dann anzubieten haben? Diese Preise, wenn i des meiner Schwägerin sag, na brichts ma glei wieder zam, schaun Sie, die zwei Autos stengan rum und kosten, und wissen S', mei Bruder war ja schließlich aa koa koa äh, der war ja koa koa Berufsfußballer oder Zahnarzt, verstehn Sie … und ich kann des ja auch nicht, denn, was sagt denn da mein Mann?

HERR WASBERGER Ja, gnä Frau, Sie haben von einer Beerdigung, das heißt zu deutsch Erdbestattung gesprochen, und ich geh davon aus, daß Sie wissen was des is, des san alles seriös kalkulierte Preise, gnä Frau.

FRAU BEMMERL Ja, schon möglich, aber was machn mir denn dann?

HERR WASBERGER Mei, mir ham Erde, Feuer, Wasser …

FRAU BEMMERL Ahso …

HERR WASBERGER Darf ich amal fragen, was war denn Ihr verstorbener Bruder beruflich?

FRAU BEMMERL Mei, ganz normal, der war, glaub ich Sachbearbeiter bei der Landesboden-Kreditanstalt.

HERR WASBERGER Ja, dann kommt ja praktisch nur die Seebestattung in Frage. Da, wenn Sie hier amal sehen wollten, des is im Prospekt hier.

FRAU BEMMERL *liest* Seebestattung, jaa, aha, und was dad des jetz dann kosten?

HERR WASBERGER Voraussetzung wäre natürlich eine Feuerbestattung, außer wenn innerhalb zweimal vierundzwanzig Stunden kein Hafen erreichbar wäre, aber das war ja in Ihrem Fall nicht der Fall.

FRAU BEMMERL Nana, des net, aber, aber, dann waar ja die Feuerbestattung des Allerbilligste? – Wenn man eh verbrennen muaß ...

HERR WASBERGER Auf den ersten Blick schon, gnä Frau, aber, jetz rechnen S' amal mit: mit der einmaligen Seebestattungspauschale von 1019 Mark 50 sind für Ihre Frau Schwägerin ein für allemal sämtliche Nachfolgekosten erledigt, da schaun S' her, a einfaches Urnengrab kost heut schon nahe an die 1000 Mark, dann Blumenschmuck, Grabgebühren, Grabpflege undsoweiter, dann auch das Traueressen, ich mein wenn Sie nicht persönlich an der Zeremonie teilnehmen wollen, weil für vier Personen wär des bei Seebestattung pauschal 2600 Mark.

FRAU BEMMERL Naa, des sowieso net, auf des kannt ma verzichten.

HERR WASBERGER Ja, er is ja dann auch in guten Händen ...

FRAU BEMMERL Ja, soweit is des mit dera Seebestattung also schon ganz einleuchtend, aber wieso kost des dann gleich über 1000 Mark?

HERR WASBERGER Ja, gnä Frau, da is also einmal 78,50 Mark die Urne, dann 91 Mark die Überurne, des is ein Spezialmörtel, der sich dann im Salzwasser zersetzt, auf die Weise kommt dann Verbindung mit dem Meer zustande, und wenn sich amal die Urne selber zersetzt hat, na hat Ihr Herr Bruder dadurch praktisch direkten Kontakt zur See.

FRAU BEMMERL Ja aber, jetz san mehr erst bei 169 Mark 50 ...

HERR WASBERGER Jaaaa, 850 Mark die Bestattungskosten selber, ab Wedel, des is da bei Hamburg, wahlweise die Ostsee oder die Nordsee. Ham Sie irgendeine Präferenz?

FRAU BEMMERL Wie meinen Sie des?

HERR WASBERGER Soll Ihr verstorbener Herr Bruder in der Ostsee oder in der Nordsee beigesetzt werden? Wo wolln Se n lieber haben? Preislich es selbe ...

FRAU BEMMERL Ja, in dem Fall, wenns es selbe kost, nehmen ma lieber Nordsee oder? Ostn, i woaß net.

HERR WASBERGER Unser Vertragspartner muß in beiden Fällen ein hochseetüchtiges Schiff samt Besatzung ausschicken, bis sechs Windstärken wird beigesetzt, fünf Seemeilen außerhalb der Küstenzone, im sogenannten schmutzigen Gewässer. *Zeigt an einer Seekarte* – wo keine Fischerei und dergleichen betrieben wird.

FRAU BEMMERL Ahso ja. *Rechnet leise für sich* 850,–, 169,50. 1019,50, ja, des stimmt dann genau, und des wär dann alles an Kosten ...

HERR WASBERGER Ja, halt halt, halt, da hätt ich jetz beinah vergessen – die 75 Mark kommen noch dazu.

FRAU BEMMERL Wieso, für was?

HERR WASBERGER Ja, des san net mir, des is die Bundespost, die Urne wird ja in am Spezialpaket überführt, verstehn Sie.

FRAU BEMMERL Ja, mei, is halt doch immer a Haufen Geld.

HERR WASBERGER Aber es is eine eindrucksvolle Zeremonie, ich darfs Ihnen amal auf Tonband vorführn, sowas kriegt Ihre Frau Schwägerin dann auch, als Erinnerung, ich darfs Ihnen amal kurz vorführn. *Fährt Tonband ab.* Da is jetzt allerdings noch a Schifferklavier dabei, des dad dann noch amal extra kosten ... *eine wehmütige Weise: Man hört Meeresrauschen eine Seebestattung: die Mannschaft salutiert, der Kapitän spricht ein letztes Ahoi, anschließend folgt ein letzter Seemannsgruß mit der Schiffshupe.*

FRAU BEMMERL *gerührt* Ja, Sie, sehr schön, äh, des Schifferklavier kost extra ham Sie gsagt ...

HERR WASBERGER Ja, des kost extra.

FRAU BEMMERL Des Schifferklavier, des nehmen mir scho, des nehmen mir dann dazu, da laß ma uns net lumpen. Des kann net d Welt kosten.

HERR WASBERGER Ja, gell, des is schon sehr stilvoll, ich darf also mit anderen Worten eine Seebestattung für Ihren verstorbenen Herrn Bruder vormerken?

FRAU BEMMERL Ja, einmal ...

HERR WASBERGER Wie war gleich der Name Ihres verstorbenen Herrn Bruders?

FRAU BEMMERL Bemmerl, Fritz.

HERR WASBERGER Ja, Bemmerl, Fritz, schön.

FRAU BEMMERL Ah, Sie äh, weil i scho grad da bin, ich hätt noch a Frage, äh ...

HERR WASBERGER Bitte, gnä Frau?

FRAU BEMMERL Äh, Sie brauchen net zufällig grad an Kombi?

I hob koa Freud

Ein Jodler vorweg.

I hob koa Freud.

I woaß ned, wia spats is,
wei ma d Zeit ned vageht.
I sieach halt, wia stads is,
bal mi koana vasteht.

As Bier
schmeckt ma nimma.
Mei Oide
werd schlimma,
und Arbat
werd ma zvui,
und i woaß nimma,
was i wui …

Ein Jodler danach.

Besinnlicher Ausklang

D'Anni hat gsagt, also praktisch, mit diesen Chinesen, sie sagt, die seien ihr vollkommen gleichgültig, weil sie sagt, sie war noch nie in China, und d'Anni sagt auch, sie fahrt auch da niemals hin.

I sag nix

Vollständiger Wortlaut der zehnminütigen Live-Übertragung anläßlich der Verleihung des Deutschen Kleinkunstpreises 1981 an Gerhard Polt. Er betritt mit einer Fünfminuteneiersanduhr das ZDF-Studio, stellt die Uhr auf den Tisch.

POLT Ja, ah, was wollt ich jetz sagn – ah ja, schwierig, weil, man kann in fünf Minutn a so vui falsch machn, gel, also unheimlich viele Fehler machn. – Ja, also, fang ma an ... *Dreht Eieruhr um.* Da Sie sehn, die ersten fünf Minutn laufn schon – schaun S' amal auf d Uhr, obs auch fünf Minutn san, bei Ihnen – i find, des san genau fünf Minutn. – Sie, also, i hab mirs genau überlegt, also: I sag nix. Ehrlich, i sag nix. Naa, also nicht garnichts, sondern nix, und zwar konsequent. Fünf Minutn lang – sag i nix. – Wenns bei Ihnen im Fernsehen daheim nur drei Minutn san, wo i nix gsagt hab, dann fehlen bei Ihnen praktisch zwei Minutn, wo i aa nix gsagt hab, ich mein, inhaltlich. Also, inhaltlich nix gsagt hab. Es gibt ja Sachn, de wo inhaltlich drei Minutn dauern, aber zeitlich mindestens fünf Minutn brauchn, aber die Zeit ham mir ja nicht. De ham mir net. – Mir ham hier vorläufig fünf Minutn, wieviel ham mirn scho weg? *Sieht nach.* Jetz ham mir no drei, und dann nomal fünfe ... wenn ichs dann nachher nomal umdreh. Ja, Sie, wenn ich des daheim mach, is des natürlich wesentlich preiswerter, weil, im Fernsehn kosten ja so fünf Minutn allerhand, um nicht zu sagen viel ... Ja, also, kommen wir zum Wesentlichen, gel, also, wie gesagt, aus mir ist nichts herauszubringen, i sag nix, weil, ich hab ja schließlich a Familie. Sie ham da leicht lachen, Sie hams ja leicht, Sie san Publikum, Sie lachen vielleicht einmal – vielleicht – und ich, ich muß es dann ausbadn. Mit mir nicht. I sag net so, und i sag net so, dann kann keiner behauptn, i hätt so oder so gsagt.

Des is doch absolut ausgewogn, oder, findn Sie net? I find, des is ausgewogn. – I moan, natürlich, ich könnt jetz zum Beispiel sagn – ... – Naa, i sags lieber net. Sonst kunnt is am End gar mit ara Rechtsabteilung zu tun kriegt haben können, und i selber hab ja koa Rechtsabteilung – höchstens vielleicht an Rechtsanwalt oder Advokat, aber des kost dann aa scho wieder, und die vielen Instanzn, die kannt i mir garnet leistn, während so a Rechtsabteilung, für die vom ZDF is des a Klacks, was zum Beispiel dieser Löwen – ... naa, i sag nix. Sie sehn ja, ich hab meine Gründe, weil ehrlich gsagt, Sie, Sie dadn hier an meiner Stelle aa nix sagn, und des sag ich hier jetz in aller Öffentlichkeit, weil, des muß doch amal gsagt werdn. Oder? – *Sieht nach der Uhr.* So, jetz ham mirs bald, na dreh mirs um. Da, schaun S' hin, wie die Zeit vergeht. Des sieht ma direkt ... Natür-

[NOCH POLT] lich, ich könnte, bitte, ich könnte auch gewisse Sachen, de wo ich net sag, singen. – Aber i sings aa net. Also i net, ich nicht. I sing jetz amal prophylaktisch gar nix, also keinen Ton. *Die Uhr ist abgelaufen.* So, jetza schaun S' amal auf d Uhr, bei mir san fünf Minutn rum. Bei Eahna aa? – Eigentlich schnell ganga, oder? Dreht die Eieruhr um. Jetz san die nächstn fünfe dran ... Wenn ma sowas wie an Inhalt genügend leidenschaftlich vertritt, vergeht die Zeit ja wie im Flug. *Lange lastende Schweigepause.* Wissen S', was geh dad? Ich könnt ja zitiern. Also, andere hier zitiern. Da waar i ausm Schneider, weil, ich hätts dann nicht gesagt, sondern nur vorgetragen. Also, gsagt hams dann die andern. Ich wär dann sozusagen nur der Anlaß für so a Rechtsabteilung, mei, de müaßn aa lebn – aber ich wär jedenfalls nicht das Objekt, wenn ich zitier. – Mei, schlecht is dann halt nur, wenns hinterher heißt, ich hätt besser nicht zitieren solln ... Also, des Zitiern, des hat der Deifi gsehgn, und dann heißts: falsch zitiert, oder, am falschen Ort zitiert ... und dann sagens, der, den wo ma zitiert hat, der wär gar koa Satiriker gwesn, sondern a Avantgardist oder Minister oder sowas, gel, also, i zitier aa lieber nix. – Aber dann hab ich mir wieder gedacht, es waar scho was, wenn ich ... oder? – ah – Soll ich? – Soll ich zitiern? I moan,

reizn dads mi, obwohl – ah naa – andererseits, ich kann Sie ja nochmals darauf hinweisn, und zwar in aller Öffentlichkeit: Ich zitiere bloß, ich sag selber nix, gel, also, ich sag ein Zitat. Obwohl, ich dann derjenige bin, der wo zitiert, des is mir schon klar. – Des Zitat muß ja nicht meine Meinung sein. – Und trotzdem ... ja, ah andererseits, nein, mei, ah, die Zeit läuft uns davon, und ich hab immer noch nix gsagt, aber das hab ich Ihnen ja von Anfang an gsagt ... Ja ... *Gibt sich einen Ruck.* Ja, also, ah: Wer nicht wagt, gewinnt nicht. Des waar jetz auch schon ein Zitat gewesn, aber des wollt ich eigentlich garnet zitiern, aber Sie, jetz zitier ichs einfach – auch, wenns manchem unbequem sein mag. Ich zitier jetz, also, passen S' auf: »Wer andern eine Grube gräbt, fällt selbst hinein.« So. Zitat-Ende. So, jetz werd mir amal schaun, was des Zitat für Konsequenzn habn wird. Ich hab jedenfalls nur zitiert. – Guten Abend. – Schaun S' noch amal auf d Uhr ...

Wissenschaftlicher

ANHANG

D'Anni sagt auch, also d'Anni hat gsagt, also in am Apfelstrudel hat ihrer Meinung nach eine Sultanine nichts zum Suchen.

Kleine Heimatkunde

POLT Die Heimat ist vorrangig ein Zuordnungsgefühl, ein Beispiel: Der Mandi spricht nicht Chinesisch. Also, im Chinesischen ist er nicht daheim. Wer aber eine Heimat »gefunden hat«, gibt sie nur unter Druck und äußeren oder inneren Zwängen wieder auf. Ein paar Beispiele: Bei Auswanderern treffen meistens beide Gründe zu. Die Hugenotten entheimateten sich aus religiösen Gründen, der Indianer dagegen, mein Gott, der Indianer, der war halt mehr im Wege. Die Schlesier, die sind ja jetzt bei uns daheim. Wissen Sie, so Kriege bringen immer Heimatverschiebungen mit sich. Also, der Einheimische wird aufgrund zunehmender Katastrophen oder Kriege immer seltener, aber auch Neuheimaten werden gegründet wie jetzt der Alpenraum. Der Alpenraum, früher Heimat der Dinarier, der Kelten, der Römer, der Helvetier, der Alemannen, der Bajuwaren: jetzt die Heimat teutonischer Zahnärzte sowie deren Steuerberater und Rechtsbeistände – aus der norddeutschen Tiefebene. Mobilität – als Heimatgefühl. Immer mehr Menschen, die diesen Trend erkennen, wollen ihre gemietete Heimat in ein Eigenheim umwandeln, deshalb ist der seelische Ausdruck modernen Heimatgefühls der Bausparvertrag.

Eine Heimat-Vision zum Beispiel ist: 531 qm in Lochham. Großprojekte – das sind Mülldeponien, Großflughäfen, Kernkraftwerke, Autobahnen, Teststrecken für Auto-Firmen – genießen außer Steuervergünstigungen eine absolute heimatliche Priorität. Wer nicht flexibel reagiert, stirbt aus. So der Steinadler. Im Alpenraum ist er beheimatet, aber ausgestorben. Wo Heimat aufgehört hat, Heimat zu sein, entsteht das Heimatmuseum oder das Reservat. Ergo: die wichtigste Grundlage eines neuen Heimatgefühls ist die Mobilität, pars pro toto: der »Hamburger«, nicht zu verwechseln mit dem orthographisch gleichen Hamburger. Der Hamburger wohnt ja noch in Hamburg. Der »Hamburger« hingegen ist auf der ganzen Welt beheimatet, er ist faktisch ein »Weltburger«. Mahlzeit.

Apropos – die Heimat der Salmonellen ist nicht ausschließlich der Kartoffelsalat.

Kleines Dialektbrevier

GSCHWENDTNER Sie, Fräilein, bin jetz i do richtig do herin, i soid – aah – i soiad eppas üba Kuidur – bei dera Kuidursendung do soi i midmacha.

SEKRETÄRIN Was? Sie? Kultur? Wie ist denn Ihr Name?

GSCHWENDTNER Ja, Gschwendtner hoaß i.

SEKRETÄRIN Soso, äh, ja, zu wem wollen Sie denn um Gottes willen?

GSCHWENDTNER Jo, do – zum Radio.

Glauben Sie, daß dieser Mann in einer Kultursendung im Rundfunk jemals zu Wort kommen wird? – Die Signale, die er ausstößt, werden offensichtlich nicht überall verstanden. Der Kulturmensch pflegt ein ganz anderes Grundgeräusch. Vielleicht so:

V. KNIRSCH Guten Tag, gnä Frau, mein Name ist v. Knirsch. Pardon, bin ich hier richtig in der Sendung »Kultur am Nachmittag«?

SEKRETÄRIN Bitte nehmen Sie Platz, Herr v. Knirsch, Sie werden schon erwartet.

In anderer Umgebung muß eine hochdeutsche Ausdrucksweise nicht zwangsläufig zum Vorteil des Sprechenden gereichen:

GSCHWENDTNER Geh weida, Spezi, dua amoi dei Graffe do wegga schiabm, host me, do ko ma si do ned hihocka. Oda?!

V. KNIRSCH Wiebitte? Was meinen Sie?

GSCHWENDTNER Ja, Herrgottzack du soist dei Gfrast soist wegga doa do, oda, wei ja si sonst koa Mensch do ned hihocka ko, oda – host as oiwei no ned dagneist. Ha?

V. KNIRSCH Äh, wiebitte?

GSCHWENDTNER Schleich di, Spezi!

Herr v. Knirsch hat nun Herrn Gschwendtner sicher verstanden, – akustisch – aber dergneist hat er gar nichts. Warum soll er sich schleichen – also von dannen ziehen, wo doch Herr Gschwendtner vertraulich das »Du« anbietend ihn einen »Spezi« heißt? Hochdeutsch und Dialekt trennen offensichtlich zwei Welten. Aber es gibt Zwischentöne der Verständigung.

V. KNIRSCH Guten Tag, Herr Bierbichler, wie geht es Ihnen?

BIERBICHLER Ja, grüaß God, no, wia schaugts allwei aus?

V. KNIRSCH Danke der Nachfrage, mir geht es ausgezeichnet.

Bierbichlers moderates Bayrisch scheint für Herrn v. Knirsch zugänglicher, aber haben sich die beiden wirklich verstanden? Herr v. Knirsch stellt eine präzise Frage: »Wie geht es Ihnen?« Herr Bierbichler antwortet mit einer indifferenten Gegenfrage: »No, wia schaugts allwei aus?« Wodurch sich Herr v. Knirsch bemüßigt fühlt, mit präzisen Informationen über sein Wohlbefinden aufzuwarten. Den verschiedenen Dialektformen entsprechen anscheinend verschiedene Denkmuster. Ist also ein Dialekt wie Bayrisch nur ein Dialekt? Ein paar Beispiele. Kolonialwarenhändlerbayrisch:

VERKÄUFERIN Dange sehr, Frau Mitterwieser, hammers dann, nix vergessen? Spekulatius, Gnäckebrod, Kaffee – ja, gut dann also, Wiedersehn Frau Mitterwieser, Kasse!

Eine Art Politikerbayrisch:

POLITIKER Als entschlossene Demokraten werden wir diesen Unruhestiftern mit aller Entschiedenheit entgegentreten und damit unseren mündigen Bürgern die Sorge um die Zukunft unseres Bayernlandes beherzt abnehmen.

GSCHWENDTNER Richtig.

Ein anderes Politikerbayrisch:

POLITIKER Liebe Leut in unserem Lande, das Ursprüngliche soll auch des weiteren ursprünglich bleiben. Und deshalb sag ich euch ein grübiges Prost.

GSCHWENDTNER Bravo!

Oder:

POLITIKERIN Die Zukunft Bayerns bestimmt die Maxime unseres Handelns. Mit Bayern, für Bayern, in Bayern.

GSCHWENDTNER Wia? Wos sogts?

Dieses Politikerbayrisch ist leider etwas hochdeutsch ausgefallen. Ein gestochen klares Chefbayrisch:

CHEF Ah, wir haben ah unsere Abschlüsse ah bereits im Juno ah getädigt, – ah und muß ich Ihnen midteilen, Herr Geschwendtner, ah daß wir Sie nadierlich in dieser Hinsicht jetzt nicht mehr ah berügsichtigen könen. Hochachtungsvollundsoweider ...

Ein ländliches Oberbayrisch:

BAUER I Bal des aso weida ganga waar, hätts eppa sei kenna daß aso wurad, wias bessa ned hätt sei kenna.

BAUER II Ja.

BAUER I Weil nix gwiß eh koana ned woaß.

BAUER II Genau.

BAUER I Woher hätt mas aa gwißt habm solln, weil, ah, bal des aso weider ganga waar, hätts eppa sei kenna, daß aso wurad, wias schlechta ned hätt sei kenna ...

BAUER II Genau ...

BAUER I Weil nix gwiß eh koana ned woaß ...

BAUER II Do host recht ...

BAUER I Woher hätt mas aa gwißt habm solln, weil ah, bal des a so weidaganga waar ...

Die Form des Irrealis wird hier gerne gebraucht, da sie eine ausgiebige konfliktlose Verständigung gewährleistet. Jeder hätte eine Möglichkeit gehabt. Und der Konjunktiv kommt auch nicht zu kurz:

BAYER Sie Fräulein, i dad gern no a Bier trinkn, wenns gangad.

BEDIENUNG I kimm scho.

Das Hochdeutsche zieht in solchen Fällen gerne den Imperativ vor:

HOCHDEUTSCHER Frollein, bringen Se man nochn Bier!

BEDIENUNG Hob koa Zeit!

Wie man sieht, trennt oder verbindet ein Dialekt Menschengruppen, je nachdem, ob sie diesem Dialekt nahe oder fern stehen. Für Herrn Gschwendtner ist also eher das Hochdeutsche die Fremdsprache:

GSCHWENDTNER Ja, i, i woiad nur, ah, ich wollte, tschuldigens scho, ned, ah, bedingt also, weil quasi ... mei, wia ko ma des sogn, ah, sagen ...

V. KNIRSCH Sagen Sie, was wollen Sie denn eigentlich?

GSCHWENDTNER Jo mei ...

Der im Wirtshaus so eloquente Herr Gschwendtner verliert rapide an Form, wenn man ihn aus seiner gewohnten Umgebung herausschält. Offizielle Belange werden aber heutzutage immer hochdeutscher abgehandelt. Viele dialektsprechenden Menschen verschiedener bayrischer Schichten haben sich daher linguistische Überlebensstrategien aneignen müssen:

V. KNIRSCH Ja, was wollen Sie denn eigentlich, guter Mann?

GSCHWENDTNER Da, ah, schaugn S', do, wias do drinsteht, do, des mecht i. Verstehngan Sie mich?

Übertriebene Anpassungsversuche an die Schriftsprache wirken meist gequält, oder scheitern:

LEHRERIN Alles aufpassen. Hinsetzen und nicht schwätzen. Wir fahren fort:

MAXL Wos hoaßt des, Frau Lehrerin?

LEHRERIN Des heißt nicht »hoaßt«, Maxl, sondern des hoaßt »heißt«.

Der jeweilige Grad der Anpassung an die Hochsprache entlarvt die soziale Position und das Selbstwertgefühl des normalerweise Dialektsprechenden. Der in sich geschlossene Wohlklang des Dialekts ist jedenfalls zerstört. So schwer es dem bayrischsprechenden Ureinwohner fällt, sein Anliegen ins Hochdeutsche zu übersetzen, so schwierig ist es auch für den hochdeutschen Heimatsucher, bei der zünftigen Kontaktaufnahme im maßgeschneiderten phonetischen Gewand zu erscheinen.

ULF Grüß di Gott, Serrvus beinanda, i bin der Ulf. I bin vom Tegernsee. I hab da an Bungalof. Habidere. Da Ulf bin i.

ROCKER Ui, eahm schaug o, spinnt da Beppe, ha, Soiznega, breid Suiz, zäfix, da ander, da ganz da anda, da Schwoolä, geh, woaßt, i bin a guada Spezi, aba eahrli, ha, schiali woahr, ge ...

Dieser Sprach-Code ist zwar aus bayrischen Klanglauten zusammenmontiert, genießt aber die Verachtung aller bayrischsprechenden Dialektgruppen, auch die von Ulf. Den Letzten beißen eben die Hunde.

ROCKER Wos host gsogt, wia, ha? Oba scho wiarkli ned. Gei ... Breida Siedla ...

Die Pseudorenaissance des Dialekts verdanken wir nicht zuletzt dem Umstand, daß in sich arrivierenden Kreisen gilt, was chic ist, also hierzulande: -tümelndes Bayrisch mit Bildungs- und Statusattitüden:

ARRIVIERTE Also mir ham jetza gsagt, es war ein schamanter Abend bei euch. De Schrimps warn ehrlich süperb, gei, des had mich unheimlich angetörnt. Ehrlich, ge. Muaß ma eich scho konzipiarn. Aba jetzad fahrn ma erstmoi fullpaua hoam. Wei: Wariazio delektad. Kimmt S' doch amoi auf a spontane Visite, nachad mach ma a kloans Odöva, oda wos zum Essn. Oiso nachad, Tschüß!

Nachweis der Erstsendungen

Da schau her
Erstsendung: 26. April 1979, 22.00, ARD (SR)

Mai Ling
Advent
Ein Autofachmann
Das Nazi-Goreng
Berufsbayern
Besuch am Krankenbett
Ein Umweltschützer
Das Beton-Lied

Fast wia im richtigen Leben I
Erstsendung: 30. Juni 1979, 22.15, ARD (BR)

Wohnküche 1 Begrüßung
Mozart 1
Im Wirtshaus
Wohnküche 2 Weinprobe
Mozart 2
Das Idyll
Wohnküche 3 Der Esser
Mozart 3
Der internationale Feinschmecker
Wohnküche 4 Haustiere
Mozart 4
Vaters Doppelleben
Wohnküche 5 Versicherungen
Mozart 5
Beim Sauerbraten
Wohnküche 6 Lektüre
Mozart 6
Der Humorist beim Finanzamt
Wann i nemmer meng dad

Fast wia im richtigen Leben II
Erstsendung: 29. November 1979, 21.45, ARD (BR)

Stau 1 Vor Sonnenaufgang
Stilleben 1
Das Interview
Stau 2 9 Uhr
Stilleben 2
Fredis Geburtstag
Stau 3 11 Uhr
Stilleben 3
Die Auskunft
Stau 4 13 Uhr
Stilleben 4
Ein Kaffeekränzchen
Stau 5 16 Uhr
Stilleben 5
Die Bunkerführung
Stau 6 19 Uhr
Stilleben 6
Die letzte Ölung
Stau 7 23 Uhr 30
Stilleben 7

Fast wia im richtigen Leben III
Erstsendung: 29. Januar 1980, 20.15, ARD (BR)

Mensch-ärgere-dich-nicht
Besuch 1
Schutzengel
Besuch 2
Hochzeitsordnung
Besuch 3
Hundebesitzer
Besuch 4
Großbrand
Besuch 5
Mormone
Besuch 6
Katastrophen
Besuch 7
Mahlzeit
Besuch 8
Das Ereignis
Besuch 9
D'Anni hat gsagt
Besuch 10
Gebrauchslyriker
Ein deutscher Hit

Fast wia im richtigen Leben IV
Erstsendung: 7. Juli 1980, 21.50, ARD (BR)

Pförtnerloge 1
Zukunftsaussichten
Pförtnerloge 2
Herbstgespräche
Pförtnerloge 3
Der Stammgast
Pförtnerloge 4
Frau Brezner
Pförtnerloge 5
Friedhof
Pförtnerloge 6
Herr Tschabobo
Pförtnerloge 7
Im Buchladen
Pförtnerloge 8
Ein Airportgespräch
Pförtnerloge 9
Der Auftritt
Heute haun wir auf die Pauke
Pförtnerloge 10

Fast wia im richtigen Leben V
Erstsendung: 23. Oktober 1980, 21.45, ARD (BR)

Nachtstudio 1
Eine Invitation
Nachtstudio 2
Creative Center 1
Nachtstudio 3
Creative Center 2
Nachtstudio 4
Geburtstagsgrüße
Nachtstudio 5
Kulturelles
Nachtstudio 6
Die Einkehr
Nachtstudio 7
Moslem-Man-Power
Achmed muß nach Hause

Fast wia im richtigen Leben VI
Erstsendung: 6. Juli 1981, 21.45, ARD (BR)

Kinderdressur 1
Das Terrarium
Kinderdressur 2
Der Groschen
Kinderdressur 3
Beileidsmänner
Kinderdressur 4
Beim Titelhändler
Kinderdressur 5
Das Hotelfrühstück

Kinderdressur 6
Net vui
Kinderdressur 7
Punk in der Bank
Kinderdressur 8
Ein Sanierer
Sanierungslied

Fast wia im richtigen Leben VII
Erstsendung: 4. Januar 1982, 21.45, ARD (BR)

Das Feuerwerk
Teletraining 1
Warten auf Dillinger
Teletraining 2
Der neue Mieter
Teletraining 3
Der Empfang
Teletraining 4
Der angebrochene Abend
Teletraining 5
Das Mitbringsel
Teletraining 6
Teletraining 7
Kindermodenschau
Nikolauslied

Fast wia im richtigen Leben VIII
Erstsendung: 25. Oktober 1982, 21.45 Uhr, ARD (BR)

Grüß Gott, Herr Polt!
Im Urlaub 1
Die Okkupanten
Im Urlaub 2
Reste-Essen
Im Urlaub 3
Der Grunewald-Spaziergang
Im Urlaub 4
Der Auftritt
Im Urlaub 5
Der Individualist
Im Urlaub 6
Katastrophenalarm
Im Urlaub 7
Der Freitagabend-Zug
Im Urlaub 8

Fast wia im richtigen Leben IX
Erstsendung: 14. März 1983, 21.45 Uhr, ARD (BR)

Der Willi
Schauspielschule 1
Die Hobby-Hausbauer
Schauspielschule 2
Der zuständige Mann
Schauspielschule 3
Aktion Miserio
Schauspielschule 4
Seebestattung
Schauspielschule 5
Der Heimweg
Schauspielschule 6
Im Restaurant
Schauspielschule 7
Die Büttenrede
Schauspielschule 8

Fast wia im richtigen Leben X
Erstsendung: 19. Dezember 1983, 21.45 Uhr, ARD (BR)

Der Bürgermeister von Moskau

Fast wia im richtigen Leben XI
Erstsendung: 10. Dezember 1984, 21.45 Uhr, ARD (BR)

Der Regisseur bei der Arbeit.

Nachweis der Bilder

Seiten 27, 38, 60, 91, 117, 123, 155, 164, 173, 178, 188, 205, 231, 242, 269, 291
Fotos von Paul Sessner,
Münchner Str. 36, 8060 Dachau

Seiten 102, 136, 185, 191, 247, 274
Fotos der Kövesdi-Presse-Agentur,
Oberföhrringer Str. 6,
8000 München 80

Seiten 316, 317
Fotos von Ekkehard von Koch,
Deutsche Condor Film
Freystr. 4, 8000 München 40

Alle Zeichnungen von Reiner Zimnik – ursprünglich zu den eigenen Sendungen des Verfassers *Geschichten vom Lektro* und *Sebastian Gsangl* entstanden und seit vielen Jahren im Bayerischen Fernsehen zu sehen – erscheinen hier als Erstveröffentlichungen.

Autoren und Verlag danken den Fotografen und Herrn Zimnik herzhaft für die Abdrucksgenehmigung.

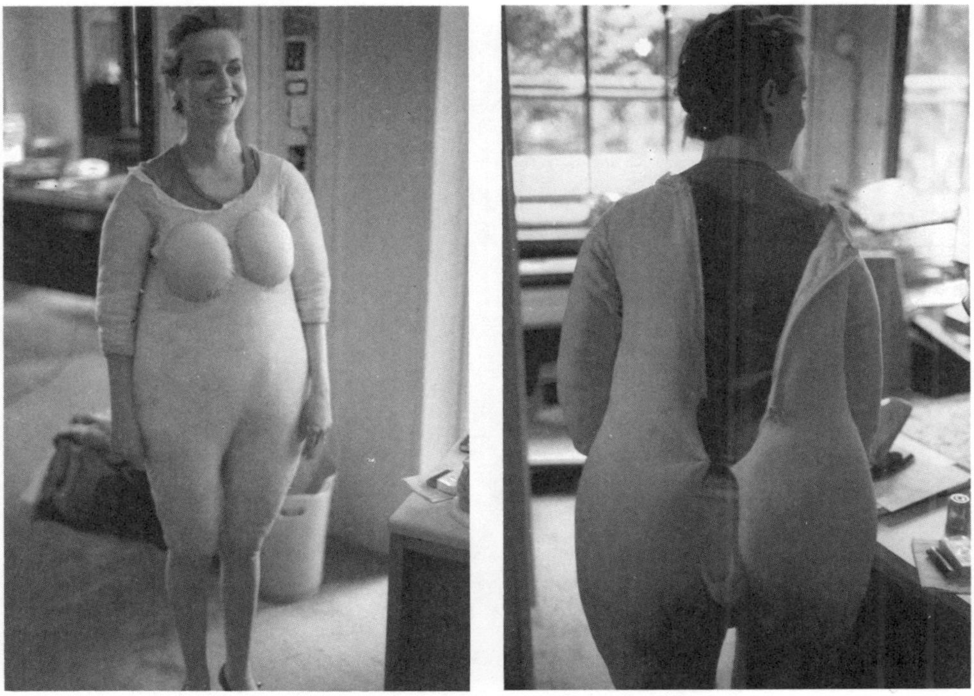

Erstmals ausgepackt: Die Wahrheit über Gisela Schneeberger.

Nachweis der Darsteller

Stets von oben nach unten und von links nach rechts:

Seite 27, 1. Bild: Gerhard Polt und Gisela Schneeberger. 2. Bild: G. P., Herbert Kreisz und G. S. 3. Bild: G. P., Statist und G. S.
Seite 38: G. P. und Statist.
Seite 60, 1. Bild: G. P. und Erhard Kölsch. 2. Bild: Wolfgang Gropper, G. P. und Erhard Kölsch. 3. Bild: G. P., auf dem Bildschirm: Wolfgang Gropper und Erhard Kölsch.
Seite 91: G. P. und Uli Rudolph.
Seite 102: G. S. und G. P.
Seite 107: G. P., G. S. und Christoph Well.
Seite 123: G. S., Jasmin und G. P.
Seite 136: G. S., G. P. und Statisten.
Seite 154: G. S., Michael Well, Christoph Well, G. P. und Babsi Weschek.
Seite 164: G. P., Michael Lau und Christoph Well.
Seite 173: Tini Polt, G. P., G. S. und Walter Ammann.
Seite 178: G. S. und G. P.
Seite 183: Ursula Soremba, G. P., Moises Parker, G. S., Francesco und Michael Habek.
Seite 188: G. P., Karl Obermayr und G. S. Letztes Bild: Karl Obermayr, G. P., G. S. und Hans-Günther Mertens.
Seite 191: G. S., G. P. und Helmut Fischer.
Seite 205: G. P., Rosario Liberatore und G. S.
Seite 231: Francesco, G. P., G. S., Jörg Hube und Elisabeth Fall.
Seite 242: Erhard Kölsch, G. S. und G. P.
Seite 246: G. P., Andrea Bott, G. S. und Jürgen Strasser.
Seite 267: G. S. und G. P.
Seite 274: G. P. und G. S.
Seite 291: Otto Grünmandl, Erhard Kölsch und G. P.
Seite 316: Hanns Christian Müller, Uwe Hagenbach, Hugh Crum und der Arm von James Jacobs.

Register

Sowohl der bestimmte als auch der unbestimmte Artikel sind bei der Alphabetisierung der Titel unberücksichtigt geblieben. Bei Zweifelsfällen und früheren Versionen sei hiermit auf die zahlreich gegebenen Verweise verwiesen.